"产教融合 MPAcc 教学智库实验平台建设"系列成果
"小班+案例"教学模式改革系列教材
◎ 邓彦　张军波　丛书主编

企业价值评估教学案例

QIYE JIAZHI PINGGU JIAOXUE ANLI

● 刘思　郭建明　彭玫　张卓　编著

华南理工大学出版社
SOUTH CHINA UNIVERSITY OF TECHNOLOGY PRESS
·广州·

内容简介

本系列教材案例均由广东工业大学管理学院案例开发中心开发完成，涵盖财务会计、财务管理、管理会计和审计等专业核心课程，以及高等学校的财税管理、财务报表分析、内部控制与风险管理、资本运营、重组并购等专业课程。适用于 MBA（工商管理硕士）、MPAcc（会计硕士）、工程硕士、全日制研究生以及高年级本科学生案例研讨；可作为理论研究的参考书，供从事财务管理理论研究的专家学者以及企业管理咨询机构使用；同时也是了解中国企业管理实践的必读书，可供企业所有者和管理者参考借鉴。

本系列教材案例为中央财政支持地方高校发展专项资金项目"产教融合 MPAcc 教学智库实验平台建设"（项目编号：400170043）、广东工业大学－广州岭南会计师事务所实践教学（211170153）、广东省研究生示范课程建设项目《成本管理》、广东省哲学社会科学规划项目（GD16XGL53）、广东工业大学本科教学工程项目（211180042）阶段性成果之一。

图书在版编目（CIP）数据

企业价值评估教学案例/刘思等编著. —广州：华南理工大学出版社，2019.5
ISBN 978－7－5623－5962－3

Ⅰ. ①企… Ⅱ. ①刘… Ⅲ. ①企业－价值论－案例 Ⅳ. ①F270

中国版本图书馆 CIP 数据核字（2019）第 071933 号

企业价值评估教学案例

刘思 郭建明 彭玫 张卓 编著

出 版 人：卢家明
出版发行：华南理工大学出版社
（广州五山华南理工大学17号楼，邮编510640）
http://www.scutpress.com.cn E-mail：scutc13@scut.edu.cn
营销部电话：020－87113487 87111048（传真）
策划编辑：吴兆强
责任编辑：吴兆强 邓荣任
印 刷 者：虎彩印艺股份有限公司
开 本：787mm×1092mm 1/16 印张：18.75 字数：477千
版 次：2019年5月第1版 2019年5月第1次印刷
定 价：55.00元

版权所有 盗版必究 印装差错 负责调换

"产教融合 MPAcc 教学智库实验平台建设" 系列成果
"小班+案例" 教学模式改革系列教材

主编委员

邓 彦　　张军波

副主编委员

黄 蓉　许 慧　张 卓　陈文涓

编 委 会

蔡植群	曹晗抒	陈 沉	陈少杏	陈伟晓	陈文涓
陈忆平	陈 越	邓 彦	范俊麟	郭菡墨	郭建明
郭铭芝	何冠星	贺 晋	黄 灿	黄江峡	黄青山
黄 蓉	霍 茵	金 舜	李英贵	李泽平	刘 思
刘志渊	罗漫玲	罗 薇	罗伟峰	彭 玫	彭晓辉
彭 镇	丘 山	饶 静	谭三艳	唐 丽	陶璐雅
王永霞	魏姗琳	温宇冬	吴 乐	许金花	许梅英
曾琼军	张军波	张绍婉	张 源	张 卓	郑伟健
肖 鑫	陈观康	温韵柔	钟淑萍	鲁祖艳	

（编委排名不分先后）

本辑案例开发学生团队

谭少红	肖芷荞	谢杨柏	鲍知星	周佳阅	邓家俊
古智荣	黄浠蕲	吴 双	陈 静	陈 璞	袁桥瑜
叶柳茜	吴家宜	关 鹤			

序言

广东工业大学管理学院依托广东工业大学的工科优势,扎根我国社会经济转型的热土,以探索管理理论与实践前沿、服务地方社会经济发展为宗旨,持续为广东经济建设提供有力的人才支持、智力支持和决策支持,成为广东地区管理人才的重要培养基地以及广东经济管理的重要研究基地。目前,学院处于快速上升期,正努力建设成为拥有知名学科的高水平学院。

得益于广东省在国家改革开放和转型升级中的前沿地位,学院在学科建设、人才培养的过程中得以接触到大批具有"敢为天下先"精神的优秀企业家,他们在经营管理中遇到的问题颇具代表性、时代性,甚至超前性,他们在这些问题的处理上有宝贵的经验,也有刻骨的教训。他们个人的成长及其企业的发展历程对管理理论形成了很好的诠释、印证。将这些宝贵实践整理提炼形成案例,让更多管理学实践者、教育者和研究者学习、反思,使之发挥更大的作用是我们一直以来的心愿。

在广东省教育厅和学校的高度重视及大力支持下,广东工业大学管理学院一批知名教授和年轻博士组成企业管理案例开发小组,并正式立项撰写本系列教材案例集。项目团队凭借对管理学理论的独到见解和深入管理现场获得的翔实资料,提炼、撰写了100余个会计与财务案例,形成本套财会教学案例系列教材。案例主题既有战略管理、财务管理、财务会计等经典管理话题,又包括创新创业、并购重组、物流与供应链管理等具有时代特色和本土特色的热点话题,从借壳上市、并购重组、资本运营、合并报表、财务分析、税务管理、审计等角度,再现了企业家和管理者在财会实际工作中面临的典型情景、需要解决的典型问题和需要做出的典型决策,有助于读者更好地了解企业所面临的内外部环境的复杂性,认识有效管理者在新时代下所要具备的系统性和前瞻性思维。

本系列教材案例适用领域广泛,用于教学,有助于训练学生对实践的观察,深化其对管理理论、财务管理、财务会计的理解,提高其对问题的分析和解决能力;用于科研,有助于学者们捕捉具有转型期特色的管理现象、提炼管理问题、归纳新的管理规律;用于指导实践,有助于启发管理者思维、扩展视野,获得有借鉴性的管理措施。

德鲁克说:"有效管理者的自我发展,是组织发展的关键所在。"我们谨以此书奉献给有志于成为卓越管理者的商学院学生,对服务企业、服务社会负有责任的学者和教师,以及在管理一线探究有效解决问题途径的实践者。愿广大读者与我们一起推动财务管理理论与实务的发展!

广东工业大学管理学院(执行院长)

张德鹏 教授

2019年2月

前言

为进一步推动案例研究及案例教学的开展，开发出更多、更好、更适用于财会教育的高质量教学案例，提高人才培养质量，由广东工业大学承担的"产教融合MPAcc教学智库实验平台建设"项目启动了财会教学案例开发与评选的工作，旨在深化产教融合、校企合作，构建教学智库实验平台，引领学科发展，以学科发展支撑智库建设，促进专业教育决策科学化，为专业教学提供智力支持，培养高素质应用型高端会计人才。

本系列教材案例均由广东工业大学管理学院案例开发中心开发完成，涵盖财务会计、财务管理、管理会计和审计等专业核心课程，以及高等学校会计、银行会计、财税管理、财务报表分析、内部风险控制与管理、资本运营、重组并购等专业课程。项目组成员由具有管理实践经验的企业管理相关领域的教授、博士以及部分企业高管组成。案例均在团队成员深入企业调研、采编并与企业经营者或员工深度访谈的基础上完成。入选案例必须是没有进入国内外案例库、亦未发表过的原创案例。本次开发的案例同时进入广东工业大学管理学院案例库，也是"产教融合MPAcc教学智库实验平台建设"系列成果。

1. 案例开发的背景

中国经济实现了跨越式发展，而今成为世界第二大经济体，这其中蕴含的中国特色管理现象与问题同样吸引了全世界的目光。中国企业对于管理相关理论和方法从模糊到熟悉，并且逐渐在实践中予以应用和创新，为经济建设积累了宝贵的经验。

财会教学案例是对企业真实运作场景与管理活动的再现，展现出具有典型性的中国式情境、问题和经验。案例在管理学科领域的教学研究和人才培养中得到了广泛认可和重视，是将管理理论与实践相结合、培养应用型高级管理人才的有效手段。案例开发是接触中国企业真实情景的有效途径，是"实践—认识—再实践—再认识"的过程；案例的真实性、实战性可以帮助学生充当决策者的角色，提升学生处理问题的能力。案例教学能让学生深刻领会到理论在实践中的生命力，是缩短教学情境与职业工作情景的有效途径。可以说，离开案例，管理教育的目标就很难实现。

2. 案例的内容框架

本系列教材的编写以管理学涉及的主要内容为范围和框架，几乎涵盖了企业管理和财务管理的各个学科领域。内容涉及创新创业、企业战略管理、财务管理、成本管理、财务会计、税务管理、审计等方面。案例类型多样，既有描述性案例，又有决策性案例。所选案例客观展现了企业某种经营行为的背景、过程、结果和存在的问题，并不对企业的经营管理做出决策，亦无暗示或说明现有管理行为是否有效。案例后附有启发思考题和案例说明书，在教学中可用于专题或综合性的课堂讨论，为案例教学方法的实施提供了有效素材，加快了教学改革的进程。

3. 案例的鲜明特色

相较于众多的企业管理案例，本次开发的案例具有以下鲜明的特色：

第一，浓厚的本土特色。本书所选案例均来自国内上市公司，代表了依托本土资源、政策和技术特点兴起的不同类型的企业，对本土企业认识、解决管理问题具有直接的参考价值。但这并不影响案例的普适性，而恰恰提示广大管理者在决策时必须关注内外部环境的独特性，对于其他地区企业利用地缘特征、地方特色资源形成竞争优势亦具有借鉴作用。

第二，可靠、充实的信息。本书所有案例均由项目组成员在深入企业调研或认真采编上市公司公开数据，并对企业经营者或员工深度访谈的基础上完成，数据可靠、充实、深入。案例展示的不仅是管理事件的经过，也体现了管理者的思想过程，有利于读者嵌入情境，对管理问题形成更深层次的认知。

第三，新鲜的时代气息。本书对近年来的新兴行业给予了充分关注，包括房地产行业、电商行业、物流行业、旅游地产行业，同时也关注了处于转型升级中的传统企业。这些企业在新时代下面临的新挑战往往不能从既有的管理学理论中找到突破口，需要通过实践案例分析来找到解决方案，这样有利于读者进行开放的、发散的、多视角的思考，系统训练思维能力。

4. 案例的适用性

本系列教材案例可满足高等院校经济管理领域的多种教学与科研需求：适用于MBA（工商管理硕士）、MPAcc（会计硕士）、工程硕士、全日制研究生以及高年级本科学生案例研讨；可作为理论研究的参考书，供从事财务管理理论研究的专家学者以及企业管理咨询机构使用；同时也是了解中国企业管理实践的必读书，可供企业所有者和管理者参考借鉴。

在此，对各企业在案例开发过程中给予的信赖和支持表示衷心的感谢，如果没有各企业的慷慨协作，要顺利完成本次案例开发是不可能的。希望所开发的案例能给企业管理提供帮助，同时引导企业经营者对相关经营行为展开探索。

广东工业大学管理学院案例开发中心负责本案例系列教材的出版工作，在此向参与编辑和出版的所有工作人员表示衷心的感谢。

案例编写过程中参考了诸多学者的研究成果，由于篇幅限制，这里不再一一列出。

广东工业大学管理学院案例开发中心
广东工业大学产教融合MPAcc教学智库实验平台
2019年2月

目录

案例 1　两虎相争，谁略高一筹：格力电器和美的集团投资价值分析 ………… (1)
 案例封面 ………………………………………………………………………… (2)
 案例正文 ………………………………………………………………………… (3)
  一、案例背景 …………………………………………………………………… (3)
  二、格力电器和美的集团价值分析 …………………………………………… (6)
  三、案例结语 …………………………………………………………………… (15)
  四、讨论题目 …………………………………………………………………… (15)
  五、参考资料 …………………………………………………………………… (16)
 案例说明书 ……………………………………………………………………… (17)

案例 2　基于 EVA 视角的企业价值评估分析：以 X 地产为例 ……………… (23)
 案例封面 ………………………………………………………………………… (24)
 案例正文 ………………………………………………………………………… (25)
  一、案例背景 …………………………………………………………………… (25)
  二、X 集团财务指标分析 ……………………………………………………… (26)
  三、基于 EVA 模型计算 X 地产企业价值 …………………………………… (29)
  四、X 地产企业 EVA 评估结果分析 ………………………………………… (32)
  五、案例结语 …………………………………………………………………… (33)
  六、讨论题目 …………………………………………………………………… (34)
  七、参考资料 …………………………………………………………………… (34)
 案例说明书 ……………………………………………………………………… (36)

案例 3　房地产企业价值评估方法的比较分析：以 X 集团为例 ……………… (43)
 案例封面 ………………………………………………………………………… (44)
 案例正文 ………………………………………………………………………… (45)
  一、案例背景 …………………………………………………………………… (45)
  二、X 集团价值分析 …………………………………………………………… (47)
  三、案例结语 …………………………………………………………………… (58)
  四、讨论题目 …………………………………………………………………… (58)
  五、参考资料 …………………………………………………………………… (59)
 案例说明书 ……………………………………………………………………… (60)

案例 4　民生银行企业价值评估 ……………………………………………………… (69)
 案例封面 ………………………………………………………………………… (70)
 案例正文 ………………………………………………………………………… (71)
  一、引言 ………………………………………………………………………… (71)
  二、公司价值评估的基本面背景 ……………………………………………… (71)
  三、价值评估模型介绍 ………………………………………………………… (81)
  四、将股票价值评估模型应用于民生银行 …………………………………… (83)

  五、问题讨论 ··· (88)
  案例说明书 ··· (89)

案例 5 老板电器估值分析 ·· (93)
  案例封面 ··· (94)
  案例正文 ··· (95)
   一、引言 ·· (95)
   二、家电厨卫行业介绍 ··· (95)
   三、老板电器基本情况 ··· (96)
   四、老板电器的财务状况分析 ··· (99)
   五、自由现金流量折现模型在老板电器中的应用 ························ (102)
   六、对老板电器的连续价值 ·· (109)
   七、结论 ·· (110)
   八、参考资料 ··· (110)
   九、讨论题目 ··· (110)
  案例说明书 ··· (111)

案例 6 五粮液企业价值评估 ·· (119)
  案例封面 ··· (120)
  案例正文 ··· (121)
   一、引言 ·· (121)
   二、五粮液的基本情况 ··· (121)
   三、白酒行业介绍 ··· (122)
   四、五粮液的 SWOT 分析 ··· (123)
   五、五粮液财务报表分析 ··· (125)
   六、自由现金流折线模型在五粮液中的应用 ······························· (128)
   七、对五粮液的相对价值评估 ··· (139)
   八、结论 ·· (140)
   九、参考资料 ··· (141)
   十、讨论题目 ··· (142)
  案例说明书 ··· (143)

案例 7 海大集团估值分析 ·· (149)
  案例封面 ··· (150)
  案例正文 ··· (151)
   一、引言 ·· (151)
   二、公司价值评估的基本面背景 ·· (151)
   三、企业价值估值模型介绍 ·· (158)
   四、估值模型的应用 ·· (159)
   五、结论 ·· (168)
   六、问题讨论 ··· (169)

案例说明书 …………………………………………………………………… (170)

案例 8　苏宁易购估值研究 …………………………………………………… (179)
　　案例封面 ……………………………………………………………………… (180)
　　案例正文 ……………………………………………………………………… (181)
　　　一、引言 …………………………………………………………………… (181)
　　　二、苏宁易购公司基本情况介绍 ………………………………………… (181)
　　　三、零售行业介绍 ………………………………………………………… (183)
　　　四、苏宁公司财务状况分析 ……………………………………………… (185)
　　　五、自由现金流折现模型在苏宁的应用 ………………………………… (187)
　　　六、对苏宁公司的连续价值评估 ………………………………………… (192)
　　　七、结论 …………………………………………………………………… (193)
　　　八、参考资料 ……………………………………………………………… (193)
　　　九、讨论题目 ……………………………………………………………… (194)
　　案例说明书 …………………………………………………………………… (195)

案例 9　光明乳业企业价值评估 ………………………………………………… (201)
　　案例封面 ……………………………………………………………………… (202)
　　案例正文 ……………………………………………………………………… (203)
　　　一、引言 …………………………………………………………………… (203)
　　　二、公司基本信息 ………………………………………………………… (203)
　　　三、行业分析 ……………………………………………………………… (204)
　　　四、财务报表分析 ………………………………………………………… (205)
　　　五、自由现金流模型估值 ………………………………………………… (212)
　　　六、修正平均市盈率法 …………………………………………………… (222)
　　　七、两次价值评估的比较与分析 ………………………………………… (223)
　　　八、问题讨论 ……………………………………………………………… (223)
　　案例说明书 …………………………………………………………………… (224)

案例 10　基于企业自由现金流量模型（FCFF）的美的集团估值分析 ……… (229)
　　案例封面 ……………………………………………………………………… (230)
　　案例正文 ……………………………………………………………………… (231)
　　　一、引言 …………………………………………………………………… (231)
　　　二、美的集团基本情况介绍 ……………………………………………… (231)
　　　三、家电行业介绍 ………………………………………………………… (234)
　　　四、美的集团财务状况分析 ……………………………………………… (236)
　　　五、美的集团估值分析 …………………………………………………… (239)
　　　六、美的集团的连续价值评估 …………………………………………… (247)
　　　七、结论 …………………………………………………………………… (247)
　　　八、参考资料 ……………………………………………………………… (248)
　　　九、讨论题目 ……………………………………………………………… (248)

十、附录 …………………………………………………………………（248）
　　案例说明书 ………………………………………………………………（251）

案例 11　格力电器企业估值案例分析 ………………………………………（257）
　案例封面 ……………………………………………………………………（258）
　案例正文 ……………………………………………………………………（259）
　　一、宏观分析 ……………………………………………………………（259）
　　二、行业分析 ……………………………………………………………（261）
　　三、企业分析 ……………………………………………………………（265）
　　四、财务分析 ……………………………………………………………（267）
　　五、损益表预测 …………………………………………………………（271）
　　六、格力电器价值评估分析 ……………………………………………（276）
　　七、评价及总结 …………………………………………………………（280）
　　八、问题讨论 ……………………………………………………………（280）
　　九、参考资料 ……………………………………………………………（281）
　案例说明书 …………………………………………………………………（282）

案例 1

两虎相争，谁略高一筹：格力电器和美的集团投资价值分析*

---

* 1. 本案例由广东工业大学管理学院的陈沉、谭少红共同撰写，作者拥有著作权中的署名权、修改权、改编权。
  2. 本案例授权广东工业大学产教融合 MPAcc 教学智库实验平台使用，广东工业大学产教融合 MPAcc 教学智库实验平台享有复制权、修改权、发表权、发行权、信息网络传播权、改编权、汇编权和翻译权。
  3. 由于企业保密的要求，在本案例中对有关名称、数据等做了必要的掩饰性处理。
  4. 本案例只供课堂讨论之用，并无意暗示或说明某种管理行为是否有效。

[案例封面]

适用课程：财务管理理论与实务
选用课程：价值评估
编写目的：本案例旨在引导学员进一步理解价值评估的相关知识，拓展了解各种价值评估方法的区别以及在实际中的应用。一方面，学员可以掌握财务管理中公司价值评估的方法，并从报表中挖掘相关数据进行估值分析；另一方面，学员可以思考价值评估在现实中的应用，为现实的投资分析提供方法，比较相似企业的投资价值。
知 识 点：价值分析
关 键 词：价值评估；估值分析；格力电器；美的集团；财务状况
中文摘要：随着股权分置改革的进行，中国的证券市场逐渐走向成熟。面对市场，如何进行价值评估，如何选择一家前景比较好的公司，如何配备资源，这些都需要投资者考虑。投资者对企业进行的价值评估对于投资的成功与否起着举足轻重的作用。通过估值分析，投资者可以从相似的企业中选择一家具有潜力的公司进行投资，也可以了解市场是低估还是高估了这个企业的价值。本案例选择了家电行业中两大公司——格力电器和美的集团进行比较分析，希望通过对这两家公司的价值评估分析能够解决以上的问题。本案例站在投资者的角度，就宏观和企业微观两方面对两家公司进行分析对比，运用价值评估分析工具对两家公司进行估值。

[案例正文]

投资人程先生想用手头上的闲置资金进行投资。由于近年来家电行业好消息不断，所以程先生想将资金投向家电行业。在青岛海尔、格力电器和美的集团这三大龙头企业中，程先生看中了格力电器（简称格力）和美的集团（简称美的）。但现在要二者取其一，程先生陷入了两难的境地。在家电行业发展的今天，程先生到底应该怎样对投资公司进行选择呢？对两家龙头企业又应如何做出取舍？那么，就让我们一起走进本次的案例分析吧！

本案例在对格力电器和美的集团两家公司的财务报表信息进行比较分析的基础上，分别对两家公司进行价值评估，得出程先生应该投资格力电器还是美的集团的结论。

一、案例背景

（一）理论背景

1. 公司价值评估的目标

公司价值评估，顾名思义，即是评估公司的真实价值。而价值分为多种，不同使用者进行价值评估的目标不同，所选择衡量的价值指标也不同。

国内外学者经多年的研究基本形成共识：要判断一个公司的真实价值，即是评估公司的内在价值。据陈力农（2012年）所述："公司的内在价值是指公司在可预见的未来预期可以产生的现金流量的现值。"对于一个理性的投资者而言，他们对公司进行投资的目的在于获得报酬，期望获得未来收益。从这个角度看来，投资者进行价值评估分析的时候应该注重公司的内在价值。

2. 公司价值评估的模型

本案例运用以下两个价值评估模型，分别对格力电器和美的集团进行价值评估。

（1）股利折现模型。股票内在价值可以用股票每年股利收入的现值之和来评价；股利是发行股票的股份公司给予股东的回报，按股东的持股比例进行利润分配，每一股股票所分得的利润就是每股股票的股利。股利贴现模型是研究股票内在价值的重要模型，其基本公式为：

$$P_0 = \sum_{t=1}^{n} \frac{DPS_t}{(1+r)^t} + \frac{P_n}{(1+r)^n} *$$

股利稳定增长模型的公式如下：

$$P_0 = \frac{D_0(1+g)}{r_s - g} = \frac{D_1}{r_s - g} *$$

股利零增长模型的公式如下：

$$P_0 = \frac{D_0}{K}$$

式中，P_0 为公司价值；D_0 为当期股利；K 为投资者要求的投资回报率。

（2）市盈率估值法。市盈率估值法是国外成熟的证券市场上常用的股票投资价值的评估方法，其计算公式如下：

---

* 公式参数这里不作介绍，请读者查相关资料。

市盈率＝每股市价/每股盈利

目前，几家大的证券报刊在每日股市行情报表中都附有市盈率指标，其计算方法为：

市盈率＝每股收市价格/上一年每股税后利润

(二) 行业背景

1. 行业现状

近 10 年来，我国空调产业发展迅猛，形成了珠三角、长三角、环渤海经济区三大空调生产基地，行业的工业总产值和销售收入都持续增长。据《中国制冷空调市场调查研究与发展前景预测报告（2016—2021 年）》显示，目前我国空调的产量已占到世界总产量的 80% 以上，销售量的 50%，已成为全球空调的生产基地。统计显示，2012 年 1—12 月全国规模以上制冷、空调设备制造行业企业数量为 751 家，制冷、空调设备制造行业资产合计 141 879 699.00 千元，同比增加 14.17%；实现销售收入 199 667 329.00 千元，同比增加 11.86%；完成利润总额 14 439 835.00 千元，同比增加 20.54%；制冷、空调设备制造行业整体从业人数 207 469 人，同比增长 4.05%。①

2017 年上半年，白电行业②表现较为突出。受益于 2016 年去库存为市场补货释放空间、高温天气以及三、四级市场转暖等利好因素，空调市场表现出色。2017 年制冷空调产业总体保持稳定增长的势头。从细分行业来看，无论是内销还是出口，家用空调、商用冷柜、空气源热泵、多联机等产品产销将保持较高的增速，其中，空调产销将上升到 1.2 亿台以上的新台阶。我国 2013—2017 年家用空调的产销数据如表 1-1 所示，同期三大空调品牌的份额数据见表 1-2。

表 1-1 2013—2017 年中国家用空调各指标数据   单位：万台

年份	2013	2014	2015	2016	2017
生产	10 912.21	11 742.81	10 361.13	11 152.14	14 349.97
销售	11 111.82	11 606.47	10 635.81	10 817.3	14 170.16
内销	6 235.2	7 016.52	6 268.54	6 045.56	8 875.45
出口	4 876.62	4 589.96	4 367.27	4 771.74	5 294.71

数据来源：产业在线。

表 1-2 2013—2017 年空调重要品牌份额   单位：%

年份	2013	2014	2015	2016	2017
格力	44	43.3	43.4	42.7	38.6
美的	23	24.1	24.4	18	22.4
海尔	9.5	9.8	9.3	9.4	9.9

数据来源：产业在线。

---

① 数据来源：国家统计局官网 2012。

② 一般家电界把传统家电分为三类：黑色家电、白色家电、小家电。黑色家电主要包括电视机、录像机、音响、VCD、DVD 等，是可提供娱乐的；白色家电则以空调、电冰箱、洗衣机为主；小家电指的是电磁炉、电热水壶、风扇等家电产品。因为早期像电视机、录像机等外壳都是黑色的，洗衣机、空调等外壳是白色，所以才有白黑之分。

由表 1-1 和表 1-2 可以看出，2017 年，空调累计销量为 14 170.16 万台，同比增长 31%；累计内销量为 8 875.45 万台，同比增长 46.8%；累计出口量为 5 294.71 万台，同比增长 11%，空调产业创下新的增长纪录，格力、美的、海尔是空调业的三巨头，2017 年共分割了空调市场 70.90% 的份额，分别占据 38.6%、22.4% 和 9.9% 的市场份额。

2. 行业发展前景分析

随着城市化率、中产阶级数量的增加，居民消费能力的增强，人们消费观念的改变，我国的家电市场日益趋向智能化、绿色化、环保化；农村市场升温较快；"互联网+"占领份额日益增加。

（1）家电日益智能化、绿色化、环保化。在节能环保全球化的趋势下，家用电器的高效节能和环保已成为家电制造商关注的重要指标，高效节能家电的市场份额不断攀升。家用电器的节能环保不仅仅体现在使用时节电节水和减少排放，还体现在设计、制造、使用、报废及回收的整个生命周期。随着世界各国对家用电器能效标准的不断升级，以及我国对节能环保要求的不断提高，节能环保家用电器的市场前景广阔。

（2）城镇化进程加快，乡镇市场进一步扩大。在国家政策的积极引导下，在城镇化、家电下乡、京津冀一体化的市场背景下，家电行业在乡镇将进一步普及。城镇化逐渐改变了消费者的生活方式，新兴城市拥有快速发展的经济环境，新城市人对生活的态度将发生较大改变，对家电的需求将增大。

（3）"互联网+家电"模式的出现，家电市场份额日益增加。随着我国电子商务的飞速发展，人们消费观念的改变，网上购物的大折扣力度以及促销活动、售后服务的完善等，使网上购物成为现代人们购物的首选。自"互联网+"概念进入家电行业以来，家电行业在互联网上的销售额有了飞跃式的增长，预计未来市场份额将会继续增加。

（三）公司简介

1. 格力电器股份有限公司简介

格力电器股份有限公司是珠海市人民政府国有资产监督管理委员会管理旗下的一家大型国有控股股份制企业，1989 年 12 月 13 日成立，是全球最大的集研发、生产、销售、服务于一体的专业化空调企业，拥有格力、TOSOT、晶弘三大品牌，主营家用空调、中央空调、空气能热水器、手机、生活电器、冰箱等产品。2009 年销售收入 426.37 亿元，连续 9 年上榜美国《财富》杂志"中国上市公司 100 强"。格力电器旗下的"格力"品牌空调是中国空调业唯一的"世界名牌"产品，业务遍及全球 100 多个国家和地区。

2005 年至今，格力电器产销量连续 12 年领跑全国，2006 年荣获"世界名牌"称号，在全球空调业处于领头羊的位置，珠海格力电器股份有限公司在"2017 中国企业 500 强"中排名第 154 位。

2. 美的集团股份有限公司简介

美的集团股份有限公司的前身是 1968 年创办的一家乡镇企业。1980 年进入家电行业，1981 年正式注册使用"美的"商标，1993 年成立美的集团。2013 年在深交所上市（000333），旗下拥有小天鹅、威灵控股两家子上市公司，跻身全球白色家电制造商前五名，并拥有 200 家子公司和 9 个战略业务单元。在全球有 21 个生产基地，有 160 个物流仓库在运行。集团在国内有 15 个生产基地，国外在巴西、阿根廷、印度等国有 6 个生产基地。产品在200多个国家和地区销售。美的电器的主营业务是消费家电和暖通空调系统,产品种类多元化,产品细分为空调、冰箱、洗衣机、厨房家电、各类小型家电。产品远销海内外。截至2015年末,美的实现销售收入1 326亿元,全球拥有10万名员工。2015年底,美的累计总授权专利2.151 8万件。2013年"中国最有价值品牌"评价中,美的品牌名列全国第5位,品牌价值为653亿元。2015年福布斯排行榜为第32位,在家电行业属于第一位。2016年首次以家电行业进入世界500强企业名单中。在全球家电行业市场份额占有率上,美的电器的市场份额为4.6%,位居全球第二位。美的以"为客户创造价值,为员工创造机会,为股东创造利润,为社会创造财富"的信念,取得了家电行业的生存空间。在新形势下,不断创新,成为家电行业的一颗明星。2013—2016年格力电器和美的集团市场份额变化如图1-1所示。

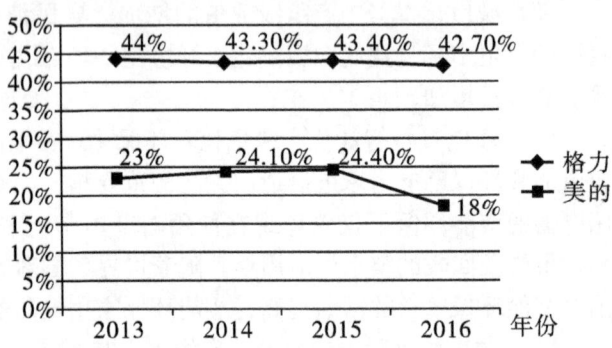

图1-1 2013—2016年格力电器和美的集团市场份额变化

数据来源:新浪财经。

二、格力电器和美的集团价值分析

(一) 公司财务分析

1. 资产负债表分析

格力电器和美的集团2013—2016年的主要资产负债数据如表1-3所示,同期两家公司的流动资产变化、非流动资产变化、流动负债变化和非流动负债变化分别见图1-2、图1-3、图1-4。

表1-3 2013—2016年格力电器、美的集团资产负债数据   单位:亿元

年份	2013		2014		2015		2016	
公司	格力	美的	格力	美的	格力	美的	格力	美的
流动资产	1 037.5	653.27	1 201.4	864.27	1 209.5	933.68	1 429.1	1 206.21
非流动资产	299.7	316.19	360.87	338.65	407.49	354.74	394.59	499.79
流动资产占比	77.59%	67.38%	76.90%	71.85%	74.80%	72.47%	78.36%	70.70%
资产总计	1 337.2	969.46	1 562.3	1 202.9	1 617	1 288.4	1 823.7	1 706
流动负债	965.08	566.47	1 083.9	731.43	1 126.25	720.04	1 268.76	891.84
非流动负债	18.37	12.18	27.11	14.18	5.06	8.06	5.7	124.4
负债合计	983.46	578.65	1 111	745.61	1 131.3	728.1	1 274.5	1 016.2
股东权益合计	353.74	390.81	451.31	457.31	485.67	560.32	549.24	689.77
负债与股东权益合计	1 337.2	969.46	1 562.3	1 202.9	1 617	1 288.4	1 823.7	1 706

数据来源:新浪财经。

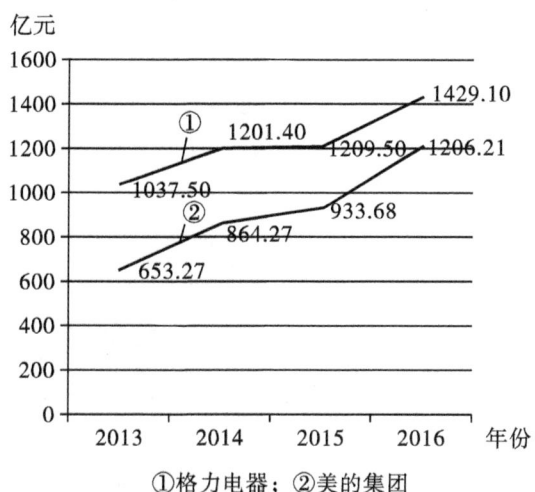

①格力电器；②美的集团

图1-2 格力电器和美的集团2013—2016年流动资产变化

数据来源：新浪财经。

由表1-3、图1-2可知，自2013年以来，格力电器和美的集团的总资产增长速度很快，格力电器2016年底的总资产规模是2013年底总资产的1.36倍，而美的集团2016年底总资产规模是2013年的1.76倍。从资产结构来看，尽管格力电器从2013—2015年，总资产中流动资产的比例呈现持续下降趋势，但在2016年又回升，在2016年达到了78.36%。而美的集团的流动资产占比先上升后下降，在2016年保持在70.70%的水平。

表1-4表示的是2013—2016年格力电器和美的集团货币资金和应收票据占流动资产的比率。

表1-4 2013—2016年格力电器和美的集团货币资金和应收票据占流动资产比率变动表

年份	2013	2014	2015	2016
格力电器	81.77%	87.42%	85.74%	87.87%
美的集团	45.50%	26.96%	26.51%	20.41%

数据来源：新浪财经。

从表1-4可以看出，格力电器和美的集团的流动资产中货币资金和应收票据所占比例。格力电器的占比逐年上升，在2016年达到87.87%，表明格力电器有强大的盈利能力，为公司的持续健康发展积累了巨额的可支配现金。而美的集团的货币资金和应收票据占比逐年下降，在2016年中仅占比为20.41%，可支配的现金较少。

从表1-3、图1-3及图1-4可以看出，格力电器和美的集团的负债总额从2013年以来不断上升。但从负债结构看，格力的负债总额中流动负债占绝大部分，自2013年以来流动负债所占比例均超过96%；而美的集团与之相比稍稍逊色，从结构来看，流动负债的占比从2013年的约97.90%下降至2016年的约87.76%。

图 1-3 2013—2016 年格力电器和美的集团流动负债变化

数据来源：新浪财经。

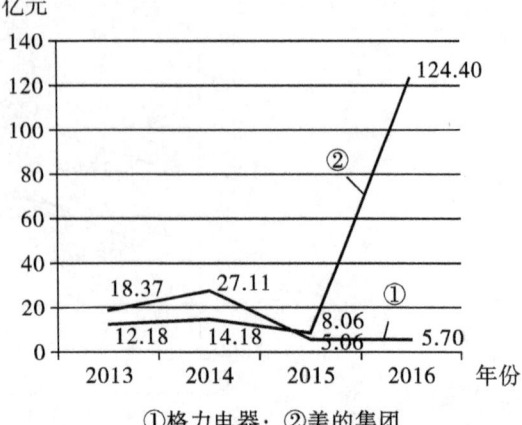

图 1-4 2013—2016 年格力电器和美的集团非流动负债变化

数据来源：新浪财经。

①格力电器；②美的集团

据格力电器资产负债表中数据显示，其流动负债中占比较高的两项负债分别为应付账款和其他流动负债，其他流动负债中超过 90% 是对经销商的销售返利，这样格力电器可以借助供应商和经销商的大量无息资金来运营。其次，流动负债的高比率也有利于格力电器的现金平衡流动和资金的充分利用。

2. 利润表分析

格力电器和美的集团 2013—2016 年末的主要利润数据如表 1-5 所示，同期两家公司的营业收入变动趋势和净利润变动分别趋势见图 1-5 和图 1-6。

表 1-5 2013—2016 年格力电器和美的集团利润简表 单位：亿元

利润表	2013/12/31		2014/12/31		2015/12/31		2016/12/31	
公司	格力电器	美的集团	格力电器	美的集团	格力电器	美的集团	格力电器	美的集团
营业收入	1 186.28	1 209.75	1 377.5	1 416.68	977.45	1 384.41	1 083.03	1 590.44
营业成本	803.86	928.18	880	105.70	660.17	1 026.63	728.86	1 156.15
销售费用	225.09	124.32	289	147.34	155.06	148	164.77	176.78
财务费用	-1.37	5.64	-9.42	2.51	-19.3	1.39	-48.46	10.06
管理费用	50.9	67.33	48.2	74.98	50.49	74.42	54.89	96.21
资产减值损失	1.92	1.23	3.98	3.50	0.86	0.048	-0.99	3.81
投资收益	7.17	9.98	7.24	15.11	0.97	20.11	-22.21	12.86
营业利润	122.63	93.24	160.89	134.51	135.16	149.17	175	174.36
利润总额	128.92	100.12	167.52	139.91	149.09	160.51	185.31	189.15
所得税	19.56	17.14	25	23.44	22.86	24.27	30.07	30.53
归属母公司所有者净利润	108.71	53.17	141.55	105.02	125.32	127.07	154.21	146.84

数据来源：新浪财经。

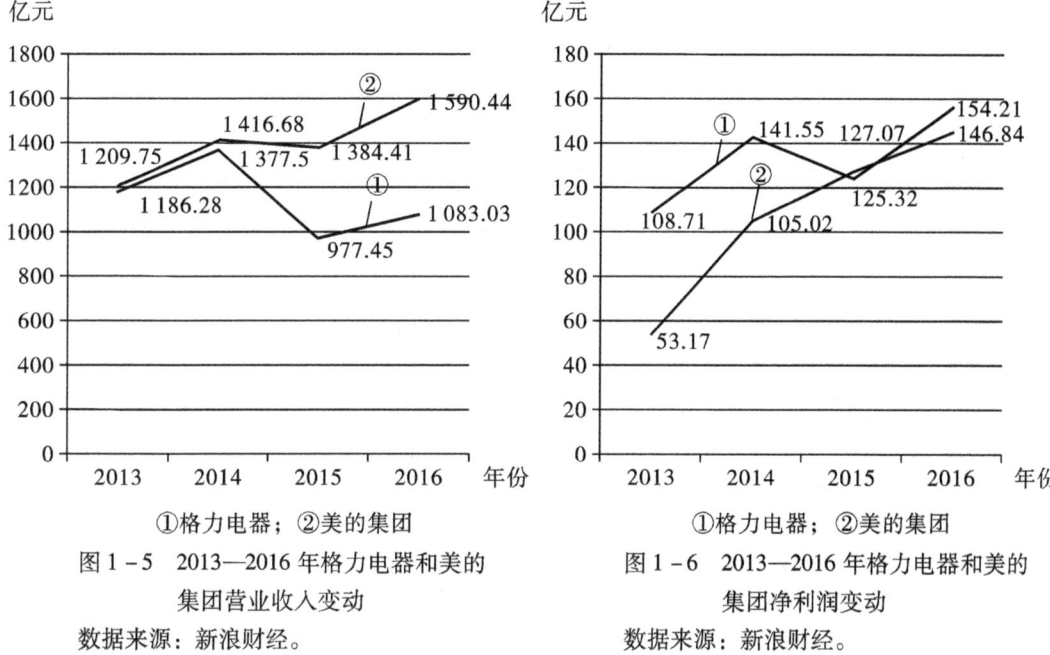

①格力电器；②美的集团

图1-5　2013—2016年格力电器和美的集团营业收入变动

数据来源：新浪财经。

图1-6　2013—2016年格力电器和美的集团净利润变动

数据来源：新浪财经。

如表1-5、图1-5和图1-6所示，两家公司在2015年营业收入都出现了下滑，行业增速放缓是重要原因，除行业原因外，大打价格战也是造成公司营收下滑的重要原因。

此外，2013年以来格力电器的营业收入与净利润都是先增长后下降而后再增长的波动式增长，而从2013—2016年，美的集团营业收入总体上稳步增长，2015年下降得并不是非常明显，而净利润持续增长。美的集团在2013—2016年营业收入都高于格力电器，但是净利润数额和格力保持相当的水平，说明格力电器的成本费用控制比美的集团的更好，说明格力电器将运营全过程的成本管控理念落到实处。

3. 现金流量表分析

格力电器和美的集团2013—2016年的主要现金流量数据如表1-6所示，同期两家公司的经营活动产生的现金流量净额变化、投资活动产生的现金流量净额变化和筹资活动产生的现金流量净额变化分别见图1-7、图1-8和图1-9。

表1-6　2013—2016年格力电器和美的集团现金流量简表　　　单位：亿元

项目	2013年		2014年		2015年		2016年	
公司	格力电器	美的集团	格力电器	美的集团	格力电器	美的集团	格力电器	美的集团
一、经营活动产生的现金流量净额	129.70	100.54	189.39	247.89	443.78	267.64	148.60	266.95
二、投资活动产生的现金流量净额	-21.86	-4.67	-28.62	-288.62	-47.13	-179.89	-192.47	-197.81

续上表

项目	2013年		2014年		2015年		2016年	
公司	格力电器	美的集团	格力电器	美的集团	格力电器	美的集团	格力电器	美的集团
三、筹资活动产生的现金流量净额	-24.24	-53.64	-18.64	-74.1	-76.83	-88.77	-57.52	-1.6
四、汇率变动对现金及现金等价物的影响	—	—	—	—	—	—	—	—
五、现金及现金等价物净增加额	292.59	167.64	435.06	52.72	773.65	51.87	713.21	125.14

数据来源：新浪财经。

图1-7　2013—2016年格力电器和美的集团经营活动产生的现金流量净额变化

数据来源：新浪财经。

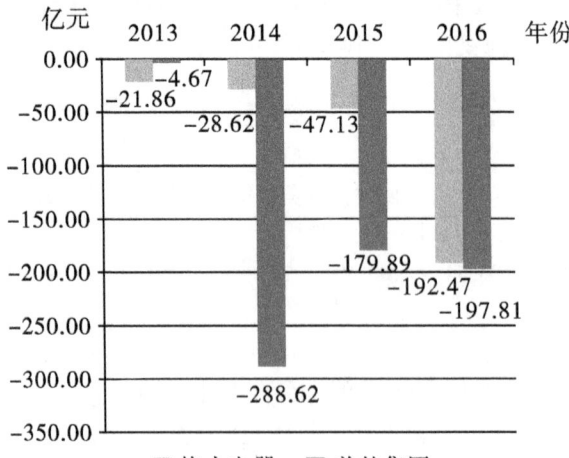

图1-8　2013—2016年格力电器和美的集团投资活动产生的现金流量净额变化

数据来源：新浪财经。

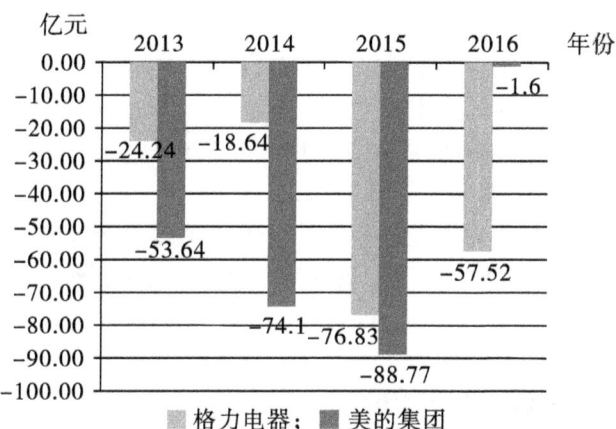

图1-9 2013—2016年格力电器和美的集团筹资活动产生的现金流量净额变化

数据来源：新浪财经。

从表1-6、图1-7和图1-8、图1-9可以看出，从2013年以来，格力电器和美的集团经营活动产生的现金流量净额均为正值，表明双方都拥有雄厚的现金支付能力。

从投资活动产生的现金流量净额来看，两个公司均为负数，但美的集团投资活动产生的现金流量净额负数的绝对值大于格力电器的。

从筹资活动产生的现金流量净额来看，格力电器每年均为负数，而美的集团在2016年年报中减至-1.6亿元，说明美的集团向外筹集了大量的资金；格力电器的筹资活动产生的现金流量净额每年差不多，表明公司有充足的现金以支持公司的运营和发展。

4. 盈利能力分析

2013—2016年格力电器和美的集团的盈利能力指标数据分别见表1-7、表1-8。

表1-7 2013—2016年格力电器盈利能力指标

年　份	2013	2014	2015	2016
销售毛利率（%）	34.09	39.11	32.46	32.70
销售净利率（%）	9.16	10.28	12.91	14.33
资产收益率（%）	8	9	7.94	9.02
净资产收益率（%）	31	32	27.31	30.41

数据来源：新浪财经。

表1-8 2013—2016年美的集团盈利能力指标

年　份	2013	2014	2015	2016
销售毛利率（%）	23.28	25.41	25.84	27.31
销售净利率（%）	6.89	8.22	9.84	9.97
资产收益率（%）	18.93	19.48	20.56	18.17
净资产收益率（%）	16.19	26.61	25.83	24.02

数据来源：新浪财经。

由表 1-7 和表 1-8 可以看出，格力电器的销售毛利率在观测年份均保持在 30% 以上，美的集团的则保持在 25% 左右；虽二者的销售净利率都有所上升，但格力电器的销售毛利率和销售净利率均高于美的集团。

从资产收益率来看，美的集团在 2013—2016 年资产收益率保持在 19% 左右的水平上；而格力电器的资产收益率在 8% 左右，比较稳定。

从净资产收益率来看，格力电器的平均净资产收益率约为 30%，而美的集团的约为 23%，格力电器稍高于美的集团，可以看出格力电器在净资产盈利能力方面还是比较强的。

5. 营运能力分析

2013—2016 年格力电器和美的集团的存货周转率、应收账款周转率、总资产周转率分别见表 1-9、表 1-10 及表 1-11。

表 1-9　2013—2016 年格力电器和美的集团存货周转率指标对比分析

公司	存货周转率（次）			
	2013 年	2014 年	2015 年	2016 年
格力电器	5.30	8.10	7.31	7.88
美的集团	6.50	6.99	8.06	8.87

数据来源：新浪财经。

表 1-10　2013—2016 年格力电器和美的集团应收账款周转率指标对比分析

公司	应收账款周转率（次）			
	2013 年	2014 年	2015 年	2016 年
格力电器	71.37	61.08	35.28	37.09
美的集团	13.60	16.39	14.03	13.35

数据来源：新浪财经。

表 1-11　2013—2016 年格力电器和美的集团总资产周转率指标对比分析

公司	总资产周转率（次）			
	2013 年	2014 年	2015 年	2016 年
格力电器	0.98	0.95	0.61	0.63
美的集团	1.31	1.30	1.11	1.06

数据来源：新浪财经。

从表 1-9、表 1-10 和表 1-11 中，我们可以看出如下变化：

（1）两家公司的存货周转率水平相当，总体来看存货变现速度在加快，存货运作效率在提高。

（2）两家公司的应收账款周转率在逐年降低，但格力电器的应收账款周转率一直高于美的集团，说明美的集团的应收账款回收较慢，资金流动性较慢。

（3）两家公司的总资产周转率逐年降低，除了因为公司的资产总额持续增长外，营业收入逐年增长的势头低于平均资产的增长幅度，导致总资产周转率逐年下降。

由此可见，格力电器的总资产周转率低于美的，相对来讲，格力电器采取的是"高盈利、低周转"的方针，并取得良好的效果。

6. 偿债能力分析

2013—2016 年格力电器和美的集团的流动比率、速动比率、资产负债率分别见表1-12、表1-13 及表1-14。

表1-12 2013—2016 年格力电器和美的集团流动比率指标对比分析

公司	流动比率（%）			
	2013 年	2014 年	2015 年	2016 年
格力电器	1.08	1.11	1.07	1.13
美的集团	1.15	1.18	1.30	1.35

数据来源：新浪财经。

表1-13 2013—2016 年格力电器和美的集团速动比率对比分析

公司	速动比率（%）			
	2013 年	2014 年	2015 年	2016 年
格力电器	0.94	1.03	0.99	1.06
美的集团	0.88	0.98	1.15	1.18

数据来源：新浪财经。

表1-14 2013—2016 年格力电器和美的集团资产负债率对比分析

公司	资产负债率（%）			
	2013 年	2014 年	2015 年	2016 年
格力电器	73.47	71.11	69.96	69.88
美的集团	59.69	61.98	56.51	59.57

数据来源：新浪财经。

从表1-12、表1-13、表1-14 可以发现两家公司的对比情况：

（1）两公司的流动比率变动浮动不大。美的电器的流动比率在1.15~1.35 之间，高于格力电器。而格力电器公司流动比率比较稳定，基本维持在1.07~1.13 之间，处于相对偏低的水平，但从其流动资产结构看，货币资金和应收票据占流动资产比重很高，使得格力电器在流动比率比较低的情况下也未对其短期偿债能力带来不利影响。

（2）两公司的速动比率从2013 年起逐年改善，和家电行业整体速动比率变动趋势一致，说明公司正在不断改进存货管理水平。

（3）美的的资产负债率在56%~62%之间，说明美的电器偿债能力保持稳定，不存在过大风险；格力电器的资产负债率在69%~74%之间，总体处于相对高的水平。但负债项目80%为经销商的预收账款、供货商的应付票据和应付账款，以及销售返利，大量的无息负债证明格力电器也不存在较大风险。

当下，格力电器在偿债能力、营运能力、盈利能力、成长能力等各项财务指标上都优于美的集团。如果美的集团不采取有效措施，则有可能被格力电器拉开差距。

（二）公司估值分析

1. 股利折现法

案例前文已经对格力电器和美的集团进行了具体的财务分析，证明格力电器和美的集团营业收入、净利润等都保持着稳定的增长。此外，两家公司的营运能力、盈利能力、成长能力都显示它们在未来是可以延续且稳定增长的。

由于格力电器每年都有分红、派发股利，而美的集团自2014—2017年均有派发股利，两公司2013—2017年分配股利、每股股利情况以及每股股利增长率的对比如表1-15、表1-16和表1-17所示。可见，两公司股份派发每年都保持着稳定增长，适用稳定增长模型。

表1-15　格力电器和美的集团2013—2017年分配股利情况

公司	股利（亿元）				
	2013年	2014年	2015年	2016年	2017年
格力电器	30.08	45.12	90.24	90.24	108.28
美的集团	0.00	33.73	42.16	51.19	64.66

数据来源：新浪财经。

表1-16　格力电器和美的集团2013—2017年每股股利情况

公司	每股股利（元/股）				
	2013年	2014年	2015年	2016年	2017年
格力电器	0.50	0.75	1.50	1.50	1.80
美的集团	0.00	2.00	1.00	1.20	1.00

数据来源：新浪财经。

表1-17　格力电器和美的集团2013—2017年股利增长情况对比分析表

公司	每股股利增长率（%）				
	2013年	2014年	2015年	2016年	2017年
格力电器	—	50.00	100.00	0.00	19.99
美的集团	—	—	25.00	21.42	26.31

数据来源：新浪财经。

2015年夏天多地连续遭受阴雨天气，整体经济处于下行趋势，GDP增速减缓，房地产行业持续低迷，家电行业遭遇了最近五年来最为艰难的一年，内外销均面临着重重压力，而后各种不利因素过去后，家电行业慢慢回暖。所以基于以上分析考虑，本案例采用的是两阶段增长模型，公式如下：

$$P_0 = \sum_{t=1}^{T} \frac{D_0(1+g_1)^t}{(1+r)^t} + \frac{1}{(1+r)^T} \times \frac{D_T(1+g_2)}{r-g_2} ①$$

---

① 考虑到本书为专业人士使用，参数在此不作注明。

本案例将前几年的增长率均值作为估值的参数，预计在第一阶段，即 2018—2022 年，格力电器的股利增长率 g_1 为 28.5%，美的集团的股利增长率 g_1 为 32.7%。在第二阶段股利增长变缓，以 3% 为股利持续增长率，贴现率以央行长期贷款利率 6% 计算。计算可得格力电器内在价值是每股 166.51 元，美的集团内在价值是每股 108.65 元。

2. 市盈率法

本案例采用家电行业几大巨头的主要财务指标对格力电器和美的集团进行估值分析。其中，几家公司的主要财务指标如表 1-18 所示。

表 1-18 主要财务指标

公司简称	总股本（元）	每股股价（元）	每股净收益（元）	市盈率（P/E）
格力电器	6 015 730 878.00	37.90	2.57	14.75
美的集团	6 548 163 000.00	44.19	2.30	19.21
海信科龙	1 362 725 370.00	13.25	1.27	10.43
青岛海尔	6 097 402 727.00	15.09	0.93	16.23

数据来源：新浪财经。

如表 1-18 所示，除格力电器外三个可比公司的市盈率的平均值为 15.29，用格力电器每股净收益 2.57 乘以 P/E 平均值 15.29 得到格力电器每股股价估值为每股 39.3 元，公司总估值约为 2 364 亿元。

除美的集团外三个可比公司的市盈率的平均值为 13.8，用美的集团每股净收益 2.30 乘以 P/E 平均值 13.8 得到美的集团每股股价估值为每股 31.75 元，公司总估值约为 2078.69 亿元。

把上面两种方法得到的估值取平均值，得出修正的格力电器的股价为：

$$(166.51 + 39.3)/2 = 102.905 （元）$$

修正的美的集团的股价为：

$$(108.65 + 31.75)/2 = 70.2 （元）$$

三、案例结语

综合上述情况得出本案例的结论：从格力电器和美的集团财务分析、每股价值比较情况来看，格力电器明显胜美的集团一筹。不论是股利折现模型估值还是市盈率估值，格力电器的估值都明显高于美的集团。因此格力电器的内在价值高于美的集团。

四、讨论题目

本案例要求学生结合行业情况、公司经营、财务情况，对以下问题进行深入了解与思考：

（1）家电行业总体的发展现状如何？格力电器和美的集团在家电行业中分别处于什么样的地位？

（2）企业资产负债表分析中，用了哪几个指标进行分析？格力电器和美的集团在这方面表现如何？

（3）在企业综合损益表分析中，用了哪几个指标进行分析？格力电器和美的集团在这方面表现如何？

（4）市盈率估值和股利折现模型的优点、局限性和适用范围？

五、参考资料

［1］格力电器股份有限公司 2013—2016 年年度报告［R］．珠海：格力电器股份有限公司，2013—2016．

［2］美的集团股份有限公司 2013—2016 年年度报告［R］．佛山：美的集团股份有限公司，2013—2016．

［3］李丹琪．基于股利折现模型的佛山照明公司股权价值分析［J］．财经论坛，2016（11）：69—70．

［4］董敬宇．伊利股份与蒙牛乳业公司价值比较案例分析［D］．武汉：华中科技大学，2008．

［5］张荣．美的电器投资价值分析［D］．北京：对外经济贸易大学，2017．

［6］孙巍巍．格力电器投资价值分析［D］．北京：对外经济贸易大学，2016．

［7］家电行业发展前景分析［N］．中国报告大厅，2017．

[案例说明书]

一、本案例要解决的关键问题

本案例拟通过对格力电器和美的集团两家公司进行比较，在财务分析的基础上，利用市盈率法估值和股利折现模型估值。在考虑多方面因素的基础上，解决投资者关于投资的疑问；同时，通过对本案例的学习，期望学员能够把握公司财务分析、价值评估的方法。

二、案例讨论的准备工作

为了有效实现本案例目标，学员应该具备下列相关知识背景。

1. 公司价值评估的目标

要对公司进行价值评估，首先要明白价值评估的目标，根据我们的目标选择不同的价值衡量指标。价值衡量指标有账面价值、公允价值、市场价值和内在价值几种，其中，内在价值即投资方投资的目的在于获得未来的收益。站在此角度进行价值评估，即采用买方投资后公司未来预计可以产生的现金流现值。但是内在价值是估计值，并不是精确值，它是在利率变化或者未来现金流的预测修正时必须改变的估计值。

2. 公司价值评估模型

为解决格力电器和美的集团估值的问题，本案例主要采用了市盈率估值和股利折现模型进行估值，具体如下：

（1）市盈率估值

市盈率估值法是国外成熟的证券市场上常用的股票投资价值的评估方法。

目标企业每股价值 = 目标企业本期每股收益 × 可比企业本期市盈率
　　　　　　　　 = 目标企业预期每股收益 × 可比企业预期市盈率

市盈率法估值所运用的公式如下：

$$P_0 = \frac{D_0(1+g)}{R_s - g}$$

$$\text{本期市盈率} = \frac{P_0}{\text{EPS}_0} = \frac{\text{股利支付率} \times (1+g)}{R_s - g}$$

$$\text{预期市盈率} = \frac{\dfrac{D_1}{R_s - g}}{\text{EPS}_1} = \frac{\text{股利支付率}}{R_s - g}$$

市盈率公式中各项指标及其影响因素的解释如表1-19所示。

（2）股利折现模型

股票内在价值可以用股票每年股利收入的现值之和来评价；股利是发行股票的股份公司给予股东的回报，按股东的持股比例进行利润分配，每一股股票所分得的利润就是每股股票的股利。其中分为以下两种：

表 1-19　影响市盈率的指标解释

公式	本期市盈率 = $\dfrac{P_0}{\text{每股净利}_0}$ = $\dfrac{\text{股利支付率} \times (1 + \text{增长率})}{\text{股权成本} - \text{增长率}}$
	内在市盈率 = $\dfrac{P_0}{\text{每股净利}_1}$ = $\dfrac{\text{股利支付率}}{\text{股权成本} - \text{增长率}}$
驱动因素	增长潜力、股利支付率、股权成本,其中关键因素是增长潜力
可比企业	可比企业应当是三个比率类似的企业

①永续增长模型:

$$\text{实体价值} = \dfrac{\text{下期实体现金流}}{(\text{加权平均资本成本} - \text{永续增长率})}$$

②两阶段模型:

现金流量预测的两个时期:预测期和后续期。
第一阶段现金流量现值——按照复利现值公式逐年折现。
第二阶段现金流量现值——采用固定增长模型和复利现值公式两次折现。
企业价值 = 第一阶段现值 + 第二阶段现值。
实体价值 = 预测期实体现金流量现值 + 后续期价值的现值。
设预测期为 n,则:

$$\text{实体价值} = \sum_{t=1}^{n} \dfrac{\text{实体现金流量}_t}{(1 + \text{加权平均资本成本})^t} + \dfrac{\dfrac{\text{实体现金流量}_{n+1}}{(\text{加权平均资本成本} - \text{永续增长率})}}{(1 + \text{加权平均资本成本})^n}$$

三、案例分析要点

(一) 需要学员识别的关键问题

本案例需要学员识别的关键问题包括:价值评估的含义、价值评估的模型、财务分析的方法、价值评估的方法以及两公司价值的比较分析。

(二) 解决问题的可供选择方案及其评价

1. 家电行业总体的发展现状如何?格力电器和美的集团在家电行业中分别处于什么样的地位?

(1) 总体发展现状:

①2008 年经济危机对全球经济造成极大的影响,2009 年经济复苏,全球家电呈现出良好的恢复和发展态势。欧美市场的增长放缓,亚太地区等新兴市场的增长速度变快。

②受益于我国经济环境的影响,家电节能补贴、家电以旧换新、家电下乡等政策的支持,我国的家电行业迅速发展,家电工业的生产规模居世界首位。

(2) 行业地位:根据 ZDC 调研报告显示,在 2017 年第一季度,中国空调市场关注度最高的品牌为格力电器,关注占比为 31.1%。第二名由青岛海尔占据,关注占比为

18.8%。排名第三位的,则是美的集团,关注比例为11.5%。就这组数据看来,格力电器在人们心里的位置高于美的集团。

2. 企业资产负债表分析中,用了哪几个指标进行分析?格力电器和美的集团在这方面表现如何?

(1) 指标:总资产增长率、流动资产占总资产比率、货币资金和应收账款占流动资产比率、负债结构。

(2) 表现:

①总资产增长率:格力电器和美的集团的总资产增长速度很快,在观测期,格力电器2016年总资产规模是2013年底总资产的1.36倍,而美的集团是1.76倍。美的集团总资产增速快于格力电器。

②流动资产占总资产比率:格力电器2013—2015年,总资产中流动资产的比例呈现持续下降趋势,但在2016年又回升,在2016年达到了78.36%。而美的集团的流动资产占比先上升后下降,在2016年保持在70.70%的水平。就这个指标看来,格力电器的流动资产占比高于美的集团流动资产占比,格力电器的资产流动性较强。

③货币资金和应收账款占流动资产比率:格力电器的占比逐年上升,在2016年达到87.87%,而美的集团的货币资金和应收票据占比逐年下降,在2017年三季度中仅占比20.41%。这个指标表明,格力电器的可支配现金比美的集团多。

④负债结构:格力电器的流动负债占比超过96%,美的集团流动负债2013—2016年占比在87.76%~98.89%。表面上看来格力电器的偿债压力高于美的集团,但从其流动负债项目看来,格力电器高流动负债大部分为应付账款和其他流动负债。该公司的其他流动负债中超过90%是对经销商的返利。这样格力电器可以借助供应商和经销商的大量无息资金来运营。其次,流动负债的高比率也有利于格力电器的现金平衡流动和资金的充分利用。

3. 在企业综合损益表分析中,用了哪几个指标进行分析?格力电器和美的集团在这方面表现如何?

(1) 指标:营业收入、净利润。

(2) 表现:美的集团在2013—2016年营业收入都高于格力电器,但是净利润数额和格力电器保持相当的水平,说明格力电器的成本费用控制比美的集团的更好。

4. 市盈率模型和股利折现模型的优点、局限性和适用范围?

1) 市盈率模型:

(1) 优点:

①计算的数据容易获得,并且计算比较简单。

②把价格和收益联系起来,直观地反映投入和产出的关系。

③涵盖了风险补偿率、增长率、股利支付率的影响,具有很高的综合性。

(2) 局限性:

①如果收益为负,市盈率就失去了意义。

②除了会受企业基本面影响还会受整个经济景气程度影响。

(3) 适用范围:适合连续盈利的企业。

2) 股利折现模型:

（1）优点：该评价模型比其他常用的评价模型更完整，框架较严谨但相对较复杂；需要的信息量更多，角度更全面，考虑公司发展的长期性；较为详细，预测时间较长，而且考虑较多的变数，如获利成长、资金成本等，能够提供适当思考的模型。

（2）局限性：

①对多数公司，增长率模式的突然转变不太符合事实。

②高速增长阶段的时间长度难以确定。

③终点价格是现值的重要构成要素，计算出的价值对稳定增长率的假设非常敏感。

（3）适用范围：公司已经建立了完好的股息支付政策，而且这种股息政策会永远持续下去。

四、教学组织方式

（一）问题清单及提问顺序、资料发放顺序

本案例提问的题目依次为：

（1）家电行业的总体发展现状如何？格力电器和美的集团在行业中分别处于什么样的地位？

（2）在企业资产负债表分析中，用了哪几个指标进行分析？格力电器和美的集团在这方面表现如何？

（3）企业综合损益表分析中，用了哪几个指标进行分析？格力电器和美的集团在这方面表现如何？

（4）市盈率估值和股利折现模型的优点、局限性和适用范围是什么？

本案例的参考资料及其索引，在讲授有关知识点之后一次性布置给学员。

（二）课时分配

1. 课前计划

发放案例正文，提供思考问题给学生，请学生在课前完成阅读，了解相关理论知识，并对案例中涉及的问题进行讨论，以小组为单位形成初步观点。

2. 课堂计划

（1）课堂前言：教师简要介绍案例主题（5分钟）。

（2）案例故事回顾：采用随机提问形式对案例中的要点进行回顾，为下一步讨论打好基础（15—20分钟）。

（3）案例分析与讨论：按照研究问题的顺序逐个提出并进行理论的讲解和引导分析；提问面向小组，给出一定讨论时间，然后由小组选出代表回答（约定每位代表只能回答一个问题），同一问题可视情况请多个小组回答（所有问题的讨论和回答控制在100分钟）。

（4）案例总结：教师对讨论进行归纳总结，并进一步启发大家从更深层次、利用最新资料对案例进行跟踪和分析（10分钟）。

(三）讨论方式

本案例可以采用问题导向进行讨论，分组进行。

（四）课堂讨论总结

课堂讨论总结的关键是：归纳发言者的主要观点；重申其重点及亮点；提醒大家对焦点问题或有争议观点进行进一步思考；建议大家对案例素材进行扩展研究和深入分析。

案例 2

基于 EVA 视角的企业价值评估分析：以 X 地产为例[*]

---

[*] 1. 本案例由广东工业大学管理学院的陈沉、肖芷荞、谭少红共同撰写，作者拥有著作权中的署名权、修改权、改编权。

2. 本案例授权广东工业大学产教融合 **MPAcc** 教学智库实验平台使用，广东工业大学产教融合 **MPAcc** 教学智库实验平台享有复制权、修改权、发表权、发行权、信息网络传播权、改编权、汇编权和翻译权。

3. 由于企业保密的要求，在本案例中对有关名称、数据等做了必要的掩饰性处理。

4. 本案例只供课堂讨论之用，并无意暗示或说明某种管理行为是否有效。

[案例封面]

适用课程：财务管理理论与实务
选用课程：价值评估
编写目的：本案例旨在引导学员进一步理解价值评估的相关知识，拓展了解EVA价值评估的方法以及在房地产企业中的应用。一方面，学员可以掌握财务管理中EVA价值评估的方法，并从报表中挖掘相关数据进行估值分析；另一方面，学员可以思考价值评估在现实中的应用，为现实的投资分析提供方法，比较相似企业的投资价值。
知 识 点：价值分析
关 键 词：价值评估；估值分析；房地产企业；EVA价值评估方法
中文摘要：随着我国改革的深化与社会主义市场经济的发展完善，企业之间的经济活动愈发常态化，这使得企业对于企业价值评估的需求越来越大，也要求评估工作更加精确。而房地产行业作为我国经济发展的重要支柱，为我国经济整体的持续健康发展贡献了巨大力量。对房地产企业而言，需要寻找一种合理且精准的评估方法来对企业价值进行评估，以满足日益频繁的并购重组需求，提升企业的盈利能力。近年来，相较于传统企业价值评估方法，如成本法、市场法、收益法涉及的经济增加值（EVA）理论得到更为广泛关注。本案例对EVA理论在企业价值评估中的应用进行了深入的研究，对比分析了传统评估方法与EVA评估的不同与优缺点。本案例选取了X地产企业为案例分析对象，首先介绍了房地产行业与企业的基本情况，计算分析X地产企业的相关财务指标。而后将基于EVA视角的企业价值评估应用于X地产企业的企业价值评估中，对其价值进行了详细的计算，并对计算结果进行分析。

[案例正文]

随着我国社会主义市场经济的发展和完善，经济行为在企业之间趋于常态化。人们对于企业信息资料的需求也越来越大，要求也越来越高。不管是为了企业本身的发展，还是追求"股东价值最大化"，如何获取精准的企业价值是企业必须处理的问题。

传统的企业价值评估方法有很多，但其最终目的都是探求企业的会计利润，而且随着如今国内外宏观环境的变化，现有企业价值评估方法的弊端日渐明显。因此，基于EVA视角的企业价值评估模型在传统方法基础上应运而生。

作为一种全新的价值评估指标，EVA自产生以来就备受瞩目。与一直以来采用的收益法有所不同，EVA可以更加准确、合理地反映企业的整体价值。从企业应用的案例表明，EVA指标不仅可以用于评价企业真实的经营业绩和管理水平，而且还能引用到企业价值评估领域，用于企业价值的专业评估。在这样的背景下，本案例的目的在于用EVA估值方法研究X集团的企业价值，为众多的投资方提供建议与参照。

一、案例背景

（一）行业背景

房地产行业是进行房地产投资、开发、经营、管理、服务的行业，属于第三产业，是具有基础性、先导性、带动性和风险性的产业。房地产业作为国民经济新的增长点，为中国经济的快速增长做出了重要贡献。随着我国深化改革与社会主义市场经济的发展，城市化水平走势稳步提高、人口流动增加、居民消费水平的提高形成对房屋越来越高的需求。

可以说，中国房地产市场总体上是健康的。但值得注意的是，房地产行业在发展过程中依然存在一些不利因素。房地产业的可持续发展，既要满足当代人对房地产的各种需求，又要合理利用土地资源，保护生态环境，为后代人的生产生活创造必要的发展空间和条件。房地产业可持续发展应把房屋、业主和环境三大要素作为一个整体，注重对自然资源的使用和保护，争取实现对自然的索取与回报之间的平衡。其目标包括：房地产业的发展既要与整个国民经济的整体发展相协调，也要与地方区域经济的发展相协调；房地产业的发展要与人口发展、环境发展、资源利用相协调；房地产业的发展既要满足当代社会的需求，还要考虑后人开发的余地，决不能进行掠夺性开发；房地产业的发展要使开发效益与资金效益得到较好的协调，从而实现土地资源的永续利用、住宅业的稳定协调发展、房地产市场完善与人居环境的改善等多方面目标和要求。这样，才能推进中国房地产业可持续发展。

（二）公司简介

X地产公司成立于1992年，经过十年扎实发展，2002年成功完成股份制改造，开始实施全国化战略，加强专业化运作，连续实现跨越式发展。目前，公司已完成以广州、北京、上海为中心，覆盖57个城市的全国化战略布局，拥有292家控股子公司，业务拓展到房地产开发、建筑设计、工程施工、物业管理、销售代理以及商业会展、酒店经营等相关行业。

公司坚持以商品住宅开发为主,适度发展持有经营性物业。在住宅开发方面,X地产公司逐渐形成了多元化优质住宅物业的先进创新格局,覆盖中高端住宅、公寓、别墅等多种物业形态。商业物业囊括商业写字楼、高端休闲地产、星级酒店、商贸会展、购物中心、城市综合体等,具备多品类物业综合开发的实力。

2006年7月,公司股票在上海证券交易所上市,并入选"2008年度中国上市公司优秀管理团队"。2008年底,集团总资产876.2亿元,同比增长28.4%;净资产136.2亿元,同比增长13.3%;实现营业收入234.4亿元,同比增长66.8%;利润总额48.7亿元,同比增长28.8%,已连续8年实现两位数增长,缴纳税金34亿元。截至2009年6月,集团合并总资产逾1 000亿元,同比增长29%,在自身发展史上首次并提前突破千亿元大关,进入138家中央企业前50名之列,跻身中央企业资产规模第一方阵。截至2014年底,公司总资产突破3 600亿元,实现签约金额1 366.76亿元,2015年实现签约金额1 541.04亿元。

二、X集团财务指标分析

(一)X集团主要财务数据

本案例对X地产企业的财务数据进行计算,分为盈利能力指标、营运能力指标、偿债能力指标以及发展能力指标。通过对相关指标的计算,分析评价企业的经营成效、财务状况及现金流等情况。X地产企业的主要财务数据见表2-1。

表2-1 X地产主要财务指标　　　　　　　　　　　　　　　　单位:万元

年份	2014	2015	2016	2017
主营业务收入	10 905 650	12 342 878	15 475 214	14 630 624
利润总额	1 903 182	2 290 076	2 331 057	2 569 945
净利润	1 220 032	1 234 758	1 242 155	1 562 589
总资产	36 576 564	40 384 420	46 799 677	69 645 175
股东权益	6 140 954	7 152 256	8 925 319	10 697 980

数据来源:X地产公司年报。

(二)盈利能力分析

盈利能力是指企业在一定期间内获取利润的能力。企业经营的最终目的是获取利润。企业财务分析的重点和核心是盈利能力分析。盈利能力指标是企业综合性的财务指标,企业运营业绩的好坏最终都能够通过盈利能力指标反映出来。利用盈利能力的相关指标能够反映和度量企业经营业绩,也能够通过分析发现经营管理中出现的问题。

经计算,X地产企业的盈利能力相关指标如表2-2所示。

表2-2 X地产盈利能力指标

年份	2014	2015	2016	2017
营业利润率（%）	17.40	18.41	14.94	17.45
净资产收益率（%）	19.87	17.26	13.92	14.61
资产报酬率（%）	4.02	4.33	3.83	3.00

由表2-2可以看出，2014—2016年，X地产的盈利能力指标呈先增加后下降趋势。原材料价格的不断提高使得企业经营总成本增加，导致企业经营利润的减少。另外，国家宏观调控政策使得房地产市场不断降温，房地产企业的经营利润也随之减少。但随着我国城镇化的不断推进与加快，房地产行业仍有着良好的发展势头。在2017年，公司的盈利能力有所上升。

X地产整体企业利润构成较为科学合理，资产整体的盈利能力较强，利润总额主要由主营业务收入构成。随着企业产品结构的完善、资产负债结构的调整、存量资产机构的优化，X地产的盈利能力将进一步增强。

（三）营运能力分析

企业营运能力是指企业基于外部市场环境的约束，通过内部生产资料和人力资源的配置组合而对实现企业目标所产生的作用。企业拥有或控制的各种生产资料表现为各种资产的占用，资产的周转速度在一定程度上决定了资产营运能力的强弱。企业营运能力分析的目的，是通过计算反映企业资产经营效率与效益的指标来评价企业资产经营的效果，发现在资产营运过程中存在的问题，为企业提高经济效益指明方向。

经计算，X地产企业的营运能力相关指标如表2-3所示。

表2-3 X地产营运能力指标

年份	2014	2015	2016	2017
应收账款周转率（次）	38.39	38.03	65.11	84.41
存货周转率（次）	0.29	0.30	0.37	0.27
总资产周转率（次）	0.32	0.32	0.36	0.25

如表2-3所示，企业每一项资产的周转率共同影响着企业总资产的周转率。X地产的总资产周转率在2014—2016年内保持着较为稳定的增长，但在2017年有所下降。

存货周转率的变化趋势与总资产周转率的变化趋势在整体上保持相同。由此期间的财务报表数据分析可得，X地产的存货周转率显现逐年提高的趋势，在2017年有所回缓。房源的供给量远大于市场的需求量，房地产市场逐渐降温，这也是房地产行业趋于理性回归的必然结果。

应收账款周转率在2014—2015年有所下降，这是由应收账款的增加导致的。而在2016—2017年上升到84.41，这是由于此期间内收入结转的增加。

（四）偿债能力分析

企业偿债能力是指企业偿还其本身所欠债务的能力。企业能否按期偿还其所欠债务直接关系到企业的财务是否安全，判断企业财务安全性的主要标志就是企业的偿债能力。提高企业偿债能力、确保财务安全是企业健康发展的基本保证。企业偿债能力分析的内容受企业债务的构成内容和偿债所需资产的制约。不同的债务应用不同的资产来偿还。一般来说，偿债能力分析可以分为短期偿债能力分析和长期偿债能力分析。

经计算，X 地产企业的偿债能力指标如表 2-4 所示。

表 2-4　X 地产偿债能力指标

年份	2014	2015	2016	2017
流动比率（%）	1.87	1.73	1.74	1.78
产权比率（%）	343.52	296.73	270.67	322.68
资产负债率（%）	77.89	75.95	74.76	77.28

由表 2-4 可知，流动比率这一指标在 2015 年有所下降，这说明企业的营运资金充足度降低，财务风险有所增加。产权比率和资产负债率可以反映企业的长期偿债能力。2014—2016 年，X 地产的产权比率和资产负债率呈逐年降低的趋势，2017 年，X 地产的产权比率和资产负债率又增加了许多；对比 2014 年，公司的偿债能力有所增强。

通过对企业的财务报表分析可以得出，X 地产公司的现金主要流向囤地；现金的主要来源是预收客户款、借款与债券的本期盈利。由此可知，企业的资本结构相对稳定，偿债能力良好。

（五）发展能力分析

企业发展能力通常是指企业未来生产经营投资活动的发展趋势和发展潜能。企业发展能力是从动态角度来评价企业的成长性。在日益激烈的市场竞争中，企业价值在很大程度上取决于企业未来的获利能力，取决于企业经营收入、收益和股利的未来增长，而不是企业过去或目前所取得的收益。发展能力是企业盈利能力、营运能力、偿债能力的综合体现。

经计算，X 地产企业的发展能力指标如表 2-5 所示。

表 2-5　X 地产发展能力指标

年份	2014	2015	2016	2017
总资产增长率（%）	16.51	10.41	15.89	48.82
营业收入增长率（%）	18.08	13.18	25.38	-5.46
净利润增长率（%）	19.95	18.24	14.60	15.25

由表 2-5 可知，2014—2016 年 X 地产的发展能力指标有所波动，总的趋势是下降的，为股东创造价值的能力有所减弱。近年来，房地产行业逐渐降温，增长趋势有所减缓，X 地产营业收入总体增长的趋势也与整个行业的增长态势趋于一致。

在 2017 年，随着城镇化的发展与国家政策的实施，房地产市场有所回暖，企业利润也有所增长。但企业 2017 年的营业收入增长率为负，说明企业的利润来源不再一味依靠房地产销售，而是寻求其他方面的经营。

三、基于 EVA 模型计算 X 地产企业价值

(一) 计算公式

从 EVA 的定义出发，其计算公式为：

$$EVA = NOPAT - C \times WACC = (RONA - WACC) \times C$$

式中，NOPAT 为税后净营业利润；C 为全部资本的经济价值（包括权益资本和债权资本）；RONA 为资产收益率；WACC 为企业加权平均资本成本。

(二) 计算调整后的税后净营业利润 (NOPAT)

NOPAT =（净利润 + 利息费用 + 所得税）×（1 - 所得税率）+ 少数股东损益 + 商誉摊销 + 递延税项贷方余额的增加 - 递延税项借方余额的增加 + 其他准备金余额的增加 + 资本化研究发展费用 - 资本化研究发展费用的摊销

经计算，X 地产公司在 2014—2017 年的税后净营业利润如表 2-6 所示。

表 2-6 X 地产税后净营业利润

年 份	2014	2015	2016	2017
净利润（万元）	1 423 136	1 682 772	1 707 305	1 562 589
加：利息支出（万元）	155 409	221 071	221 701	348 916
加：所得税（万元）	480 046	607 304	623 752	602 225
息税前利润（万元）	2 058 591	2 511 147	2 552 758	2 513 730
企业所得税税率（%）	25	25	25	25
息前税后利润（万元）	1 543 943	1 883 360	1 914 569	1 885 298
加：准备金增加（万元）	56 254	15 626	-4 041	6 612
加：营业外支出（万元）	11 539	8 269	12 321	15 265
减：营业外收入（万元）	16 668	25 904	31 056	32 518
加：递延所得税负债增加额（万元）	-681	-42	5 135	5 071
减：递延所得税资产增加额（万元）	58 818	17 575	26 186	153 366
税后净营业利润（万元）	1 535 569	1 863 734	1 870 742	1 726 362

税后净营业利润 (NOPAT) 是自由现金流量测算中重要的概念之一。它表示公司根据收付实现制扣减所得税之后的营业利润（息前税后利润）。因此，税后净营业利润实际上是在不涉及资本结构的情况下公司经营所获得的税后利润，也即全部资本的税后投资收

益，反映了公司资产的盈利能力。

2014—2017年，X地产的税后净营业利润皆为正值，说明企业具有一定的盈利能力。数值先是逐步上升，在2017年有所下降，这与房地产市场消费者逐渐趋于理性有所关联，企业需要寻求其他投资渠道，以提高企业利润。

（三）计算投资资本的经济价值（C）

C = 所有者权益合计 + 短期借款 + 长期借款 + 一年内到期的长期借款 + 应付债券 + 资产减值损失 – 在建工程 + 递延所得税负债的增加 – 递延所得税资产的增加

经计算，X地产公司在2014—2016年的投资资本成本如表2-7所示。

表2-7 X地产投资资本成本　　　　　　　　　　　　　　　单位：万元

年份	2014	2015	2016	2017
所有者权益合计	8 087 228	9 714 038	11 810 195	15 823 967
加：短期借款	325 740	310 090	40 900	306 694
加：长期借款	9 049 498	6 641 174	6 886 655	14 765 385
加：一年内到期非流动负债	2 541 175	3 219 427	1 282 399	2 642 848
加：应付债券	703 042	1 839 330	3 012 559	2 745 209
加：资产减值损失	56 254	15 626	-4 041	6 612
减：在建工程	—	—	26 006	48 494
加：递延所得税负债增加额	-681	-42	5 135	5 071
减：递延所得税资产增加额	58 818	17 575	26 186	153 366
总投入资本	20 703 438	21 722 068	22 981 610	36 093 926

企业的投入成本在2014—2016年较为稳定，而在2017年突然大幅增加，主要增加在所有者权益与长期借款两个栏目。

在所有者权益方面，2017年，公司向激励对象发行股票新增股份，已办理完毕股份变更登记手续，并已上市流通，且公司非公开发行的普通股承诺限售期12个月到期解除限售，开始上市流通。增发股票导致企业所有者权益的增加。在长期借款方面，X地产主要增加了抵押借款与保证借款。

（四）计算企业加权平均资本成本（WACC）

1. 资本结构比例计算

债务资本 = 短期借款 + 长期借款 + 一年内到期的长期借款 + 应付债券

权益资本 = 资本总额 – 债务总额

X地产公司在2014—2017年的资产结构比例如表2-8所示。

表2-8　X地产资本结构比例

年份	2014	2015	2016	2017
资本总额（万元）	36 576 564	40 383 320	46 799 677	69 645 175
债务总额（万元）	28 489 336	30 669 282	34 989 483	53 821 209
债务比例（%）	77.89	75.95	74.76	77.28
权益资本（万元）	8 087 228	9 714 038	11 810 195	15 823 967
权益比例（%）	22.11	24.05	25.24	22.72

由表2-8可见，X地产的资本结构比例虽有所波动，但基本稳定。但其中负债比例过高，权益比例过低，属于高报酬、高风险的财务结构。

2. 债权资本成本

由财务报表数据可得，X地产公司的债务主要为银行贷款，为方便计算，本文沿用学者普遍采用的银行三至五年期的贷款利率计算。

税后债务资本成本 = 税前债务资本成本 × （1 - 所得税税率）

经计算，X地产公司在2014—2017年的债权资本成本如表2-9所示。

表2-9　X地产债权资本成本

年份	2014	2015	2016	2017
税前债权资本成本（%）	6.00	4.75	4.75	4.75
税后债权资本成本（%）	4.50	3.56	3.56	3.56

3. 权益资本成本

本文对权益资本成本的计算采用资本资产定价模型的方法，计算公式为：

$$K = R_f + \beta \times (R_m - R_f)$$

为方便计算，本文选取五年期的国债债券利率为无风险利率，市场风险溢价比照我国国内生产总值的增长率。

经计算，X地产公司在2014—2017年的权益资本成本如表2-10所示。

表2-10　X地产权益资本成本

年份	2014	2015	2016	2017
无风险利率（%）	5.41	5.53	4.42	4.32
β	1.28	1.25	1.32	1.32
市场风险溢价（%）	7.30	6.70	6.90	6.90
权益资本成本（%）	14.75	13.91	13.53	13.43

4. 加权平均资本成本

WACC = 债务资本成本 × 债务资本比例 + 权益资本成本 × 权益资本比例

经计算，X地产公司在2014—2017年的加权平均资本成本如表2-11所示。

表 2-11 X 地产加权平均资本成本

年份	2014	2015	2016	2017
债权资本成本（%）	4.50	3.56	3.56	3.56
债权资本比例（%）	77.89	75.95	74.76	77.28
权益资本成本（%）	14.75	13.91	13.53	13.43
权益资本比例（%）	22.11	24.05	25.24	22.72
加权平均资本成本（%）	6.77	6.05	6.08	5.80

加权平均资本成本是按各类资本所占总资本来源的权重加权平均计算公司资本成本的方法。2014—2017 年，X 地产的加权平均资本成本处于稳步降低的趋势，WACC 代表全局资本成本的情况，X 地产应该在债务风险的允许范围内，尽量追求资本成本的筹资配置。

（五）计算企业经济增加值（EVA）

经计算，X 地产公司在 2014—2017 年的 EVA 计算结果如表 2-12 所示。

表 2-12 X 地产 EVA 计算结果

年份	2014	2015	2016	2017
税后净营业利润（万元）	1 535 569	1 863 734	1 870 742	1 726 362
总投入资本（万元）	20 703 438	21 722 068	22 981 610	36 093 926
加权平均资本成本（%）	6.77	6.05	6.08	5.80
EVA（万元）	133 946.25	549 548.89	473 460.11	-367 085.71

由计算结果可以看到，2014—2016 年，企业为股东带来的经济增加值皆为正值，说明企业为公司、为股东创造了财富，带来了收益。2017 年企业的 EVA 数值为负，主要原因是企业在该年借入大量长期借款，导致总投资成本增加，而调整后的净营业利润并未有大幅提升，因而该年企业并未给股东和公司经营带来利润。

四、X 地产企业 EVA 评估结果分析

首先，EVA 值的大小与公司创造的价值成正比，EVA 值的高低与公司的规模以及经营状况有密切的关系。由表 2-12 可以看出，X 地产公司 2014—2016 年 EVA 值为正数，说明 X 地产公司每年都为企业、股东创造了价值，从企业经营利润中减去整个公司运营的资本成本，股东投资得到了回报。而在 2017 年，企业的 EVA 数值为负，该年企业并未给股东和公司经营带来利润。

X 地产公司 2014 年 EVA 值较低。2014 年以来，我国房地产行业逐渐降温，整体进入调整时期，商品房库存不断增加，经营者对市场低迷的预期是开工进度进一步降低，房地产投资增量显著下降，产品销售面积和销售总额都有所下滑，大中城市房价下跌数量不断增加。2015 年 EVA 增长迅速。2015 年 3 月，全国两会召开，提出要"加快培育消费增长点，稳定住房消费。坚持分类指导，因地施策，落实地方政府主体责任，支持居民自住和

改善性住房需求，促进房地产市场平稳健康发展。"同时，X地产公司抓住时机践行公司策略，不断抢占市场，其商品房销售数额不断上升。到了2016年，投资者逐渐理智，房地产市场增长势头减缓。所以X地产的EVA值有所回缓，趋于稳定。由此表明，市场环境和宏观经济条件对公司价值创造产生了一定的影响。2017年，房地产的发展趋于稳定，但企业的EVA数值为负，主要原因是企业在该年借入大量长期借款，导致总投资成本增加，而调整后的净营业利润并未有大幅提升，因而该年企业并未给股东和公司经营带来利润。

其次，从数据计算结果的比较可以看出，相比传统的财务指标体系与EVA指标评价体系，结果存在一定的差距，这主要是因为传统的财务指标评价体系没有考虑到权益资本成本，在计算过程中对于一些费用与资产的处理方法不同。这些差别最终会反映在对公司的经营效率和经营成果的认知上，从而影响公司的经营决策。

最后，影响加权资本成本率的一个重要因素是资本结构。X地产公司资本结构较为合理，且股权资本和债务资本结构比例也基本处于稳定状态，只是债务比例略高，这是房地产行业共同的特点。

EVA价值评估方法存在很多受主观影响的地方，如会计科目调整的选择、未来EVA水平的预测等，因为这些主观性的存在，使得运用EVA指标进行企业价值评估具有一定的风险性。然而，理论上认为，通过价值评估方法得出的企业价值与其市场上的真实价值有所差异是合理的，误差率可以在±20%以内。所以，笔者认为使用基于EVA视角的企业价值评估体系来评估X地产公司的价值是有效合理的。

五、案例结语

本案例在介绍基于EVA视角的估价法理论的基础上，进行案例分析，将EVA价值评估方法理论用于对X地产公司的企业价值进行评估分析和判断。EVA估价法在某种程度上，是在充分考虑风险的基础上对企业未来前景的一种预测。EVA估价法具有很高的信息含量，能够很好地帮助投资者进行长远有利的决策。EVA股价改进模型可以较客观准确地对企业目前及未来的价值进行全面综合性的评估，可以较准确地反映企业的真实价值，做到对企业较为真实的定位和评估，是一种值得推广的企业价值评估方法。

虽然采用EVA评估企业价值可以有效防止企业经营者的短视行为，但EVA指标体系本身所具有的不确定性使得经营者在使用EVA指标体系时，需要注意以下几点：

1. 资本成本确定方法繁多，难以统一

资本成本是在EVA的计算过程中具有决定性的因素，常用的计算资本成本的方法有资本成本定价模型、套利定价模型、期权定价模型等。企业在使用这些价值评估方法时，要充分考虑到各期选择方法的可比性和一致性，以保持EVA价值评估体系的连贯性和客观性。

2. 减少会计调整主观判断的影响

在计算EVA的过程中，必不可少的是对税后净经营利润进行调整，也正是这些调整才使得EVA指标体系比一般的会计利润更能够反映企业的真实经营成果。所以，在计算EVA时应针对不同公司的不同具体情况进行会计调整，尽量避免主观判断对EVA计算的影响，以确保经过调整后的会计利润更加真实可靠。

3. EVA 无法解释企业内在的成长机会

EVA 遭受的另外一个怀疑来自 EVA 在计算过程中对会计利润所反映的信息进行调整。这些调整可能一方面能够使 EVA 指标比其他指标更加接近企业真实创造的财富，同时也可能降低了 EVA 指标与股票市场的相关性，使得 EVA 无法解释企业内在的成长机会。

本案例研究表明，EVA 相对于其他业绩评价指标在一定程度上对企业业绩具有更好的解析能力，因此建议在房地产企业中适时推广 EVA 业绩评价体系，促进企业能全面、多视角评价企业经营状况，从而提高评价体系绩效。但不可只注重某一个业绩指标，在采用 EVA 业绩评价指标的同时也应该结合其他业绩评价指标对企业进行全面评估。总之，应该针对我国经济环境现状、市场体制、企业性质等实际情况，对如何科学地推广和应用 EVA 业绩评价体系进行进一步研究。同时，企业业绩评价应注重财务业绩评价和非财务业绩评价共同发展，积极创新探索适合我国房地产企业应用的业绩评价体系也是研究发展方向之一。

六、讨论题目

本案例要求学生结合行业情况、公司经营、财务情况，对以下问题进行深入了解与思考：

（1）企业进行价值评估的特点及意义？

（2）传统企业进行价值评估的方法有哪些？EVA 模型估值与它们相比有什么特点？EVA 模型有什么前提假设？

（3）EVA 估值方法的优势以及 X 地产采用 EVA 估值方法进行估值的适用性？

（4）从 X 地产企业的 EVA 评估结果得到什么结论？对其提出改进建议。

七、参考资料

[1] 方为，贺松山. 基于经济附加值（EVA）的企业价值评估体系的研究 [J]. 价值工程，2011, 30 (16): 135-136.

[2] 黄雷，杜泳辉. 上市公司股价评估的 EVA 模型研究 [J]. 财会通讯，2011 (08): 21-23.

[3] Ronald E. Shrieves, John M. Wachowicz. Free cash flow, economic value added, and net present value: a reconciliation of variations of discounted cash flow valuation [J]. The Engineering Economist, 2001: 33-52.

[4] Maja Llic. Economic value added as a modern performance indicator [J]. Perspectives of Innovations Economics & Business, 2010, 6 (3): 94-97.

[5] 杨晓兮. EVA 绩效评价在财务管理中的应用 [J]. 财政监督，2012 (02): 54-55.

[6] Vishwanath S R. EVA Financial Management at Godrej Consumer Products Ltd [J]. Asian Case Research Journal, 2011, 14: 31-61.

[7] 马晓侃. 基于 EVA 的企业价值评估 [D]. 大连：东北财经大学，2007.

［8］王冀．EVA业绩评价体系在企业应用研究［J］．经济研究导刊，2013（17）：27－28．

［9］黄雷，杜泳辉．上市公司股价评估的EVA模型研究［J］．财会通讯，2011（08）：21－23．

［10］张志娟．企业价值的评估方法研究［J］．企业科技与发展，2011（09）：69－70，73．

［11］王亚菊．基于EVA的企业价值评估［J］．商场现代化，2014（14）：78．

［12］殷涛．并购中的企业价值评估问题研究［J］．企业导报，2011（08）：54－55．

［13］李迁，尉京红，付晓华．市场法评估企业价值研究［J］．合作经济与科技，2014（09）：83－84．

［14］邹礼瑞，李军．"经济利润"及其在投资决策中的应用研究［J］．科技进步与对策，2004（02）：82－84．

［15］田波．基于EVA财务指标体系的理论探讨［J］．商品与质量，2011（S1）：50．

［16］李金福．浅析EVA绩效考核指标［J］．财经界（学术版），2011（10）：250－252．

［17］牟仁艳，解佳龙，杨晓璇．基于EVA的国有企业价值评估模型构建与应用［J］．企业经济，2013（09）：181－184．

［18］赵桂梅．房地产政策调控制度完善是根本［J］．黑龙江科技信息，2013（08）：161．

［19］葛扬，贾春梅．关于中国房地产业发展路径的分析［J］．经济纵横，2011（10）：35－38．

［20］饶华．浅析EVA在我国企业的运用［J］．现代商业，2013（06）：197－198．

[案例说明书]

一、本案例要解决的关键问题

本案例拟通过对 X 地产进行财务分析,在财务分析的基础上,利用 EVA 的估值方法,在考虑多方面因素的基础上,解决投资者关于评估房地产企业价值的疑问;同时,通过对本案例的学习,期望学员能够把握房地产企业财务分析、EVA 价值评估的方法。

二、案例讨论的准备工作

为了有效实现本案例目标,学员应该具备下列相关知识背景。

(一) 理论背景

1. 用 EVA 指标对企业进行价值评估的意义

作为企业经营战略和财务管理的重要组成部分,寻求更精准、更先进的企业价值评估方法可以帮助提高业绩评估指标的有效性,完善企业价值评估理论体系。EVA 指标可以有效地检验企业的业绩,有效地促使企业改进经营策略,从而激励企业的价值创造活动从多方面综合考虑企业的长远发展和战略规划。企业价值最大化的观点得到了越来越多的理论界和企业界专家学者的认可。用基于 EVA 视角的企业价值评估方法对企业价值进行分析,在一定程度上量化难以具体化的企业价值,并根据企业价值的变动,研究能够促使企业价值实现最大化的条件,有助于对企业战略管理、投融资策略进行分析。

EVA 价值评估方法有助于动态反映企业所获取的价值,通过采取相应的准确有力的策略措施,使企业在动态中实现并保持其价值最大化。随着资本市场的不断发展和完善,金融市场中的金融工具品种日益增多,其中股票投资的活跃度是最大的,但同时伴随而来的是在资本市场中股票投资的风险。股票价值是评估企业价值时需要考虑的重要因素,股票本身存在不确定性和风险性,股票价值是理性投资者在进行投资时参考的重要依据。EVA 可以有效地联结企业内部业绩管理和股东对企业的价值评价的关系。只有对相关上市公司的价值进行评估分析,才能知晓该公司的股票价格与其真正的价值是否相符,才能指导投资人做出正确决策。被高估的股票不具备投资价值,有损投资者的利益,而被低估的股票由于有上升的可能,能够作为投资对象。

2. 企业价值评估传统方法与 EVA 模型

(1) 成本法:成本法基本的评估思路是重置或重建评估对象,即以企业的资产负债表为依据来调整企业账面价值从而得到企业价值的方法。这种方法来源于对传统实务资产的评估,例如机械生产设备、建筑物、土地等。这种评估方法仅仅着眼于成本,极少考虑收益和支出,操作过程十分简便,易于上手。

成本法的不足:

①成本法难以判断获取资产的成本与其价值的关系。成本法一般是基于投资的角度来判断企业价值,以历史上的投资预期为依据。对于风险比较小、用途比较稳定的资产来

说，有着比较稳定的投入回报期，反之对于投资风险比较大、用途比较广泛的资产来说，则很难预测其投入成本与价值的关系，因此在评估这样的资产的时候，成本法的运用可能会造成较大的偏差。

②难以反映企业组织资本的价值。一般企业总体资产的价值是比单项资产的加和要高的。因为企业的组织资本包括企业产品的知名度、客户关系、人力资本、销售网络等，也由于组织资本的存在，在运用成本法进行企业价值评估时，企业的组织资本往往会被忽略，尤其对于一些高新科技类企业。

(2) 收益法：亦称收益折现法，它是通过估测被评估资产的未来预期收益，并将其按一定的折现率或资本化率折成现值来确定该项资产的评估值。换言之，一项资产目前的价值即为人们所拥有该项资产预期收益的权利，依据目前的市场利率以及该收益的风险状况，目前应支付的价格。这是一种现值货币与将来不断取得货币收入的权利之间的交换。通常使用现金流量折现法，是因为其考虑了资金的风险即时间价值。

①基本计算公式为：$V = \sum_{i=1}^{n} \frac{R_i}{(1+r)} + \frac{R_n}{r(1+r)^n}$

式中 V 为目标企业的价值；R_i 为第 i 年的企业自由现金流量的预测值；n 为预测期；r 为折现率；R_n 为企业以前段最后一年的收益。

对于西方而言，收益法是主流企业价值评估方法。之所以是主流的企业价值评估方法，是因为收益法以现金流为根本，符合价值的理论，并且收益法对企业的成长能力及未来的收益能力关注更多，能更好地把握未来。与此同时，只要能够合理估计企业未来收益期，就可以恰当得出企业风险贴现率，就能很方便地评估出企业的价值。收益法是一种相当科学的方法。当然其也存在自身的不足，比如在技术层面，难度高，不确定性大，主观性强，主观性因素和不确定性因素对预期收益及折现率的确定影响比较大。

②收益额、折现率、收益期的确定

为了更好地体现房地产企业实际发展情况，本案例采用了两阶段自由现金流折现模型。评估中所需要的企业历史数据主要从上市公司公开的年度报告中获取，其余相关参数的确定则来自相关机构发布的数据和对当前企业基本状况、行业环境及市场宏观环境进行的分析。

两阶段自由现金流量折现模型公式：

$$V = 第一阶段现金流量现值 + 第二阶段现金流量现值$$

$$V = \sum_{i=1}^{n} \frac{R_i}{(1+r)^i} + \frac{R_n}{r(1+r)^n}$$

Ⅰ．收益额的确定：案例以企业自由现金流量作为企业预期收益的量化指标。企业自由现金流即是企业支付了经营费用和所得税之后，能够支付所有的清偿权者（债权人和股东）的现金流。对未来自由现金流进行预测时，通常根据企业历史财务数据计算其平均增长率，然后结合行业发展因素及宏观环境对其影响进行修正。

Ⅱ．折现率的确定：折现率选取了能够将企业收益与企业多种长期资金的风险结合考虑的加权平均资本成本来进行确定。加权平均成本是将各种筹资方式获得的个别资本成本进行加权计算得到的资本成本，以某种筹资方式所得到的资本占资本总额的比重作为权重。对折现率的确定方法有很多，按照折现率与收益额（企业自由现金流量）口径一致的

原则,选取加权资本成本(WACC)来确定折现率。其公式如下:

$$R_{资产} = \frac{D}{D+E} \times R_{负债} + \frac{E}{D+E} \times R_{权益}$$

式中　$R_{资本}$——公司资本成本,或称加权平均资本成本;

　　　$R_{权益}$——权益资本成本;

　　　$R_{负债}$——债务资本成本;

　　　D——债务资本市场价值;

　　　E——股权资本市场价值。

Ⅲ. 收益期的确定:格里·格雷依据企业的竞争力高低,总结出了企业"1-5-7-10"规则来度量企业超额收益。他把公司分为效益差的公司、平平常常的公司、规模较大发展良好的公司及顶级公司四类。第一类公司利润不高,在行业竞争中处于不利地位,其超额回报期为1年;第二类公司拥有正常的利润,正常的美誉度和知名度,其超额收益期为5年;第三类公司能被消费者接受,具有高成长性及良好的市场销售渠道,其超额收益期为7年;第四类公司,获利巨大,成长性高和具有巨大的市场力量,是众所周知的消费品牌,如苹果、谷歌等,其超额收益期为十年或者更长。

(3) EVA估值模型分析方法。经济增加值(economic value added,EVA)又称经济附加值,是一套以经济增加值理念为中心的财务管理系统、管理层决策机制及员工报酬激励制度,由思腾思特(Sterm Stewart)咨询公司于1982年提出并实施。它是基于税后营业净利润和产生这些利润所需资本投入的总成本即资本成本的一种企业绩效财务评价方法。公司每年创造的经济增加值等于税后净营业利润扣除全部资本成本之后的余额。其中,资本成本包括债务资本的成本和权益资本的成本。EVA反映了"价值最大化"的股东意志和企业的经营宗旨。

EVA理论立足于以下两个原则性的假设:

①只有当获得的资本回报超过资本的机会成本,企业才算真正盈利。

②公司的管理者需要为经营的投资做出决策。只有当决策的净现值为正时,才会为企业和股东创造财富。

可以看出,相比会计利润,经济利润更能反映企业真实的价值创造能力,这也是投资者更为关心的问题。EVA真实模拟了经济利润,能为投资者提供更为准确的信息,服务于评价企业业绩,帮助投资者做出合理的投资决策。

EVA指用调整后的税后净营业利润扣除企业全部资本成本后的剩余回报,即税后净营业利润减去债务和权益资本的成本后的差额。可以用公式表示为:

EVA = 调整后的税后净营业利润 - 全部资本的经济价值 × 企业加权平均资本成本

　　　= (资产收益率 - 企业加权平均资本成本) × 全部资本的经济价值

上式中,全部资本的经济价值包括权益资本和债权资本。

可见,EVA取决于三个变量:税后净营业利润、资本成本以及加权平均资本成本。企业可以通过增加税后净营业利润、减少资本占用、降低加权平均资本成本率来提高EVA。上述模型表明,EVA是企业利润超过资本成本的超额价值,突出反映了股东价值的增量。企业不能只单纯追求经营规模,更要注重本身价值的创造能力。EVA能够为反映管理行为是否增加了股东财富,以及增加的数量提供一种较为可靠的尺度。一般来说,EVA大于零,意味着从经营利润中减去整个公司的资本成本后,股东投资可以得到的净回报,为股东创造价值,否则便说明无法为股东创造价值。EVA 的值越大,表明企业经营者的业绩越好。企业 EVA 持续增长意味着公司市场价值的不断增加和股东财富的不断增长,从而实现股东财富最大化的财务目标。EVA 管理在于寻找使 EVA 值增加,即实现价值创造的有效途径。

(二)行业背景

1. 房地产行业发展现状
(1)房地产经济的发展速度迅猛,为我国国民经济增长做出了很大的贡献。
(2)房地产经济提高了居民的生活水平,提升了居民生活的幸福感。
(3)房地产市场发展的机制依然不够健全。
(4)房地产价格涨幅过快。

2. 房地产行业发展前景
(1)房地产市场发展日渐成熟。
(2)未来保证低收入人群一定的居住环境。
(3)在调控房地产经济方面国家将会更加积极。

通过分析得出了我国房地产行业虽然已经步入了一个瓶颈期,不过总体而言,我国的房地产经济发展依然是一片繁荣,我国的房地产市场的发展阶段仍处于上升期,探究房地产企业的企业价值,深入对其进行价值评估具有重要的现实意义。

三、案例分析要点

(一)需要学员识别的关键问题

本案例需要学员识别的关键问题包括:企业价值评估的含义、价值评估的意义、财务分析的方法、EVA 价值评估的方法。

(二)解决问题的可供选择方案及其评价

1. 企业进行价值评估的特点及意义?
(1)企业价值评估具有以下特点:
①评估对象是由多个或多种单项资产组成的资产综合体。
②评估的标的是该综合体的持续获利能力,而非各单项资产价值的简单加和;企业价值评估是典型的整体性评估。
(2)企业价值评估的意义:公司估值有利于投资者对公司或其业务的内在价值进行正确评价分析,从而构成对各种企业间各项经济活动与交易进行定价的基础。

2. 传统企业进行价值评估的方法有哪些?EVA 模型估值与它们相比有什么特点?EVA 模型有什么前提假设?
(1)传统企业进行价值评估的方法:
①成本法:基于企业资产负债表的基础上,通过合理评估企业各项资产价值和负债从

而确定评估对象的价值。其理论基础在于任何一个理性投资者对某项资产的支付价格不会高于其重置成本或者购买相同用途替代品的价格。

②市场法：在市场上寻找与被评估企业相似的交易案例，比较评估对象与可参考企业或者在市场上已有交易案例的企业，分析其股东权益、证券等权益性资产及重要指标，而后在此基础上对可比企业的市场价值进行修正、调整，最后确定被评估企业的价值。

③收益法：通过预测企业未来收益，将被评估企业预期收益资本化或折现到某个特定日期，从而确定评估对象价值的评估方法。收益法的理论基础是经济学原理中的贴现理论，即一项资产的价值是利用它所能获取的未来收益的现值，其折现率反映了投资该项资产并获得收益的风险的回报率。

（2）EVA与传统财务指标相比最大的不同就是充分考虑了投入资本的机会成本，使EVA具有以下几个突出特点：

①EVA度量的是资本利润，而不是通常的企业利润。从资本提供者角度出发，EVA衡量的是资本在一段时期内的净收益。只有净收益高于资本的社会平均收益，资本才能增值。但传统的企业利润所衡量的是企业一段时间内产出和消耗之间的差异，而不关注资本的投入规模、投入时间、投入成本和投资风险等重要因素。

②EVA衡量的是资本的社会利润，而不是个别利润。不同的投资者在不同的环境下，对资本具有不同的获利要求。EVA剔除资本的"个性"特征，对同一风险水平的资本的最低收益要求并不因持有人和具体环境的不同而不同。因而，EVA衡量的是资本的社会利润，而不是具体资本在具体环境中的个别利润，这使EVA度量有了统一的标尺，并体现了企业对所有投资的平等性。

③EVA度量的是资本的超额收益，而不是利润总额。为了留住实现利润的资本，企业的利润率不应低于相同风险的其他企业一般能够达到的水平，这个"最低限度的可以接受的利润"就是资本的正常利润。EVA度量的正是高出正常利润的那部分利润，而不是通常的利润总额。这反映了资本追逐超额收益的天性。

（3）EVA模型的前提假设：

①只有当获得的资本回报超过资本的机会成本，企业才算真正盈利。

②公司的管理者需要为经营的投资做出决策。只有当决策的净现值为正时，才会为企业和股东创造财富。

3. EVA估值方法的优势以及X地产采用EVA估值方法进行估值的适用性？

（1）EVA指标与传统的财务指标相比具有明显的优势，归纳如下：

①EVA指标可以如实反映企业的经营业绩。与传统的会计评价指标相比，EVA指标在计算时不只考虑了债务资本成本，还考虑了权益资本成本，可以真正地反映企业价值创造能力。

②EVA指标更加注重企业的长期可持续发展。它考虑到股东的利益，立足于企业未来的发展规划，促使企业的经营者在企业的经营管理中做出可以为企业带来长远利益的决策。

③EVA指标为企业的业绩评估与公司的整体价值评估架构起紧密的联系，使得企业管理层和员工的薪资水平与公司在资本市场上的表现保持一致。因此，企业能否满足资本市场的要求将直接影响公司的价值评估，以此促使企业的经营者做出更加有利于企业价值最

大化的经营决策。

（2）X 地产采用 EVA 估值的适用性：EVA 估价模型是一种运用现值技术估算企业价值的方法，在某种程度上体现了企业的公允价值。以基于 EVA 指标构建的评估体系作为企业价值评估体系，可以使企业所有者和经营者的利益取向趋于一致。因为 EVA 指标全面考虑了资金成本的因素，能真正反映企业的价值创造能力，因此案例将选择经济增加值（EVA）价值评估方法对 X 地产公司进行企业价值评估。

4. 从 X 地产企业的 EVA 评估结果你得到什么结论？针对其结论提出哪些改进建议？

（1）估值结果：首先，EVA 值的大小与公司创造的价值成正比，EVA 值的高低与公司的规模以及经营状况有密切的关系。由案例正文可以看出，X 地产公司 2014—2016 年 EVA 值为正数，说明 X 地产公司每年都为企业、股东创造了价值，从企业经营利润中减去整个公司运营的资本成本，股东投资得到了回报。而在 2017 年，企业的 EVA 数值为负，该年企业并未给股东和公司经营带来利润。

（2）改进建议：

①改变绩效考核体系：首先需要明白 EVA 指标的重要性，并了解清楚其在企业价值评估中的有效性及科学性。根据 EVA 构建出一个有效的项目决策体系和业绩评价体系，将 EVA 绩效考核方法逐步应用。

②节约资本投入，减少盲目投资：根据 EVA 评价体系理念，公司的资本成本与 EVA 指标具有负相关关系。公司除了通过提高税后净营业利润，还可通过降低资本成本来有效提高公司的 EVA 值。X 地产公司可以通过增加债务资本来筹集资金，而有偿债务的利息费用可以在税前扣除，这在实质上降低了公司的资本成本，有利于 EVA 的提高，能够为股东创造更多的价值。

③合理降低税负：

Ⅰ. 结合公司的实际情况和经营管理需要，选择虽然亏损但是经营模式合理，具有良好的未来发展前景的公司进行并购，降低税负。

Ⅱ. 将业务从税率高的地区向税率低的地区转移，或者将公司设立在享有国家税收优惠政策的地区，以此来降低税负。

Ⅲ. 通过调整收入费用的确认时间和筹资手段等方式，来平衡利润降低税负。

④提高税后经营净利润：已有的商业物业在经过多年之后，由于无法满足人们的需求，竞争力下降，甚至无法弥补公司的资本成本，导致 EVA 值为负。对于此类商业物业，公司应根据其延续价值、救赎或清算价值和出售价值的对比分析及时处理，以降低损失，改善、提升投资收益，增加企业价值。

四、教学组织方式

（一）问题清单及提问顺序、资料发放顺序

本次案例提问的题目依次为：

（1）企业进行价值评估的特点及意义？

（2）传统企业进行价值评估的方法有哪些？EVA 模型估值与它们相比有什么特点？

EVA 模型有什么前提假设？

（3）EVA 估值方法的优势以及 X 地产采用 EVA 估值方法进行估值的适用性？

（4）从 X 地产企业的 EVA 评估结果你得到什么结论？针对其结论提出哪些改进建议？

本案例的参考资料及其索引，在讲授有关知识点之后一次性布置给学员。

（二）课时分配

1. 课前计划

发放案例正文，提供思考问题给学生，请学生在课前完成阅读，了解相关理论知识，并对案例中涉及的问题进行讨论，以小组为单位形成初步观点。

2. 课堂计划

（1）课堂前言：教师简要介绍案例主题（5 分钟）。

（2）案例故事回顾：采用随机提问形式对案例中的要点进行回顾，为下一步讨论打好基础（15—20 分钟）。

（3）案例分析与讨论：按照研究问题的顺序逐个提出问题并进行理论的讲解和引导分析；提问面向小组，给出一定讨论时间，然后由小组选出代表回答（约定每位代表只能回答一个问题），同一问题可视情况请多个小组回答（所有问题的讨论和回答控制在 100 分钟）。

（4）案例总结：教师对讨论进行归纳总结，并进一步启发大家从更深层次、利用最新资料对案例进行跟踪和分析（10 分钟）。

（三）讨论方式

本案例可以采用问题导向进行讨论，小组式进行讨论。

（四）课堂讨论总结

课堂讨论总结的关键是：归纳发言者的主要观点；重申其重点及亮点；提醒大家对焦点问题或有争议观点进行进一步思考；建议大家对案例素材进行扩展研究和深入分析。

案例 3

房地产企业价值评估方法的比较分析：以 X 集团为例*

---

* 1. 本案例由广东工业大学管理学院的陈沉、谢杨柏、谭少红共同撰写，作者拥有著作权中的署名权、修改权、改编权。
2. 本案例授权广东工业大学产教融合 MPAcc 教学智库实验平台使用，广东工业大学产教融合 MPAcc 教学智库实验平台享有复制权、修改权、发表权、发行权、信息网络传播权、改编权、汇编权和翻译权。
3. 由于企业保密的要求，在本案例中对有关名称、数据等做了必要的掩饰性处理。
4. 本案例只供课堂讨论之用，并无意暗示或说明某种管理行为是否有效。

[案例封面]

适用课程：财务管理理论与实务

选用课程：价值评估

编写目的：本案例旨在引导学员进一步理解价值评估的相关知识，拓展了解市场比较法和收益法两种价值评估方法的区别以及其在房地产企业中的应用。一方面，学员可以掌握财务管理中公司价值评估的方法，并从报表中挖掘相关数据进行估值分析；另一方面，学员可以思考价值评估在现实中的应用，为现实的投资分析提供方法，比较相似企业的投资价值。

知 识 点：价值分析

关 键 词：价值评估；估值分析；房地产企业；市场比较法；收益法

中文摘要：企业价值评估不管是对投资的一方还是对监管的一方来说，全面理解企业价值，掌握企业价值的内涵，明确企业价值的重要影响因素与增加企业价值的途径，都是相当重要的。伴随世界资本市场的逐渐发展，投资者随意投资的现象减少，都是深入了解企业的发展战略、核心竞争力、经营与财务状况等而明确企业价值，以此进行相关的决策。除此之外，最近几年房地产企业并购数量大幅增加，房地产企业的价值评估也随之变得越来越重要。

在中国的房地产领域中，现在还不具有较为系统与完整的企业价值评估方法，尤其是典型案例的缺失，本案例把企业价值评估的具体案例研究作为出发点，将企业价值评估原理与方法具体应用在中国房地产领域中上市企业的价值评估之上，并与业绩评价相联系，进一步研究在实际应用时会出现与面临的问题。从一个角度来看，能够促进企业价值评估原理在中国的企业，特别是房地产领域上市企业里的推广与使用；从另一个角度来看，为解决存在的一些具体问题与今后的发展方向与趋势提出解决办法与意见，希望可以为中国企业价值评估原理的深入更新与发展提供借鉴与参照，为房地产领域中上市企业的价值评估法系统的构建提供参考依据。

[案例正文]

近几年房地产企业并购数量大幅增加,房地产股也变成备受股票市场里投资方关注的重要对象。不管是地产行业领域中并购情况的发生,还是一般的投资方在股票市场里对房地产股票的关注,都必须把对房地产企业的估值作为起点进行考量。所以,对房地产行业中的目标企业进行价值评估也变成了现在学界和股票市场投资方关心与看重的问题。X集团作为我国房地产企业中的领先企业,它的企业价值也因此备受众多投资方的密切关心。在这样的背景下,本案例的目的在于研究X集团的企业价值,综合使用多种估值方法对X集团进行企业价值的评估,以此为众多的投资方提供建议与参照。

一、案例背景

(一)行业背景

1. 行业发展历程

中华人民共和国成立后,房地产业的崛起和发展是当代中国经济的一个重要的经济现象。它影响到国民经济的方方面面,在整个国民经济体系中处于先导性、基础性的地位。我国房地产产业大致的发展历程见表3-1。

表3-1 我国房地产行业及房地产企业发展历程表

发展阶段	房地产行业和房地产企业发展特征
1978—1984年	随着改革开放的到来,我国住房制度改革进入试点阶段,实行了三大改革:即出售新、旧公房;住房商品化,实行综合开发,有偿转让和出售;租金改革
1984—1992年	十二届三中全会后,我国房地产行业进入了初步发展的阶段,这一阶段,我国房改从分批分期转向全国推进,房地产业也相应地向前推进。人们的住房消费观念发生根本改变,住房商品化和房地产业发展进程加快
1992—1998年	1992年和1993年,出现了"房地产过热"的问题。1994年7月5日,我国颁发了第一部房地产法律《中华人民共和国城市房地产管理法》。1994年7月18日,国务院颁发《关于深化城镇住房制度改革的决定》。1997年,我国房地产业受到东南亚金融风暴的影响
1998—2003年	在这期间,我国房地产行业的发展进入了持续发展的阶段,房改工作取得了划时代的突破。从房地产经济与国民经济的发展来看,基本上是协调的;从市场表现来看,市场供求两旺,是一种需求拉动增长的好势头;从房价走势来看,商品房销售价格的走势与整体经济的状况也基本吻合
2003—2005年	2003年,房地产业已经被确定为国民经济的支柱产业,由此也进入了快速发展的阶段。全国大中小城市的房子价格进入了飙升阶段,并且逐渐超过了普通市民经济收入的承受水平。2004年,土地的"招、拍、挂"制度放行,更是进一步加剧了商品房房价的上涨。房地产行业投资额迅速增加,市场出现了过热情况,投资热情居高不下

续上表

发展阶段	房地产行业和房地产企业发展特征
2005—2011年	在这一发展阶段,房地产业进入了调控期,在房地产业推向市场的同时,我国政府相应的调控政策也一直在施行。2005—2011年间,进行了结构性调整,提出稳定房价的新目标。国八条、新国八条、国六条相继出台,重点打击"囤地"行为,改善商品房、保障房供应结构,推出税收调控手段,调节商品房投资性需求。然而在增投资、扩内需、保增长的时代背景下,我国房地产房价出现了越调整越上涨的怪圈
2011年至今	高房价聚集大量泡沫,激化社会矛盾,势必影响国家长期经济发展。时至今日,各种严厉调控已经初见成效。近两年,各地的楼市表现已经趋于平稳。经历了近十年的高速发展,全国各地的楼市、房地产产品热销,所有房地产企业也趋于成熟,像以前赚得盆满钵满的时代已经成为过去式,房地产企业和楼市已经进入到了一个相对平稳的阶段,逐渐进入新常态

资料来源于网络。

2. 行业发展趋势

房地产经济给我国的社会经济发展做出了很大的贡献,地位非常重要,当前我国房地产行业呈现以下三点发展趋势:

(1) 房地产市场发展日渐成熟;

(2) 未来将保证低收入人群一定的居住环境;

(3) 在调控房地产经济方面,国家将会更加积极。

(二) 公司简介

1. X集团介绍

X集团股份有限公司成立于1984年,经过三十余年的发展,已成为国内领先的城乡建设与生活服务商,公司业务聚焦全国经济最具活力的三大经济圈及中西部重点城市。2016年公司首次跻身《财富》"世界500强",位列榜单第356位;2017年再度上榜,位列榜单第307位。

2014年是X集团第四个十年发展规划,已经把"三好住宅供应商"的定位延展为"城市配套服务商"。2018年X集团将这一定位进一步迭代升级为"城乡建设与生活服务商",并具体细化为四个角色:美好生活场景师,实体经济生力军,创新探索试验田,和谐生态建设者。

2017年,深圳地铁集团成为本集团第一大股东,始终支持X集团的混合所有制结构,支持X集团的城市配套服务商战略和事业合伙人机制,支持X集团管理团队按照既定战略目标,实施运营和管理,支持深化"轨道+物业"发展模式。

2. X集团核心竞争力

X集团始终坚持"为普通人盖好房子、盖有人用的房子",坚持与城市同步发展、与客户同步发展的两条主线。X集团将继续坚持为普通人提供好产品、好服务,通过自身的努力,为满足人民对美好生活的各方面需求,做出力所能及的贡献。公司核心业务包括住宅开发和物业服务。2018年,公司将自身定位进一步迭代升级为"城乡建设与生活服务商",所搭建的生态体系已初具规模,在巩固住宅开发和物业服务固有优势的基础上,业务已延伸至商业开发和运营、物流仓储服务、租赁住宅、产业城镇、冰雪度假、养老、教育等领域，为更好地服务人民美好生活需要、实现可持续发展奠定了良好基础。

二、X 集团价值分析

（一）市场比较法评估 X 集团企业价值

1. 评估的基本要素

（1）评估对象：X 企业股份有限公司企业价值。

（2）评估基准日：2017 年 9 月 30 日。

2. 可比公司的选取

（1）可比公司选取指标体系。选择 2017 年评选的蓝筹地产企业作为选择的依据。其评选的指标体系如下：

①蓝筹地产的界定。绩优、稳定以及规模共同构成了蓝筹地产的概念。绩优主要体现企业在业内与同行业比较有较高的盈利能力；稳定表明企业波动性较小，持续增长能力强，业绩稳定；规模表示企业规模比较大，市场占有率比较高。

②系统评价参选企业的综合实力，蓝筹地产评选中系统地对房地产企业综合实力进行了全面评价，具体涉及房地产企业的主营收入、总资产、净利润、增长率等多项财务方面的相关指标。此外还增加了社会责任、企业风险等多项指标，更能全面系统地体现出企业综合实力。

③动态地探究企业发展趋势，当前国内房地产行业正处在稳定与增长潜力相结合的发展阶段，评估企业价值还应当考虑到企业在未来市场发展中的潜力，所以在指标中既有资产负债率、持有物业比率等抗风险指标，同时也有收入增长率、土地储备面积等发展潜力指标。

（2）可比公司选取结果。蓝筹地产的评选既考虑了各房地产企业的财务指标，又综合了企业的发展潜力等非财务因素，与可比企业的选择标准比较接近，因此，选择 2017 年评选的蓝筹地产企业中的一些 A 股中上市的公司作为可比企业。最终选取的可比公司为 A 集团、B 集团、C 集团。

3. 评估对象与可比公司财务指标对比

我们选取了反映企业成长能力、盈利能力、运营能力、偿债能力四方面的八个指标进行对比，对比结果如表 3-2 所示。

表 3-2 2017 年 9 月 30 日可比公司与评估对象财务指标对比结果

分析项目	财务分析指标	A 集团	B 集团	C 集团	X 集团（评估对象）
成长能力	营业收入同比增长率（%）	-13.31	19.92	21.21	0.04
	净利润增长率（%）	0.3929	38.41	40.11	31.24
盈利能力	净资产收益率（%）	8.78	10.90	16.63	9.53
	总资产报酬率（%）	1.61	1.11	1.85	1.45

续上表

分析项目	财务分析指标	A集团	B集团	C集团	X集团（评估对象）
营运能力	总资产周转率（次）	0.14	0.24	0.11	0.13
	应收账款周转率（次）	57.44	6.91	2.32	69.34
偿债能力	资产负债率（%）	79.94	88.85	81.10	83.53
	速动比率（%）	0.59	0.42	0.52	0.47

数据来源：新浪财经。

4. 市净率估值

市净率（P/B比率）指的是每股股价与每股净资产的比率。影响市净率的主要因素包含净资产收益率、收益增长率等，通过对比X集团与可比公司相关财务、业务类数据，对选取的价值比率进行调整，最终来确定评估对象X集团的价值比率。

（1）可比公司的P/B比率。截至评估基准日，可比公司收盘价、每股净资产以及计算得到的市净率见表3-3。

表3-3 评估基准日可比公司市净率

序号	企业名称	总股本（万股）	收盘价（元）	股东权益（万元）	每股净资产（元）	P/B
1	A集团	1 185 844.106	10.40	12 691 051.33	10.70	0.97
2	B集团	1 216 815.439	21.70	8 599 232.05	7.07	3.07
3	C集团	295 494.671	31.08	6 179 150.97	20.91	1.49
4	X集团	1 103 915.2	26.25	16 772 529.19	15.19	1.73

由表3-3可得，A集团、B集团和C集团的市净率分别为0.97、3.07和1.49。

（2）调整系数的确定。

①净资产收益率。经过新浪财经查阅，2017年9月30日可比公司及待估公司净资产收益率（ROE）见表3-4。

表3-4 评估基准日可比公司及待估公司调整指标——净资产收益率

调整指标	A集团	B集团	C集团	待估公司
净资产收益率（%）	8.78	10.90	16.63	9.53

②收益增长率。因为当前国内房地产行业正处在稳定与增长潜力相结合的发展阶段，故本次收益增长率我们选取2017年9月30日营业收入增长率作为指标，由新浪财经查询，评估基准日可比公司与待估公司营业收入增长率见表3-5。

表3-5 评估基准日可比公司及待估公司调整指标——营业收入增长率

调整指标	A集团	B集团	C集团	待估公司
营业收入增长率（%）	-13.31	19.92	21.21	0.04

（3）可比因素指数的确定。基于上文对影响市盈率各因素的计算比对，我们以评估公司 X 集团为基数，指数定为 100，通过评估机构评估实务中经验标准对可比公司各因素进行修正。

①净资产收益率。根据净资产收益率指标确定 5 个等级：<0、0~15%、15%~20%、25%~30%、>30%，以评估对象的净资产收益率评定的级别为基准，每上升或下降一个级别，指数相应增加或减少 2%。

②营业收入增长率。根据营业收入增长率指标确定 5 个等级：<0、0~15%、15%~25%、25%~30%、>30%，以评估对象的销售收入增长率评定的级别为基准，每上升或下降一个级别，指数相应增加或减少 2%（注：以上调整标准来自资产评估机构实务评估中的经验调整标准）。

调整结果如表 3-6 所示。

表 3-6　评估基准日可比因素指数调整

调整指标	A 集团	B 集团	C 集团	待估公司
净资产收益率（%）	98	104	104	100
营业收入增长率（%）	98	106	106	100

（4）可比因素修正。根据上述指标调整表格，可比公司的价值比率调整系数见表 3-7。

表 3-7　评估基准日可比公司价值比率调整系数

调整指标	A 集团	B 集团	C 集团	待估公司
净资产收益率（%）	100/98	100/100	100/104	1
营业收入增长率（%）	100/98	100/102	100/106	1
调整系数	1.020 1	0.943 4	0.943 4	—

（5）待估公司市净率的确定。根据上述表格各项分析和计算的调整系数，调整可比公司的价值比率，可得出修正后的市净率 P/B，取平均值作为待估公司的市净率 P/B，调整计算结果见表 3-8。

表 3-8　评估基准日待估公司市净率确定表

企业名称	调整前 P/B	调整系数	调整后 P/B
A 集团	0.97	1.020 1	0.989 5
B 集团	3.07	0.943 4	2.896 2
C 集团	1.49	0.943 4	1.405 7
调整后平均 P/B			1.763 8

X 集团评估基准日 2017 年 9 月 30 日每股净资产为 15.19 元，

当天股价为：每股净资产×调整后平均 P/B = 15.19 × 1.763 8 = 26.79（元）

基准日市值为：股价×股数 = 26.79 元 × 1 103 915.2 万股 = 2 957.39（亿元）

（二）收益法评估 X 集团企业价值

1. 评估的基本要素

（1）评估对象：X 集团企业价值。

（2）评估基准日：2017 年 9 月 30 日。

（3）说明：在选取财务数据时，考虑到一致的会计周期，选择的原始数据为 2012 年至 2016 年年报中的数据，结合企业及行业发展前景，来预测 2017—2021 年的自由现金流，在进行自由现金流折现时，先将现值折至 2017 年初再进行调整至评估基准日。

2. 收益额的预测

（1）评估要点说明。根据被评估企业 X 集团的历史收益水平、未来的发展规划和行业政策指向，来预测其营业收入、净利润和自由现金流，并通过此过程来调整未来年度增长幅度，主要包括以下几个部分：

第一，根据被评估企业 X 集团前几年盈利水平和后几年的发展规划，结合行业政策导向，来预测企业营业收入，并以分析结果及行业前景来确定未来年度增长幅度。

第二，根据企业经营状况对营业总成本进行逐项预测：目前企业经营的主营业务是确定主营业务成本的关键，同时也要考虑到未来可能发生的变化；销售费用和管理费用的预测要根据目前的费用情况以及未来发展目标及经营计划来预测。

第三，折旧与摊销是从年报中取得数据，并求其在营业收入占比，再依据企业自身经营状况，以此来预测折旧及摊销。

第四，将被评估企业 X 集团在经营计划与未来的发展规划中关于固定资产和无形资产的改造更新计划，与未来新增固定资产及无形资产的投资安排计划相结合，作为资本性支出的主要依据。

资本性支出 = 购建固定、无形、其他长期资产所支付的现金 - 处置固定、无形、其他长期资产而收回的现金净额。

第五，将被评估企业 X 集团在未来经营规划过程中与经营业务规模的增减相匹配的投入运营资金量作为资金变动的依据。

2012 年至 2016 年原始财务数据见表 3 - 9 和表 3 - 10。

表 3 - 9　X 集团 2012—2016 年简要利润表　　　　　　　单位：亿元

年份	2012	2013	2014	2015	2016
营业收入	1 031	1 354	1 464	1 955	2 405
营业成本	654	928	1 026	1 382	1 697
销售费用	30.6	38.6	45.2	41.4	51.6
财务费用	7.65	8.92	6.41	4.78	15.9
管理费用	27.8	30	39	47.5	68
资产减值损失	0.84	0.60	7.9	4.96	11.9

续上表

年份	2012	2013	2014	2015	2016
投资收益	9.29	10.1	41.6	35.6	50.1
营业利润	210	243	250	331	390
利润总额	211	243	253	338	393
所得税	54.1	59.9	59.6	78.5	109
净利润	156.9	183.1	193.4	259.5	284

数据来源：巨潮资讯网。

表 3-10　X 集团 2012—2016 年固定资产、无形资产及营运资本情况表　　单位：亿元

	2012 年	2013 年	2014 年	2015 年	2016 年
固定资产账面原值	22.17	28.30	31.41	59.27	82.21
累计折旧	6.05	7.00	8.33	10.09	14.10
固定资产本期折旧	1.30	1.23	2.01	2.80	3.71
固定资产净值	16.12	21.30	23.08	49.17	68.11
无形资产账面原值	4.57	4.64	9.18	12.17	15.95
累计摊销	0.30	0.34	0.41	1.72	3.34
无形资产本期摊销	0.10	0.10	0.07	1.29	1.60
无形资产净值	4.27	4.30	8.78	10.45	12.60
流动资产	3 627.74	4 420.47	4 648.06	5 470.24	7 212.95
流动负债	2 598.34	3 289.22	3 456.54	4 200.62	5 799.98
营运资本	1 029.40	1 131.25	1 191.52	1 269.63	1 412.97
营运资本增加额	210.18	101.85	60.27	78.11	143.34

数据来源：巨潮资讯网。

（2）营业收入预测。依据 X 集团 2012—2016 年年报数据可以计算得出，在 2012—2016 年营业收入增长率分别为 43.65%、31.33%、8.10%、33.58%、22.98%，同时计算出 2012—2016 年间营业收入复合增长率为 23.58%，近年来 X 集团作为行业较成功的龙头企业，新老业务齐头并进，正处在稳定与增长潜力相结合的发展阶段，所以推测 X 集团将在 2017—2021 年保持稳定的发展，结合同花顺数据库和投资者的预测以及 2012—2016 年复合增长率 23.58%，我们推测 X 集团在未来五年的营业收入增长率分别为 17.24%、24.53%、26.94%、26.25%、23.58%。

X 集团 2016—2021 年营业收入预测值见表 3-11（该表为 2016 年前制作）。

表 3-11　X 集团 2016—2021 年营业收入预测表

年份	2016	2017	2018	2019	2020	2021
营业收入（亿元）	2 404.77	2 819.36	3 510.94	4 456.79	5 626.70	6 672.14
增长率（%）	—	17.24	24.53	26.94	26.25	18.58

2012—2016年度各项目占营业收入的比重见表3-12。

表3-12　2012—2016年度各项目占营业收入的比重表

年份	2012	2013	2014	2015	2016
营业成本/营业收入（%）	63.43	68.54	70.08	70.69	70.56
营业税金及附加/营业收入（%）	10.59	8.53	8.99	9.19	9.14
销售费用/营业收入（%）	2.97	2.85	3.09	2.12	2.15
管理费用/营业收入（%）	2.70	2.22	2.66	2.43	2.83
财务费用/营业收入（%）	0.74	0.66	0.44	0.24	0.66
资产减值损失/营业收入（%）	0.08	0.04	0.54	0.25	0.49
营业外收入/营业收入（%）	0.14	0.09	0.24	0.44	0.17
营业外支出/营业收入（%）	0.08	0.07	0.05	0.09	0.07
所得税费用/营业收入（%）	5.25	4.42	4.07	4.02	4.53
折旧与摊销/营业收入（%）	0.14	0.10	0.14	0.21	0.22
资本性支出/营业收入（%）	0.14	1.66	1.25	0.93	0.92
营业资本增加额/营业收入（%）	20.38	7.52	4.12	3.99	5.96

（3）营业成本预测。由表3-12可知，被评估的企业X集团在2012—2016年其营业成本占营业收入的比重分别为63.43%、68.54%、70.08%、70.69%、70.56%，可以看出近年来X集团营业成本占营业收入的比重略有增加，但近年来的比重趋于稳定，因其属于房地产行业，由于其行业的性质，成本不可能有大幅度的变化，所以取2014年至2016年的平均占比率70.44%作为未来五年营业成本占营业收入的比重，则X集团未来五年营业成本预测值见表3-13（该表为2017年前制作的，下同）。

表3-13　X集团2017—2021年营业成本预测表

年份	2017	2018	2019	2020	2021
营业收入（亿元）	2 819.36	3 510.94	4 456.79	5 626.70	6 672.14
预测比重（%）	70.44	70.44	70.44	70.44	70.44
营业成本（亿元）	1 985.96	2 473.11	3 139.36	3 963.45	4 699.86

数据来源：作者整理计算。

（4）税金及附加预测。由表3-12可知，被评估企业X集团在2012—2016年其营业税金及附加占营业收入比重分别为10.59%、8.53%、8.99%、9.19%、9.14%，由上可以看出营业税金及附加占营业收入的比重在最近3年里趋于稳定，查阅相关政策后，也并未有相关税收优惠政策出台，因此我们推断，2017—2021年营业税金及附加占营业收入比重为2014—2016年的平均占比率9.11%，则X集团2017—2021年营业税金及附加预测见表3-14（该表为2017年前制作的，下同）。

表 3 – 14　X 集团 2017—2021 年营业税金及附加预测表

年份	2017	2018	2019	2020	2021
营业收入（亿元）	2 819.36	3 510.94	4 456.79	5 626.70	6 672.14
预测比重（%）	9.11	9.11	9.11	9.11	9.11
营业税金及附加（亿元）	256.84	319.85	406.01	512.59	607.83

数据来源：作者整理计算。

(5) 销售费用、管理费用和财务费用的预测值。由表 3 – 12 可知，被评估企业 X 集团 2012—2016 年其销售费用占营业收入比重分别为 2.97%、2.85%、3.09%、2.12%、2.15%，则这五年平均比重为 2.63%。

被评估企业 X 集团 2012—2016 年其管理费用占营业收入比重分别为 2.70%、2.22%、2.66%、2.43%、2.83%，从中可以看出比重还是比较稳定的，2012—2016 年的平均比重为 2.57%。

被评估企业 X 集团 2012—2016 年其财务费用占营业收入比重分别为 0.74%、0.66%、0.44%、0.24%、0.66%，我们剔除 2015 年的 0.24%，则余下四年的平均比重为 0.63%。

从 X 集团这几年的年报数据可以看出这几年销售费用、管理费用以及财务费用占营业收入的占比没有大幅变化，也侧面反映了企业正处于稳定的增长期，所以可以预测未来五年三大费用占营业收入比重也不会有太大的变化，所以取其平均值，分别为 2.63%、2.57%、0.63%，则 X 集团 2017—2021 年销售费用、管理费用、财务费用、预测值见表 3 – 15。

表 3 – 15　X 集团 2017—2021 五年销售费用、管理费用、财务费用预测表

年份	2017	2018	2019	2020	2021
营业收入（亿元）	2 819.36	3 510.94	4 456.79	5 626.7	6 672.14
销售费用预测占比（%）	2.63	2.63	2.63	2.63	2.63
销售费用（亿元）	74.15	92.34	117.21	147.98	175.48
管理费用预测占比（%）	2.57	2.57	2.57	2.57	2.57
管理费用（亿元）	72.46	90.23	114.54	144.61	171.47
财务费用预测占比（%）	0.63	0.63	0.63	0.63	0.63
财务费用（亿元）	17.76	22.12	28.08	35.45	42.03

数据来源：作者整理计算。

(6) 资产减值损失预测。由表 3 – 12 可知，被评估企业 X 集团 2012—2016 年其资产减值损失占营业收入比重分别为 0.08%、0.04%、0.54%、0.25%、0.49%，可以看出 2014—2016 年与 2012—2013 年相比较差距较大，所以剔除 2012—2013 年的数据，取较近的年份 2014—2016 年的平均值 0.43% 作为预测值，则 X 集团 2017—2021 年资产减值损失预测值见表 3 – 16。

表 3-16 X 集团 2017—2021 年资产减值损失预测表

年份	2017	2018	2019	2020	2021
营业收入（亿元）	2 819.36	3 510.94	4 456.79	5 626.7	6 672.14
预测比重（%）	0.43	0.43	0.43	0.43	0.43
资产减值损失（亿元）	12.12	15.10	19.16	24.19	28.69

（7）营业外收入和营业外支出预测。由表 3-12 可知，被评估企业 X 集团 2012—2016 年其营业外收入占营业收入比重分别为 0.14%、0.09%、0.24%、0.44%、0.17%，可以发现 2015 年的比重很高，查阅 2015 年财务报告发现，这是由于 2015 年部分项目初始投资成本小于取得投资时应享有被投资单位可辨认净资产公允价值的利得，所以剔除 2015 年的数据，余下四年的平均比重为 0.16%。

被评估企业 X 集团 2012—2016 年其营业外支出占营业收入比重分别为 0.08%、0.07%、0.05%、0.09%、0.07%，取五年的平均值 0.07% 作为营业外支出预测值，则 X 集团 2017—2021 年营业外收入和营业外支出预测值见表 3-17。

表 3-17 X 集团 2017—2021 年营业外收入和营业外支出预测表

年份	2017	2018	2019	2020	2021
营业收入（亿元）	2 819.36	3 510.94	4 456.79	5 626.7	6 672.14
营业外收入预测比重（%）	0.16	0.16	0.16	0.16	0.16
营业外收入（亿元）	4.51	5.62	7.13	9.00	10.68
营业外支出预测比重（%）	0.07	0.07	0.07	0.07	0.07
营业外支出（亿元）	1.97	2.46	3.12	3.94	4.67

（8）所得税费用预测。由表 3-12 可知，被评估企业 X 集团 2012—2016 年其所得税费用占营业收入比重分别为 5.25%、4.42%、4.07%、4.02%、4.53%，查阅相关税收政策后，并没有发现相关税收优惠政策的出台，预测未来所得税费用占营业收入的比重为五年平均值 4.46%，则 X 集团 2017—2021 年所得税费用预测值见表 3-18。

表 3-18 X 集团 2017—2021 年所得税费用预测表

年份	2017	2018	2019	2020	2021
营业收入（亿元）	2 819.36	3 510.94	4 456.79	5 626.7	6 672.14
预测比重（%）	4.46	4.46	4.46	4.46	4.46
所得税费用（亿元）	125.74	156.59	198.77	250.95	297.58

（9）折旧和摊销的预测。由表 3-12 可知，被评估企业 X 集团 2012—2016 年其折旧和摊销占营业收入比重分别为 0.14%、0.10%、0.14%、0.21%、0.22%，折旧比重有所增加但幅度不大，按照企业会计制度，企业不得随意变更折旧的计提方法，故预测未来折

旧和摊销占营业收入的比重为五年平均值0.16%，则X集团2017—2021年折旧和摊销预测值见表3-19。

表3-19 X集团2017—2021年折旧和摊销预测表

年份	2017	2018	2019	2020	2021
营业收入（亿元）	2 819.36	3 510.94	4 456.79	5 626.7	6 672.14
预测比重（%）	0.16	0.16	0.16	0.16	0.16
折旧和摊销（亿元）	4.51	5.62	7.13	9.00	10.68

（10）资本性支出预测。资本性支出是指企业单位发生、其效益涉及两个或两个以上会计年度的各项支出，包括构成固定资产、无形资产等长期资产的支出，所以，资本支出=净经营长期资产增加+本年折旧和摊销。近似等于资本性支出=购建固定、无形、其他长期资产所支付的现金－处置固定、无形、其他长期资产而收回的现金净额。由表3-12可知，被评估企业X集团2012年至2016年其资本性支出占营业收入比重分别为0.14%、1.66%、1.25%、0.93%、0.92%，剔除2012年，平均占比为1.09%，则X集团2017—2021年资本性支出预测值见表3-20。

表3-20 X集团2017—2021年资本性支出预测表

年份	2017	2018	2019	2020	2021
营业收入（亿元）	2 819.36	3 510.94	4 456.79	5 626.7	6 672.14
预测比重（%）	1.09	1.09	1.09	1.09	1.09
资本性支出（亿元）	30.73	38.27	48.58	61.33	72.73

（11）营运资本增加额预测。营运资本是指流动资产与流动负债的差额。由表3-12可知，被评估企业X集团2012—2016年其营运资金增加额占营业收入比重分别为20.38%、7.52%、4.12%、3.99%、5.96%，企业的营运资本与企业的营业收入是相互匹配的，剔除2012年的数据，余下四年平均占比为5.40%，则X集团2017—2021年营运资本增加额预测值见表3-21。

表3-21 X集团2017—2021年营运资本增加额预测表

年份	2017	2018	2019	2020	2021
营业收入（亿元）	2 819.36	3 510.94	4 456.79	5 626.7	6 672.14
预测比重（%）	5.40	5.40	5.40	5.40	5.40
营运资本增加额（亿元）	152.25	189.59	240.67	303.84	360.30

（12）评估X集团自由现金流量。X集团自由现金流量2017—2021年自由现金流量预测如表3-22所示。

表 3-22 X 集团 2017—2021 年自由现金流量预测表　　　　单位：亿元

年份	2017	2018	2019	2020	2021
营业收入	2 819.36	3 510.94	4 456.79	5 626.7	6 672.14
减：营业成本	1 985.96	2 473.11	3 139.36	3 963.45	4 699.86
营业税金及附加	256.84	319.85	406.01	512.59	607.83
销售费用	74.15	92.34	117.21	147.98	175.48
管理费用	72.46	90.23	114.54	144.61	171.47
财务费用	17.76	22.12	28.08	35.45	42.03
资产减值损失	12.12	15.10	19.16	24.19	28.69
等于：营业利润	400.07	498.20	632.42	798.43	946.78
加：营业外收入	4.51	5.62	7.13	9.00	10.68
减：营业外支出	1.97	2.46	3.12	3.94	4.67
等于：利润总额	402.60	501.36	636.43	803.49	952.78
减：所得税费用	125.74	156.59	198.77	250.95	297.58
等于：净利润	276.86	344.77	437.66	552.54	655.20
加：折旧与摊销	4.51	5.62	7.13	9.00	10.68
减：资本支出	30.73	38.27	48.58	61.33	72.73
营运资本增加额	152.25	189.59	240.67	303.84	360.30
等于：自由现金流量	98.40	122.53	155.54	196.37	232.86

3. 折现率的确定

(1) 无风险报酬率。根据评估基准日，即 2017 年 9 月 30 日 5 年期国债的平均收益率作为无风险报酬率，根据中国债券信息计算得出 5 年期国债平均收益率为：3.616 6%。

(2) 企业风险系数 β。被评估企业 X 集团是上市公司，通过国泰安数据库提供的上市公司 β 值计算器，选择沪深 300 指数作为衡量的一个指标，选择以月为计算周期，选取评估基准日前 60 个月作为计算的时间范围，以普通收益作为收益方式，且剔除财务杠杆的影响，可以计算出 X 集团 β 值为 1.55。

(3) 市场风险溢价。市场风险溢价反映的是整个证券市场和无风险收益率相比较而言的溢价，即市场平均收益率和无风险收益率的差额，通过国泰安数据库，本文综合 A 股 2007 年 1 月到 2017 年 9 月计算市场月平均收益率，并将月平均收益率约为 1.27% 折算成年收益率，通过复利计算，得到的年收益率是 16.35%，则市场风险溢价为 16.35% -

3.62% = 12.73%。

（4）债务资本成本。本案例采用 2017 年 9 月中国银行公布的 3—5 年期的中长期基准贷款利率 4.75% 作为 X 集团债务资本成本的计算基础，因为 X 集团所得税税率为 25%，所以其税后债务成本为 3.56%。

（5）资本结构。X 集团 2017 年 9 月 30 日的资产合计为 101 838 199.05 万元，负债合计为 85 065 669.87 万元，那么 X 集团的资本结构为：负债占比 83.53%，所有者权益占比 16.47%。

（6）加权资本成本 WACC。

$$股权资本成本 = 3.616\ 6\% + 12.73\% \times 1.55 = 23.33\%$$

加权资本成本（WACC）= 税后债务成本 × 债务额占总资本比重 + 股权资本成本 × 股权额占总资本比重

得出：WACC = 3.56% × 83.53% + 23.33% × 16.47% = 6.81%

4. 企业自由现金流量折现

由公式：

$$V = \sum_{i=1}^{n} \frac{R_i}{(1+\text{WACC})^i} + \frac{R_n}{r(1+\text{WACC})^n}$$

得出 X 集团估值结果如下：

2017—2021 年自由现金流量折现值之和的计算公式如下：

$$\frac{98.4}{(1+6.81\%)^1} + \frac{122.53}{(1+6.81\%)^2} + \frac{155.54}{(1+6.81\%)^3} + \frac{196.37}{(1+6.81\%)^4} + \frac{232.86}{(1+6.81\%)^5} = 645.56（亿元）$$

计算从未来 2022 年开始的永续性现金流量现值，假设未来现金流保持稳定

$$\frac{232.86}{6.81\% + (1+6.81\%)^5} = 2\ 459.73（亿元）$$

X 集团基准评估日 2017 年 9 月 30 日股权价值为：

$(2\ 459.734\ 3 + 645.561\ 9) \times (1+5.82\%)^{0.75} = 3\ 262（亿元）$

（三）评估结果比较分析

评估基准日 2017 年 9 月 30 日 X 集团总股数为 1 103 915.2 万股，则基于市场比较法和收益法以及评估基准日的市场价值见表 3-23。

表 3-23 评估结果比较表

项目	市场比较法	收益法	企业市场价值	账面价值
企业价值	2 957.39 亿元	3 262 亿元	2 898 亿元	1 677 亿元

评估基准日，运用市场比较法评估出 X 集团的企业价值为 2 957.39 亿元，收益法评估出企业价值为 3 262 亿元，评估基准日的市场价值为 2 898 亿元，市场比较法和收益法评估出的企业值都略高于企业市场价值。

从市场比较法的评估结果看，它的评估结果更接近评估基准日 X 集团的企业市场价

值，可以看出市场作为市场比较法的应用平台，是比较公平客观的。在相同或相似的行业中，各个公司在经营状况、发展规模等相似的情况下，通过市净率作为价值比率来评估企业价值是比较可靠的。

从收益法的评估结果可以看出，其评估值相对于 2017 年 9 月 30 日的市值略高，且远高于评估基准日 X 集团的账面价值，这是由于收益法是基于未来获利能力角度考虑的，其结果在反映企业有形资产价值的同时，也反映了企业技术研发团队、发展空间潜力等无形资产的价值，故而评估价值高于其账面价值。

基于市场比较法和收益法，对 X 集团企业价值进行了详细的评估，且最终评估结果都与市场价值相接近。相比较而言，市场比较法更加贴合评估基准日市场价值。

三、案例结语

本案例通过选取 X 集团案例进行研究，对房地产企业价值评估进行了理论分析和案例评估，得出了以下结论：

（1）市场比较法中，市净率是适合作为房地产企业评估中的价值比率。

在运用相对估值法对房地产企业的价值进行评估中，选取市净率作为价值比率，其评估结果是接近市场价值的。

（2）收益法是房地产企业价值评估中比较科学适宜的方法。

房地产企业价值评估中较为科学适宜的方法是收益法，在将收益法运用到房地产企业的评估中不仅要结合企业的基本特征、市场行情以及行业发展的前景，同时还需要专业的测算方法进行分析。

（3）市场比较法是房地产企业价值评估中最理想的方法，应用将越来越广泛。

（4）市场比较法中可比公司的选取需要基于房地产企业自身的特殊性考虑。

对房地产企业价值评估问题进行分析，需要将企业价值评估理论方法与房地产行业的特殊行业背景结合进行分析。可比公司的选取不仅仅要考虑企业的资产规模、盈利状况、行业地位等，更需要考虑企业的营销渠道、面临的风险因素以及企业的资本构成状况。

四、讨论题目

本案例要求学生结合行业情况、公司经营、财务情况，对以下问题进行深入了解与思考：

（1）房地产企业的定义、特点是什么？我国房地产行业总体的发展现状如何？

（2）对房地产企业进行价值评估的特点及意义是什么？

（3）在案例中，介绍了哪几个估值方法对企业的价值进行评估？它们各自的特点及优缺点是什么？

（4）哪种方法更适合房地产企业进行价值评估？

（5）市场比较法和收益法下对 X 集团的估值结果如何？哪种方法更切合实际的市场价格？

五、参考资料

[1] Irving Fisher. The Nature of Capital and Income [M]. New York：The Macmillan Co, 1906.
[2] Merton H. Miller, F. Modigliani, Dividend Policy, Growth and the Valuation of Shares [J]. The Journal of Business October, 1961：411 – 433.
[3] 汤姆·科普兰. 价值评估——企业价值的衡量与管理 [M]. 贾辉然，等译. 北京：中国大百科全书出版社，1998.
[4] 干春晖，刘祥生. 企业并购：理论，实物，案例 [M]. 上海：立信会计出版社，2002.
[5] 张维，齐安甜. 企业并购理论研究评述 [J]. 南开管理评论，2002 (2)：21 – 26.
[6] 李延喜，张启銮，李宁. 基于动态现金流量的企业价值评估模型研究 [J]. 科研管理，2003 (02)：21 – 27.
[7] 朱南军. 模型估价差异和适用性分析 [J]. 经济评论，2004 (3)：102 – 118.
[8] 施金龙，李绍丽. 企业价值评估方法综述与评价 [J]. 江苏科技大学学报（社会科学版），2009 (01)：81 – 83.
[9] 岳公侠，李挺伟，韩立英. 上市公司并购重组企业价值评估方法选择研究 [J]. 中国资产评估，2011 (06)：12 – 16.
[10] 王竞达，刘辰. 上市公司并购价值评估方法选择比较研究——基于2009年深证上市公司并购数据分析 [J]. 财会通讯，2011 (33)：57 – 62.
[11] 王竞达，瞿卫菁. 创业板公司并购价值评估问题研究——基于我国2010年、2011年创业板公司并购数据分析 [J]. 会计研究，2012 (10)：26 – 34.
[12] 杨忠直. 资产收益法估价及其相关问题研究 [J]. 系统工程学报，1997 (03)：64 – 69.
[13] 郑炳南，刘永清. 论资产评估结果——关于公允市价、价值、价格的思考 [J]. 暨南学报，2002 (01)：14 – 16.
[14] 曹中. 收益法在企业价值评估中的应用问题研究 [J]. 会计之友，2009 (19)：17 – 19.
[15] 柴洪，李桂丽. 公司并购的价值效应及价值估值分析 [J]. 武汉理工大学学报，2009 (05)：796 – 799.
[16] 童兵，王静怡. 现金流贴现模型应用初探 [J]. 中国商界，2010 (01)：72 – 73.

[案例说明书]

一、本案例要解决的关键问题

本案例拟通过对 X 集团进行比较，在财务分析的基础上，利用市场比较法估值和收益法估值。在考虑多方面因素的基础上，解决投资者关于评估房地产企业价值的疑问；同时，通过对本案例的学习，期望学员能够把握房地产企业财务分析、价值评估的方法。

二、案例讨论的准备工作

为了有效实现本案例目标，学员应该具备下列相关知识背景。

（一）理论背景

1. 房地产企业价值评估的意义

房地产企业价值评估是指把一个房地产企业作为一个有机整体，依据其整体获利能力，并充分考虑影响企业获利能力的诸多因素，对其整体资产公允市场价值进行的综合性评估。作为整体资产的企业往往并不是所有单项资产的简单累加，而是在一定组织管理下按照生产经营中经济与技术逻辑关系形成的资产有机结合体。价值评估对企业的意义主要体现在三个方面：

（1）企业价值最大化思维有助于改善房地产公司经营。企业财务管理的目标是企业价值最大化，每个上市公司都是以满足所有债权人和优先股股东的利益为前提的。同样对于房地产企业来说，房地产企业价值越大，债权人和优先股股东的利益越安全；而价值越大的企业，意味着其股价越高，给予股东的回报越多，也越能吸引投资者。

（2）房地产企业价值评估可较确切地反映公司的真实价值。传统的企业账面价值忽略了公司资产的时间价值和机会成本，甚至不考虑无形资产的价值，如像我们熟悉的生物制药、电信技术等领域的企业账面价值较低，股票市价却很高，而一些拥有成套厂房、设备但没有发展前景的企业，账面价值很高，市场价值却很低。通过市场价值评估则能够较好地反映公司的真实价值。

（3）企业价值评估是强化企业影响，展示房地产企业发展实力的手段。随着房地产企业的形象问题日渐受到房界的重视，通过名牌商标的宣传，已经成为房地产企业走向国际化的重要途径。房地产企业拥有大量的无形资产，给企业创造了超出一般生产资料、生产条件所能创造的超额利润，但其在账面上是不能够反映出这些信息的。所以房地产企业价值评估及宣传是强化房地产企业形象、展示企业发展实力的重要手段。

2. 房地产企业价值评估方法

（1）成本法：成本法基本的评估思路是重置或重建评估对象，即以企业的资产负债表为依据来调整企业账面价值从而得到企业价值的方法。这种方法来源于对传统实务资产的评估，例如机械生产设备、建筑物、土地等。这种评估方法仅仅着眼于成本，极少考虑收益和支出，操作过程十分简便，易于上手。

成本法的不足：

①成本法难以判断获取资产的成本与其价值的关系。通过成本法，一般是基于投资的角度来判断企业价值，以历史上的投资预期为依据。对于风险比较小、用途比较稳定的资产来说，有着比较稳定的投入回报期，反之对于投资风险比较大、用途比较广泛的资产来说，则很难预测其投入成本与价值的关系，因此在评估这样的资产的时候，成本法的运用可能会造成较大的偏差。

②难以反映企业组织资本的价值。一般企业总体资产的价值是比单项资产的加和要高的。因为企业的组织资本包括企业产品的知名度、客户关系、人力资本、销售网络等，也由于组织资本的存在，在运用成本法进行企业价值评估时，企业的组织资本往往会被忽略，尤其对于一些高新科技类企业。

（2）收益法：亦称收益折现法，它是通过估测被评估资产的未来预期收益，并将其按一定的折现率或资本化率折成现值，来确定该项资产的评估值。换言之，一项资产目前的价值即为人们为拥有该项资产预期收益的权利，依据目前的市场利率以及该收益的风险状况，评估目前应支付的价格。这是一种现值货币与将来不断取得货币收入的权利之间的交换。通常使用现金流量折现法，是因其考虑了资金的风险即时间价值。

①基本计算公式为：

$$V = \sum_{i=1}^{n} \frac{R_i}{(1+r)^i} + \frac{R_n}{r(1+r)^n}$$

式中，V 为目标企业的价值；R_i 为第 i 年的企业自由现金流量的预测值；n 为预测期；r 为折现率；R_n 为企业以前年度最后一年的收益。

对于西方而言，收益法是主流企业价值评估方法。之所以是主流的企业价值评估方法，是因为收益法以现金流为根本，符合价值的理论，并且收益法对企业的成长能力及未来的收益能力关注更多，能更好地把握未来。与此同时，只要能够合理估计企业未来收益期，就可以恰当得出企业风险贴现率，就能很方便地评估出企业的价值。收益法是一种相当科学的方法。当然其也存在自身的不足，比如在技术层面，难度高，不确定性大，主观性强，主观性因素和不确定性因素对预期收益及折现率的确定影响比较大。

②收益额、折现率、收益期的确定。为了更好地体现房地产企业实际发展情况，本案例采用了两阶段自由现金流折现模型。评估中所需要的企业历史数据主要从上市公司公开的年度报告中获取，其余相关参数的确定则来自相关机构发布的数据和对当前企业基本状况、行业环境及市场宏观环境进行分析确定的。

两阶段自由现金流量折现模型公式如下：

V = 第一阶段现金流量现值 + 第二阶段现金流量现值

$$V = \sum_{i=1}^{n} \frac{R_i}{(1+r)^i} + \frac{R_n}{r(1+r)^n}$$

Ⅰ．收益额的确定：案例以企业自由现金流量作为企业预期收益的量化指标。企业自由现金流即是企业支付了经营费用和所得税之后，能够支付所有的清偿权者（债权人和股东）的现金流。对未来自由现金流进行预测时，通常根据企业历史财务数据计算其平均增长率，然后再结合行业发展因素及宏观环境对其影响进行修正。

Ⅱ．折现率的确定：折现率选取了能够将企业收益与企业多种长期资金的风险结合考虑的加权平均资本成本来进行确定。加权平均成本是将各种筹资方式获得的个别资本成本进行加权计算得到的资本成本，以某种筹资方式所得到的资本占资本总额的比重作为权重。对折现率的确定方法有很多，按照折现率与收益额（企业自由现金流量）口径一致的原则，选取加权资本成本（WACC）来确定折现率。其公式如下：

$$R_{资产} = \frac{D}{D+E} \times R_{负债} + \frac{E}{D+E} \times R_{权益}$$

式中　$R_{资产}$——公司资本成本，或称加权平均资本成本；

　　　$R_{权益}$——权益资本成本；

　　　$R_{负债}$——债务资本成本；

　　　D——债务资本市场价值；

　　　E——股权资本市场价值。

Ⅲ．收益期的确定：格里·格雷依据企业的竞争力高低，总结了企业"1－5－7－10"规则来度量企业超额收益。他把公司分为效益差的公司、平平常常的公司、规模较大发展良好的公司及顶级公司四类。第一类公司利润不高，在行业竞争中处于不利地位，其超额回报期为1年；第二类公司拥有正常的利润，正常的美誉度和知名度，其超额收益期为5年；第三类公司能被消费者接受，具有高成长性及良好的市场销售渠道。其超额收益期为7年；第四类公司，获利巨大，成长性高和具有巨大的市场力量，是众所周知的消费品牌，如苹果、谷歌等，其超额收益期为十年或者更长。

（3）市场比较法：是指根据类似资产交易价格的原则，在市场上寻找与被评估企业相似的交易案例，分析、比较被估企业和交易案例中可比企业的重要指标，在此基础上修正、调整可比企业的市场价值，最后确定被评估企业的价值。

①市场比较法的应用前提和选择。市场比较法是根据可比公司，选取恰当的价值比率或乘数进行对比，并最终以此为基础评估出被估企业的价值。其适用前提如下：

第一，要存在一个公开并且活跃的市场；

第二，若干个业务相同或者相似的企业在公开活跃的市场上活动交易；

第三，可以量化可比公司与评估公司的企业价值影响因素，搜集到需要的相关资料。

②市场比较法的基本操作原理。运用市场比较法评估时需要有公开活跃的市场，并在公开活跃的市场上有相似的企业并存在交易活动。运用市场比较法进行企业价值评估，其评估基本操作原理如下：

第一，分析被评估公司的基本状况。企业基本状况有：企业规模、经营状况、主营业务、财务状况及企业所处行业的基本情况。

第二，确定可比上市公司。可比公司应该选取与被评估的公司在财务状况、企业运营、主营业务上有相似或者相同的企业；分析比较被评估的企业和可比企业之间可比较的主要财务指标，财务指标包括营运能力、盈利能力、成长能力、收入规模、资产规模等等。

第三，根据资料的研究理论，选择合适公司的价值比率，并根据一定的参考指标对其精心调整和修正，从而估算出与被评估公司相匹配的价值乘数，并用合适的方法（加权平均或算术平均）计算出一个评估结果作为初步的结论。

第四，根据被评估公司的价值比率，考虑是否要对所评估的初步结论进行溢价或者折价调整。

运用市场比较法对企业价值进行评估时，选择出适当的价值比率是评估的关键。根据对前文资料的研究理论可知，比较常见的价值比率有市销率（P/S）、市净率（P/B）、市盈率（P/E）。通过对相关理论的查阅总结，分析了三种价值比率指标之后，本文最终选取了市净率（P/B）作为房地产企业价值评估中的估值比率。

（二）行业背景

中华人民共和国成立后，房地产业的崛起和发展是当代中国经济的一个重要的经济现象。它影响到国民经济的方方面面，在整个国民经济体系中处于先导性、基础性的地位。

1. 房地产行业发展现状
（1）房地产经济的发展速度迅猛，为我国国民经济增长做出了很大的贡献。
（2）房地产经济提高了居民的生活水平，提升了居民生活的幸福感。
（3）房地产市场发展的机制依然不够健全。
（4）房地产价格涨幅过快。

2. 房地产行业发展前景
（1）房地产市场发展日渐成熟。
（2）未来保证低收入人群一定的居住环境。
（3）在调控房地产经济方面国家将会更加积极。

通过分析得出了我国房地产行业虽然已经步入了一个瓶颈期，不过总体而言，我国的房地产经济发展依然是一片繁荣，我国的房地产市场的发展阶段仍处于上升阶段，探究房地产企业的企业价值，深入对其进行价值评估具有重要的现实意义。

三、案例分析要点

（一）需要学员识别的关键问题

本案例需要学员识别的关键问题包括：房地产企业价值评估的含义、价值评估的意义、财务分析的方法、价值评估的方法。

（二）解决问题的可供选择方案及其评价

1. 房地产企业的定义、特点是什么？我国房地产行业总体的发展现状如何？
（1）房地产企业的定义和特点。
①定义：所谓房地产企业，是指从事房地产开发、经营、管理和服务活动，并以营利为目的，进行自主经营、独立核算的经济组织。房地产是指土地、建筑物及固着在土地、建筑物上不可分离的部分及其附带的各种权益。房地产由于其自己的特点，即位置的固定性和不可移动性，在经济学上又被称为不动产。可以有三种存在形态：即土地、建筑物、房地合一。在房地产拍卖中，其拍卖标的也可以有三种存在形态，即土地（或土地使用权）、建筑物和房地合一状态下的物质实体及其权益。随着个人财产所有权的发展，房地产已经成为商业交易的主要组成部分。购买房地产是一种重要的投资方式。

②特点:

Ⅰ. 经营对象的不可移动性;

Ⅱ. 业务形态的服务性;

Ⅲ. 经营活动的资金和人才密集性;

Ⅳ. 经营活动过程中的行业限制性。

(2) 我国房地产企业总体发展状况。

①房地产经济的发展速度迅猛,为我国国民经济增长做出了很大的贡献。房地产行业作为我国基础的行业之一,其涉及的范围十分广泛,而且它的关联性很强,在房地产行业本身飞速发展的同时,也带动了家电、装修以及金融经济等行业的发展,为我国的国民经济增长做出了不可忽略的贡献,推动了我国社会的发展,有利于建设和谐民主的社会。

②房地产经济提高了居民的生活水平,提升了居民生活的幸福感。住房对于每个人都是非常重要的,特别是对于人们的生存发展而言。随着城市化进程的不断加快,房地产经济提高了居民的生活水平和生活质量,提升了居民生活的幸福感,毕竟住房问题是直接和国计民生等相关问题相挂钩的,而房地产经济健康发展,是提高人们生活水平以及生活质量的一个重要基础和前提。房地产行业的发展,对我国国民经济的进步做出了很大的贡献。

③房地产市场发展的机制依然不够健全。我国房地产经济发展的速度非常快,但是就现在而言,市场机制还不够完善和健全,在很多大型城市里,都存在严重的房产泡沫情况。房子的价格提升幅度非常快,这和人们实际生活水平存在严重的不符,这对人们生活质量提高以及生活水平提高非常不利。此外,房地产行业能带来巨额利润,这也让很多企业都投入到房地产行业中去,也给原本就不完善的房地产市场造成了很大的冲击,导致房地产市场发展更加不合理和不健全。

④房地产价格涨幅过快。我国的房价上涨速度非常快,特别是近几年一些比较大的城市中,房产价格增幅更是非常不合理,房产供需方面也存在一定的问题,供给的高端房比较多,而商品房却存在严重的供不应求的情况,这也给居民正常生活造成了严重的影响,对人们生活水平和质量的改善和提高非常不利。房价上涨的幅度比较大,也影响了居民的实际生活,这也让房地产发展呈现出一种不合理的情况。

2. 对房地产企业进行价值评估的特点及意义是什么?

(1) 特点。

①评估对象是由多个或多种单项资产组成的资产综合体。

②评估的标的是该综合体的持续获利能力,而并非是各单项资产价值的加总。

③房地产企业价值评估是典型的整体性评估。具体如下:

第一,如果房地产企业的资产收益率与房地产行业平均资产收益率相同,则单项资产评估汇总确定的企业资产评估值应与整体资产评估值趋于一致。

第二,如果房地产企业资产收益率低于房地产行业平均资产收益率,单项资产评估汇总确定的企业资产评估值就会比整体企业评估值高。

第三,反之,如果企业资产收益率高于房地产行业平均收益率,整体企业评估值则会高于单项企业评估汇总的价值,超过的部分则是房地产企业商誉的价值。

（2）意义。

①企业价值最大化思维有助于改善房地产公司经营。企业财务管理的目标是企业价值最大化，每个上市公司都是以满足所有债权人和优先股股东的利益为前提的。同样对于房地产企业来说，房地产企业价值越大，债权人和优先股股东的利益越安全；而价值越大的企业，意味着其股价越高，给予股东的回报越多，也越能吸引投资者。

②房地产企业价值评估可较确切地反映公司的真实价值。传统的企业账面价值忽略了公司资产的时间价值和机会成本，甚至不估无形资产的价值，如像我们熟悉的生物制药、电信技术等领域的企业账面价值较低，股票市价却很高，而一些拥有成套厂房、设备，但没有发展前景的企业，账面价值很高，市场价值却很低。通过市场价值评估则能够较好地反映公司的真实价值。

③企业价值评估是强化企业影响，展示房地产企业发展实力的手段。随着房地产企业的形象问题日渐受到企业界的重视，通过名牌商标的宣传，已经成为房地产企业走向国际化的重要途径。房地产企业拥有大量的无形资产，给企业创造了超出一般生产资料、生产条件所能创造的超额利润，但其在账面上是不能够反映出这些信息的。所以房地产企业价值评估及宣传是强化房地产企业形象、展示企业发展实力的重要手段。

3. 在案例中，介绍了哪几个估值方法对企业的价值进行评估？它们各自的特点及不足是什么？

（1）估值方法：成本法、收益法和市场比较法。

（2）成本法。

①特点：基于被评估资产的账面价值来调整得到评估的价值，操作过程十分简便，易于上手，这种评估方法仅仅着眼于成本，极少考虑收益和支出。

②不足：

Ⅰ. 成本法难以判断获取资产的成本与其价值的关系。通过成本法，一般是基于投资的角度来判断企业价值，以历史上的投资预期为依据。对于风险比较小、用途比较稳定的资产来说，有着比较稳定的投入回报期；反之对于投资风险比较大、用途比较广泛的资产来说，则很难预测其投入成本与价值的关系。因此在评估这样的资产的时候，成本法的运用可能会造成较大的偏差。

Ⅱ. 难以反映企业组织资本的价值。一般企业总体资产的价值是比单项资产的加和要高的。因为企业的组织资本包括企业产品的知名度、客户关系、人力资本、销售网络等，也由于组织资本的存在，在运用成本法进行企业价值评估时，企业的组织资本往往会被忽略，尤其对于一些高新科技类企业。

（3）收益法。

①特点：基于被评估资产未来预期收益来确定资产的评估值，考虑了资金的风险，即时间价值。

②不足：在技术层面，难度高，主观性强，主观性因素和不确定性因素对预期收益及折现率的确定影响比较大。

（4）市场比较法。

①特点：基于市场上类似资产交易价格，在此基础上修正、调整可比企业的市场价值，最后确定被评估企业的价值。存在适用前提如下：

Ⅰ. 存在公开且活跃的市场；

Ⅱ. 若干个业务相同或者相似的企业在公开活跃的市场上活动交易；

Ⅲ. 可以量化可比公司与评估公司的企业价值影响因素，可以搜集到需要的相关资料。

②不足：主要用于地产市场发达、有充足的具有替代性的土地交易实例的地区。交易案例甚少或无交易案例的地区则不适用。

4. 哪种方法更适合房地产企业进行价值评估？

（1）运用成本法进行企业价值评估时：一是企业的组织资本价值如企业家才能、管理效率、销售渠道、客户关系等，对企业整体价值的影响可以忽略不计；二是资产负债表中单项资产的市场价值能够公允客观反映所评估资产的价值。

房地产企业中组织资本价值如销售渠道、客户关系、人力资本等对企业整体价值的影响较大，在运用成本法进行价值评估时可能会造成较大的偏差，所以成本法不宜用在对房地产企业价值进行评估。

（2）根据市场比较法进行企业价值评估的条件来看，目前房地产企业中存在大量的改制上市、重组和并购等，在证券交易市场的企业不断增加，可比案例更加容易获得，与此同时案例数据公开，易于获取。所以在房地产企业价值评估中运用市场比较法还是可行的，已经具备充分的客观条件。

（3）选择收益法对企业价值评估进行评估时，一是企业具备持续经营且不断盈利的能力；二是可以合理地预测企业的未来收益，可以客观地量化未来的收益风险。我国房地产行业经过高速发展时期，现在依然在稳定发展，能够合理预测房地产企业未来的收益，也能合理地量化其风险。所以可以运用收益现值法评估稳定增长的房地产企业价值。

综上分析，市场比较法和收益法适合用来对房地产企业的价值进行评估。

5. 市场比较法和收益法下对 X 集团的估值结果如何？哪种方法更切合实际的市场价格？

（1）估值结果：运用市场比较法评估出 X 集团的企业价值为 2 957.39 亿元，收益法评估出企业价值为 3 262 亿元，评估基准日的企业市场价值为 2 898 亿元，市场比较法和收益法评估出的企业值都略高于企业市场价值。

（2）相比较而言，市场比较法更加贴合评估基准日市场价值。可以看出市场作为市场比较法的应用平台，是比较公平客观的。在相同或相似的行业中，各个公司在经营状况、发展规模等相似的情况下，通过市净率作为价值比率来评估企业价值是比较可靠的。

四、教学组织方式

（一）问题清单及提问顺序、资料发放顺序

本次案例提问的题目依次为：

（1）房地产企业的定义、特点是什么？我国房地产行业总体的发展现状如何？

（2）对房地产企业进行价值评估的特点及意义是什么？

（3）在案例中，介绍了哪几个估值方法对企业的价值进行评估？它们各自的特点及不足是什么？

（4）哪种方法更适合房地产企业进行价值评估？

(5) 市场比较法和收益法下对 X 集团的估值结果如何？哪种方法更切合实际的市场价格？

本案例的参考资料及其索引，在讲授有关知识点之后一次性布置给学员。

（二）课时分配

1. 课前计划

发放案例正文，提供思考问题给学生，请学生在课前完成阅读，了解相关理论知识，并对案例中涉及的问题进行讨论，以小组为单位形成初步观点。

2. 课堂计划

（1）课堂前言：教师简要介绍案例主题（5 分钟）。

（2）案例故事回顾：采用随机提问形式对案例中的要点进行回顾，为下一步讨论打好基础（15—20 分钟）。

（3）案例分析与讨论：按照研究问题的顺序逐个提出问题并进行理论的讲解和引导分析；提问面向小组，给出一定讨论时间，然后由小组选出代表回答（约定每位代表只能回答一个问题），同一问题可视情况请多个小组回答（所有问题的讨论和回答控制在 100 分钟）。

（4）案例总结：教师对讨论进行归纳总结，并进一步启发大家从更深层次、利用最新资料对案例进行跟踪和分析（10 分钟）。

（三）讨论方式

本案例可以采用问题导向进行讨论，或小组式进行讨论。

（四）课堂讨论总结

课堂讨论总结的关键是：归纳发言者的主要观点；重申其重点及亮点；提醒大家对焦点问题或有争议观点进行进一步思考；建议大家对案例素材进行扩展研究和深入分析。

案例 4

民生银行企业价值评估[*]

---

[*] 1. 本案例由广东工业大学管理学院的张军波、鲍知星共同撰写,作者拥有著作权中的署名权、修改权、改编权。
2. 本案例授权广东工业大学产教融合 MPAcc 教学智库实验平台使用,广东工业大学产教融合 MPAcc 教学智库实验平台享有复制权、修改权、发表权、发行权、信息网络传播权、改编权、汇编权和翻译权。
3. 由于企业保密的要求,在本案例中对有关名称、数据等做了必要的掩饰性处理。
4. 本案例只供课堂讨论之用,并无意暗示或说明某种管理行为是否有效。

[案例封面]

专业领域：企业估值，财务管理

适用课程：财务管理理论与实务、投资学、公司金融学

编写目的：本案例旨在进一步引导学员关注企业估值的考虑因素及估值模型的选择，能从定性分析和定量分析两个角度分析问题。通过本案例的讨论学习，使学员认识并掌握以下主要内容：①股份制商业银行，可以采用何种估值方法进行估值？②股份制商业银行的价值驱动因素以及这些因素影响企业价值的方式。③采用"二阶段"股利折现模型对分红多且稳定的企业进行估值。

知 识 点：企业价值评估；股利折现模型；市盈率倍数

关 键 词：企业估值评估；股利折现模型；民生银行

中文摘要：本案例以"二阶段"股利折现模型为基础，利用财务报表数据尝试对作为国有传统商业银行的民生银行进行价值评估。上市公司的价值评估涉及方方面面，比如定性的、定量的、财务的、战略的，而估值模型的使用是不是有效，什么样的模型更有效呢？通过本案例可以让学生意识到评估一家企业的价值是一项多么复杂的工作，学习评估时需要思考方方面面，熟悉评估时需要掌握的一些技巧。经过本案例的训练，可以加深学生对财务报表用于价值评估的理解及动手能力。

[案例正文]

一、引言

股票投资是投资学研究的重要内容，而银行业上市公司评估又格外重要。中国银行业经历了改制和高速发展，在各行业中占据了重要地位。然而，近几年在互联网的冲击下，股份制商业银行也开始面临改革的困境。伴随着监管趋严与金融去杠杆，部分银行已经开启"缩表"模式，资产负债表规模持续"瘦身"。民生银行延续2017上半年的"缩表"态势，资产总额和负债总额双双下降，成为为数不多持续"缩表"的上市银行。作为国内首家实施股权分置改革的商业银行，民生银行一直致力于完善公司治理，大力推进改革转型，对其进行价值评估有比较强的启发意义。

二、公司价值评估的基本面背景

（一）民生银行简介

中国民生银行（简称民生银行，上交所：600016；港交所：01988）成立于1996年1月12日。是中国大陆第一家由民间资本设立的全国性商业银行，也是严格按照《中华人民共和国公司法》和《中华人民共和国商业银行法》设立的一家现代化金融企业。

作为中国银行业改革试验田，中国民生银行始终秉承"为民而生、与民共生"的使命，始终以改革创新为己任，致力于为中国银行业探索现代商业银行建设之路，致力于为客户提供专业特色的现代金融服务，致力于为投资者创造更高的市场价值和投资回报。2000年12月19日，中国民生银行A股股票在上海证券交易所挂牌上市。2005年10月26日，中国民生银行完成股权分置改革，成为国内首家实施股权分置改革的商业银行。2009年11月26日，中国民生银行H股股票在香港证券交易所挂牌上市。上市以来，中国民生银行致力于完善公司治理，大力推进改革转型，取得了良好经营业绩，成为中国证券市场中备受关注和尊敬的上市公司。随着中国经济发展进入新常态，中国银行业面临的经济金融环境发生深刻变化，商业银行纷纷加快战略转型步伐。民生银行于2015年正式启动全面转型变革的顶层设计——"凤凰计划"，以期提升企业持续发展能力和竞争优势。

（二）民生银行的核心竞争力

价值投资理念的核心在于综合分析公司的行业竞争力、经理层管理能力，分析各种财务指标，从而预测公司的盈利能力。一般理论认为，流动性、安全性和盈利能力方面的指标是反映商业银行最基本的核心竞争力的评价指标。此外，为了能够更加全面地对民生银行进行评价，我们在此还会结合衡量企业发展能力方面的指标，并以此对民生银行进行综合的前景分析。

1. 流动性分析

流动性是指银行能够随时满足客户提取存款等方面的要求，并在安排资金运用时，要保证资产具有一定的流动性，以应对流动性风险。在商业银行的流动性、安全性、盈利性三个管理原则中，流动性居于首位，被视为商业银行经营的生命线。近年来，随着"金融脱媒"趋势的加剧和监管当局对流动性监管的加强，商业银行在经营中常会出现流动性紧张。在此选取行业平均值同民生银行相比较。

流动性比例越高，流动性资产就越多，将流动性资产变现以支付流动性负债的能力也就越好，或者说扩展新的资产业务的能力越好；反之，支付流动性负债的能力就较低，扩展新的资产业务的能力也越低。我国的监管标准为不低于25%。民生银行的流动性比率超过监管标准，但低于行业平均水平。

如图 4-1 所示，近五年来，行业平均的流动性比例呈现微弱上升的趋势，2013—2017 年民生银行流动性比例均达到监管要求，2015 年浮动较大，整体也处于上升趋势，但始终是低于行业平均水平的。如此可见民生银行的流动性虽然在增强，但还是落后行业平均水平，其扩展新的资产业务的能力仍然有待加强。

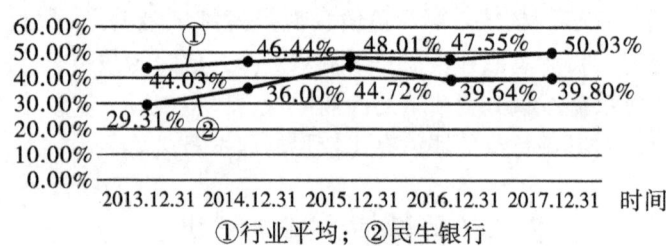

图 4-1 流动性比例

数据来源：Wind。

贷存比越高，贷出去的资金越多，银行面对的流动性风险也就越高；同样，贷存比越低，贷出去的资金就相对较少，银行面对的流动性风险也相对较低，但是资金的利用效率也会相对较低。我国曾经的法定贷存比上限为 75%。

从图 4-2 中可以看出 2013—2015 年，存贷比行业均值和民生银行存贷比都处于比较稳定的状态，而到了 2016 年，存贷比行业均值微弱上升，民生银行存贷比上升幅度较大，自始至终民生银行的存贷比都高于行业均值，反映了民生银行在揽储吸储方面的压力，这主要是金融脱媒与互联网迅速发展对传统投资渠道造成压力所导致的。显然，民生银行的流动性风险一直高于行业平均水平。自 2015 年之后，民生银行存贷比又创新高，流动性风险更是加大了，这主要在于 2015 年，央行放松了银行存贷比限制，取消了 75% 这一监管红线。

流动性覆盖率（LCR）评估了商业银行在未来 30 天满足流动性需求的能力，是个更加具体、严格的指标。流动性覆盖率越高，银行的流动性风险越小；反之，流动性风险就越大。

根据《商业银行流动性风险管理规定（试行）》，商业银行流动性覆盖率应当于 2018 年底达到 100%。在过渡期内，应当于 2014 年底、2015 年底、2016 年底、2017 年底及 2018 年底分别达到 60%、70%、80%、90% 和 100%。民生银行自 2015 年开始接受 LCR 考核。

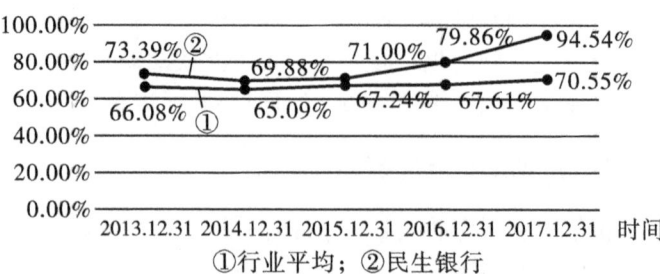

图 4-2 存贷比

数据来源：Wind。

如图 4-3 所示，民生银行各年的流动性覆盖率均超过监管指标，并且呈逐渐上升趋势，但是始终落后于行业平均水平。这说明民生银行在风险防范方面还是比较薄弱，无法在增加盈利的同时顾及安全性问题。

2. 安全性分析

安全性分析是指商业银行为避免经营风险，以保证资金安全的要求，有足够的能力应付各种可能发生的风险和损失。衡量安全性分析的指标有不良贷款率、拨备覆盖率和资本充足率三项，一般在商业银行的年报中都有披露。在此选取行业平均值同民生银行相比较。

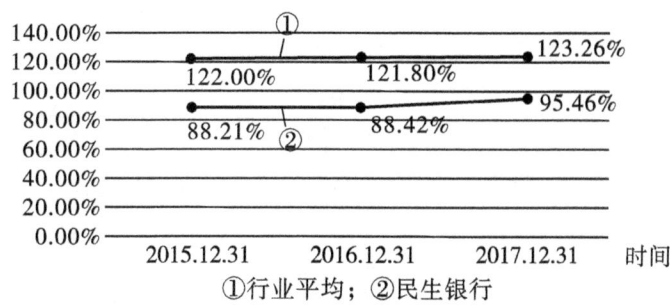

图 4-3 流动性覆盖率（LCR）

数据来源：Wind。

不良贷款率指金融机构不良贷款占总贷款余额的比重。不良贷款是指在评估银行贷款质量时，把贷款按风险基础分为正常、关注、次级、可疑和损失五类，其中后三类合称为不良贷款。由图 4-4 可见，近五年行业平均不良贷款率是一直处于上升状态，而民生银行的不良贷款率在近五年与行业平均水平差距越来越小，在 2017 年几乎在同一水平线上。这说明国内银行的不良贷款风险总体呈上升趋势，民生银行近年来的风险管理能力下降超过行业平均水平。2015 年不良贷款率开始上升，可能与 2015 年 10 月 1 日取消 75% 的存贷比监管指标，各大银行增加了贷款总额有关。

拨备覆盖率等于贷款损失准备金计提余额与不良贷款余额的比率，是实际上银行贷款可能发生的呆、坏账准备金的使用比率。不良贷款拨备覆盖率是衡量商业银行贷款损失准备金计提是否充足的一个重要指标，该项指标从宏观上反映银行贷款的风险程度及社会经济环境、诚信等方面的

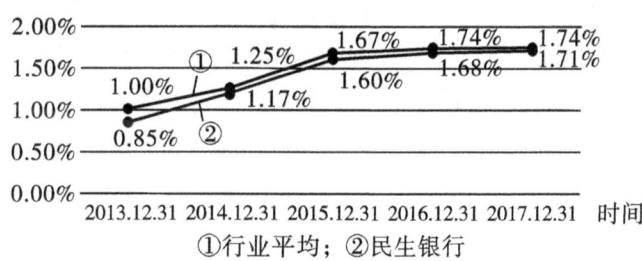

图 4-4 不良贷款率

数据来源：Wind。

情况。拨备覆盖率是银行的重要指标，这个指标考察的是银行财务是否稳健，风险是否可控。

由图 4-5 可见，行业平均的拨备覆盖率近几年来总体较高，呈现先下降后平稳的趋势，但是始终高于 150%。民生银行近五年来拨备覆盖率均低于行业水平，且其变化趋势与行业趋同，尤其近三年来与 150% 的监管红线仅一步之遥，这说明民生银行财务风险在逐年增加。

资本充足率是一个银行的资本总额与风险加权资产的比率，反映商业银行在存款人和债权人的资产遭到损失之前，该银行能以自由资本承担损失的程度。规定该项指标的目的在于抑制风险资产的过度膨胀，保护存款人和其他债权人的利益。通过图 4-6 我们发现民生银行近五年来资本充足率较为平稳，满足了商业银行资本充足率大于 8% 的规定，但

是却始终低于行业资本充足率，可见民生银行抵御风险的能力有待加强。民生银行资本充足率水平一直受到不良贷款的影响，在前面分析中我们发现，民生银行不良贷款率在持续增加，这不可避免地要持续消耗资本金，从而进一步降低其资本充足率。

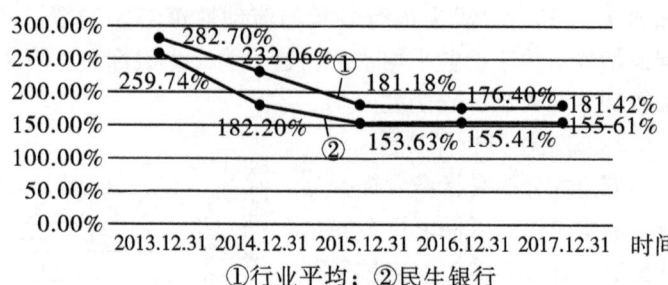

图4-5　拨备覆盖率

数据来源：Wind。

一方面银行需要追求一定的资本充足率来保证其安全运营，另一方面过高的资本充足率也可能降低银行的收益和盈利能力，因此需要对银行进行有效的管理以实现安全性和盈利性的统一。

3. 盈利能力分析

本文将采用总资产报酬率、净资产报酬率、成本收入比和手续费及佣金净收入占营业收入比率作为评价指标。图4-7为民生银行盈利能力指标的趋势分析。在此选取中国银行和中国建设银行作为国有商业银行的代表，选取兴业银行和招商银行作为股份制商业银行的代表同民生

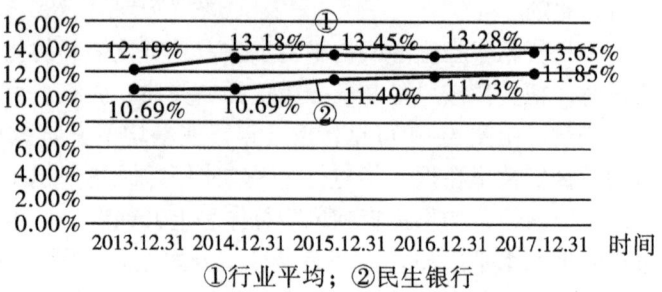

图4-6　资本充足率

数据来源：Wind。

银行相比较，这些样本银行都是资产规模较大、业务较多并且当前经营状况和知名度都有代表性的银行。

在图4-7中我们可以看到，除了手续费及佣金净收入占营业收入比率在2015年呈现明显的上升趋势之外，其他指标均在不同程度下降。手续费及佣金收入是指公司为客户办理各种业务收取的手续费及佣金收入，民生银行在2015年正式启动"凤凰计划"，迈开战略转型的步伐，积极改变传统利息差收益中获利的银行经营模式，开始多元化发展，这才导致手续费及佣金净收入在营业收入的比重在2015年急速上升，甚至在2016年达到39%。

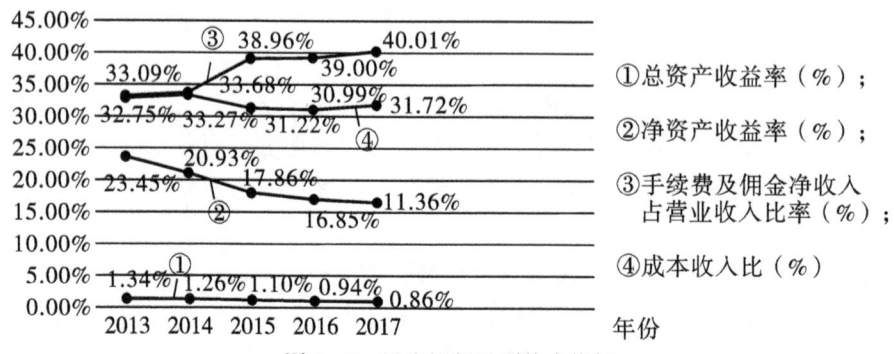

图4-7　民生银行盈利能力指标

数据来源：Wind。

从2013年到2017年,兴业银行的总资产收益率和净资产收益率都呈直线下降趋势,即单位资产和单位所有者权益带来的收益(盈利能力)都有所下降。中国银监会在《商业银行风险监管核心指标》中要求银行的净资产收益率不应低于11%,总资产收益率不应低于0.6%。虽然民生银行离警戒线还有一段距离,但是还是要警惕起来。

成本收入比为营业费用加折旧与营业收入之比,从图4-7中可以看出民生银行的成本收入比在2013—2017年大致呈现下降趋势,2015年之后始终保持在31%左右,这说明民生银行近年来对成本费用的控制得到改善,民生银行的结构升级初显成效。

根据图4-8对民生银行及可比公司的分析,相对而言股份制商业银行表现优于国有传统商业银行,民生银行在股份制商业银行表现欠佳。此外民生银行总资产收益率也是最低的,但是民生银行净资产收益率却是所有银行里最高的,超过了16%。

股份制商业银行相对国有传统商业银行,业务更加多元化,所以手续费及佣金净收入占营业收入比率会普遍高于国有传统商业银行,如图4-8所示。我们还发现,股份制商业银行中,民生银行手续费及佣金净收入占营业收入比率又位居榜首,可见民生银行的业务转型还是比较成功的。此外,民生银行的成本收入比在近几年略有下降,说明民生银行近年来对成本费用的控制在得到改善,但与同行可比银行相比较还是处于劣势,民生银行的结构改革依旧任重而道远。

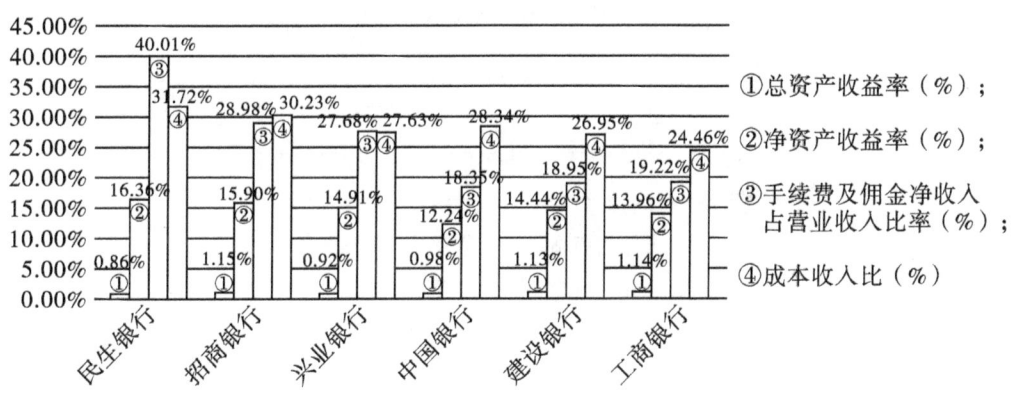

图4-8 盈利能力指标对比情况

数据来源:Wind。

4. 发展能力分析

企业的发展能力分析不仅可以评估目前获得企业的利润,而且可以对企业整体的资产价值进行综合性的评估,在一定程度上抑制了企业的短期行为,完善现代企业制度。影响企业价值增长的主要因素是销售的增长和资产规模的增长,而银行业的销售增长可以用营业收入的增长和净利润的增长来体现,资产规模的增长又具体分为总资产增长和净资产增长。

首先对销售的增长进行分析,本文采用营业收入增长率和净利润增长率来分析销售的增长。通过图4-9我们发现以2015年为截点,在2015年之前,营业收入增长率总体呈上升趋势,而净利润增长率为近5年下降幅度最大,销售收入增长率下降幅度远大于净利润增长率;2015年以后,营业收入开始大幅下降,而净利润增长率却保持微微上升的趋势。这种现象的原因主要是2015年民生银行走上了战略转型的道路,大力开展净利润更高的中间业务。

①净利润增长率；②营业收入增长率

图4-9　民生银行发展能力指标

数据来源：Wind。

通过图4-10，可以发现从总体情况来看国有商业银行在营业收入增长率方面表现要优于股份制商业银行，只有中国银行营业收入增长率为负数，而股份制商业银行中民生银行和兴业银行营业收入增长率低至-7.01%和-10.88%，这说明民生银行的表现在股份制商业银行中不容乐观，主要是由于受到金融和互联网的影响，银行传统业务受到挤压，民生银行等股份制商业银行抗风险能力较差。

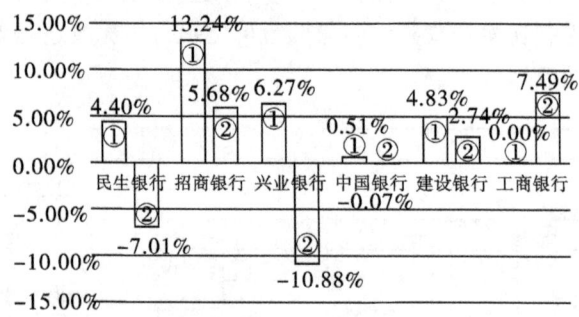

①净利润增长率；②营业收入增长率

图4-10　发展能力指标对比

数据来源：Wind。

我们采用总资产增长率和净资产增长率来对民生银行的资产规模进行分析。从图4-11我们可以看到，民生银行总资产增长率变动趋势呈M形，先上升后下降再上升最后下降至2013年水平。而净资产增长率继2015年到达一个高峰后就大幅下降。民生银行的总资产增长率一直被存贷款的稳健增长所驱动，2015年当民生银行开始战略转型，存贷款业务势必受到波动，进而影响到总资产增长率的变动。

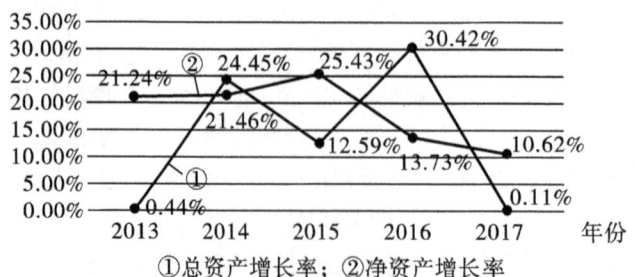

①总资产增长率；②净资产增长率

图4-11　民生银行发展能力指标趋势变化

数据来源：Wind。

图 4-12 为 2017 年民生银行与可比银行的总资产增长率和净资产增长率的情况，通过该图我们发现股份制商业银行总资产增长率普遍低于国有商业银行，而民生银行总资产增长率在下列可比银行中又是最低的，说明民生银行的发展能力有待加强。另外，股份制商业银行净资产增长率普遍高于国有商业银行，民生银行净资产增长率处于整体中间水平，但在股份制商业银行中比其他两大银行低了约 9 个百分点。

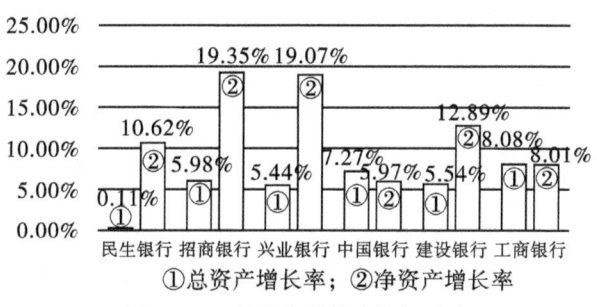

图 4-12 行业发展能力指标对比

数据来源：Wind。

5. 前景分析

（1）民生银行经营状况综合评述。在此我们对民生银行的各项财务指标进行了综合评估，并与行业平均值对比，结果如表 4-1 和图 4-13 所示。（注：为了和前面的分析统一口径，盈利能力与发展能力的行业平均值为盈利能力分析和发展能力分析时可比银行的均值。）

由图 4-13 和表 4-1 可以看出，民生银行大部分指标与行业平均水平尚有一段差距，但是在盈利能力方面指标总体表现要优于行业平均水平，显示了民生银行业务转型的成功，即其通过中间业务、小额信贷、银行间业务等差异化的竞争优势获得了当前优秀的盈利能力，但是在资产快速扩张的时候不可避免地产生了对资本的高额需求和潜在的流动性风险。民生银行是中国第一个股份制改革银行，在巩固当前已经获得的差异化竞争优势的同时应该更加重视资本的安全性和资产的流动性，从而获得稳定可持续的长期增长。

表 4-1 民生银行综合对比

	指标名称	企业实际值（%）	行业平均值（%）	对比值
流动性	流动性比例	39.80	50.03	0.80
	存贷比	94.54	70.55	0.75
	流动性覆盖率	95.46	123.26	0.77
安全性	不良贷款率	1.71	1.74	1.02
	拨备覆盖率	155.61	181.42	0.86
	资本充足率	11.85	13.65	0.87

续上表

	指标名称	企业实际值（%）	行业平均值（%）	对比值
盈利能力	总资产报酬率	0.86	1.03	0.83
	净资产报酬率	16.36	14.64	1.12
	成本收入比	31.72	28.22	0.89
	手续费及佣金净收入占营业收入比率	40.01	25.53	1.57
发展能力	营业收入增长率	-7.01	0.99	-7.08
	净利润增长率	4.40	5.57	0.79
	总资产增长率	0.11	6.46	0.02
	净资产增长率	10.62	13.06	0.81

数据来源：Wind。

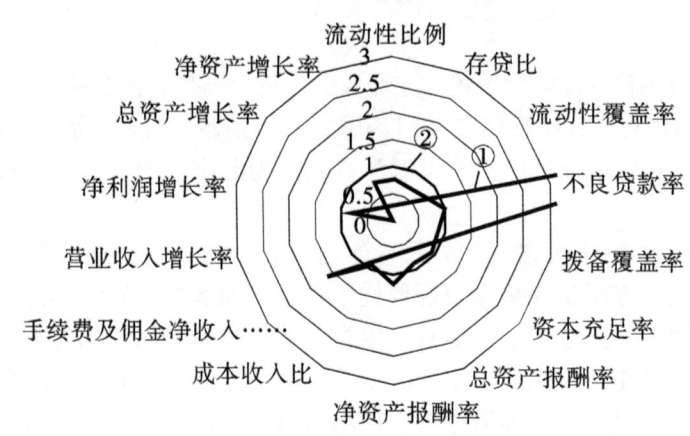

图 4-13　民生银行经营情况综合分析

（2）价值驱动因素分析。根据股利折现模型，公司价值是由未来每股发放现金红利的现值之和决定的。未来发放现金红利受未来成长能力（可持续增长率）和股权资本成本所驱动，这是股利折现模型的基础。分析价值驱动因素的历史绩效有助于我们预测价值驱动因素的未来表现。股权资本成本分析将在后续部分进行，本部分着重分析未来成长能力的价值驱动因素。

可持续增长率 = 销售净利率 × 总资产周转率 × 利润留存率 × 权益乘数 /（1 - 销售净利率 × 总资产周转率 × 利润留存率 × 权益乘数）

如图 4-14 所示，本部分从股利折现模型出发，采用杜邦分析的思路，将其层层分解，并结合商业银行具体业务特点，在排除了非关键因素和不可控的宏观政策因素后，得出了商业银行经营管理者可操纵的关键价值驱动因素分别是：商业银行的传统业务盈利能力、创新能力、成本费用控制能力和风险控制能力，并给出了对应于这四个价值驱动因素的关键绩效指标，分别是：净利息收入与平均净资产之比、手续费及佣金净收入占营业收入比率、成本收入比和资产减值损失收入比。

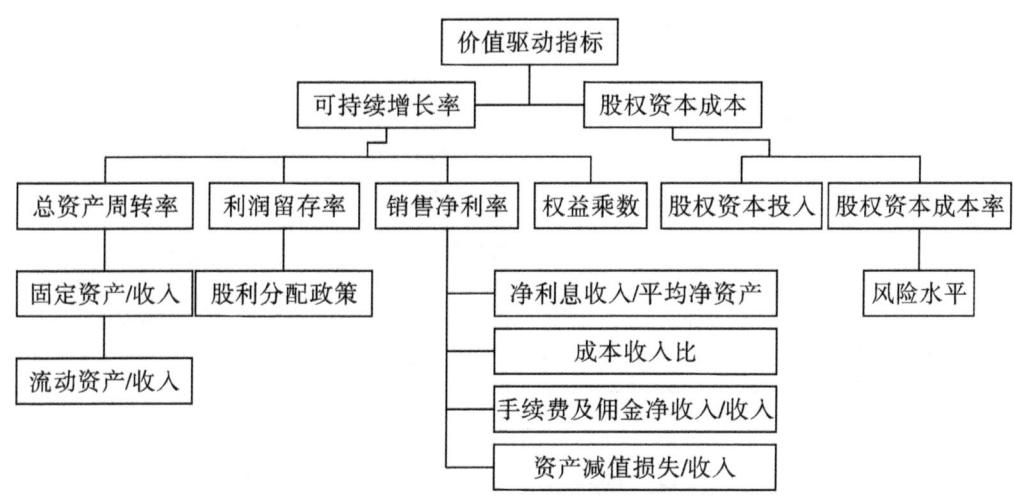

图 4-14 基于股利折现模型的民生银行价值驱动因素分析

①销售净利率驱动因素分析。表 4-2 为 2013—2017 年民生银行可持续增长率各价值驱动因素与收入的比值。

表 4-2 2013—2017 年民生银行可持续增长率各价值驱动因素与收入的比值

年份	2013	2014	2015	2016	2017
净利息收入与平均净资产之比（%）	44.54	40.76	33.82	28.61	23.33
手续费及佣金净收入与营业收入之比（%）	33.09	33.68	38.96	39.00	40.01
成本收入比（%）	32.75	33.27	31.22	30.99	31.72
资产减值损失/收入（%）	11.21	15.60	22.54	26.66	23.66

数据来源：Wind。

表 4-3 为六家上市银行的净利息收入与平均净资产之比的情况。2013—2017 年民生银行净利息收入与平均净资产之比呈现逐年下降的趋势，相对于同行业其他可比银行，民生银行的净利息收入与平均净资产之比处于中等偏下的水平。根据 Wind 资讯，2017 年民生银行的净利息收入与平均净资产之比排在倒数第二，仅高于中国银行。

表 4-3 2013—2017 年各银行净利息收入与平均净资产之比分析

	净利息收入与平均净资产之比（%）				
	2013 年	2014 年	2015 年	2016 年	2017 年
民生银行	44.54	40.76	33.82	28.61	23.33
招商银行	42.42	38.55	40.40	35.42	32.67
兴业银行	101.98	94.97	87.30	66.82	63.86
中国银行	31.11	29.94	25.87	21.52	22.09
建设银行	38.49	37.60	33.94	27.53	26.73
工商银行	36.84	35.05	30.43	24.95	25.33

数据来源：Wind。

表4-4为2013—2017年民生银行手续费及佣金净收入与营业收入之比情况。由表可知，民生银行2013—2017年手续费及佣金净收入占营业收入比率呈逐年上升的趋势，尤其在2015年，涨幅达到了5.27%，为近5年之最。主要得益于民生银行当年积极展开"凤凰计划"，迈开了战略转型的重要一步。2016年和2017年手续费及佣金净收入比营业收入比率稳中有增也在进一步证明了民生银行转型的成功。

表4-4 民生银行2013—2017年手续费及佣金净收入与营业收入之比

年份	2013	2014	2015	2016	2017
手续费及佣金净收入与营业收入之比（%）	33.09	33.68	38.96	39.00	40.01

数据来源：Wind。

银行的成本收入比是指管理费用比营业收入，管理费用包含一般意义的管理费用和折旧摊销。由表4-5可知，民生银行2013—2017年成本收入比稳中有降，显然是由于管理费用率的下降所引起的，主要原因是公司在战略转型的同时加大了对费用的控制力度。另外，折旧和摊销占无形资产和固定资产比重呈逐年下降趋势，而折旧摊销与营业收入比值却稳中有升，这说明公司的营业收入增长不是来自对固定资产、无形资产等长期资产更高效的利用，而是由于长期资产规模的扩张。

表4-5 民生银行2013—2017年成本分析

年份	2013	2014	2015	2016	2017
管理费用率（%）	30.93	31.06	28.77	28.70	29.39
折旧和摊销/营业收入（%）	1.82	2.21	2.45	2.28	2.32
折旧和摊销/无形资产和固定资产	7.87	7.75	8.79	7.31	6.58

数据来源：Wind。

从表4-6中我们可以了解到民生银行的资产减值损失占营业收入比值每年都有一定幅度增加，但2017年和2016年相比，该比值下降了3%，发放贷款和垫款总额则呈现相同的变化趋势，此外不良贷款率是在逐年递增的，这说明资产减值损失率主要是由不良贷款引起，而民生银行的不良贷款近年并没有改善。

表4-6 民生银行2013—2017年资产减值损失分析

年份	2013	2014	2015	2016	2017
资产减值损失/营业收入（%）	11.21	15.60	22.54	26.66	23.66
不良贷款率（%）	0.85	1.17	1.60	1.68	1.71
发放贷款和垫款总额（亿元）	129.47	199.28	330.29	412.14	321.80

数据来源：Wind。

②总资产周转率驱动因素分析。根据对民生银行报表结构的分析，总资产周转率主要受到各资产的驱动。表4-7是民生银行2013—2017年资产分析。

表 4-7　民生银行 2013—2017 年资产分析　　　　　　　　　　　单位：亿元

年份	2013	2014	2015	2016	2017
货币资金	3.69	3.34	2.93	3.08	3.35
拆出资金	0.81	1.05	1.31	1.33	1.13
交易性金融资产	0.21	0.18	0.18	0.38	0.57
衍生金融资产	0.01	0.02	0.03	0.04	0.09
应收利息	0.09	0.11	0.12	0.16	0.25
买入返售金融资产	5.62	4.60	4.04	2.13	0.50
发放贷款及垫款	12.47	12.23	12.21	14.16	17.77
可供出售金融资产	0.99	1.00	1.03	1.49	2.38
持有至到期投资	0.94	1.14	1.47	3.03	4.75
长期应收款	0.68	0.63	0.59	0.60	0.68
固定资产净值	0.11	0.18	0.23	0.26	0.31
无形资产	0.04	0.04	0.03	0.03	0.03
递延所得税资产	0.08	0.08	0.09	0.13	0.18

数据来源：Wind。

综合以上分析，我们可以了解到，影响民生银行可持续增长率变动的主要因素是以手续费及佣金净收入为主的中间业务的积极开展，以及长期资产的规模扩张和对管理费用的有效控制。

三、价值评估模型介绍

（一）股利贴现模型

股利贴现模型（discounted dividend model）

名称：又称股利折现模型、红利折现模型

简称：DDM

用途：股票内在价值评价模型，定量分析虚拟资本、资产和公司价值，证券投资的基本分析。

内涵：股利折现是企业未来实现收益的股利通过股权要求回报率折现到当前的值，是一种用来评价企业股票内在价值的方法。

提出：股利折现模型由威廉姆斯 Williams（1938）最先提出。

适用范围：适用于分红多且稳定的公司，非周期性行业，比如银行这样的大型金融服务公司、公共事业机构此类受管制的公司等。

简介：1938 年由威廉姆斯提出了股票的内在价值不是其市场价格而是股票本身的价值。假设投资者永久性地持有该股票，则内在价值可以用股票每年的股利的贴现值之和来表示。即：股票的内在价值的评价方法就是股利贴现模型。

按这个模型，每股股票现在的理论价值如下：

$$P_0 = \frac{D_1}{1+r} + \frac{D_2}{(1+r)^2} + \frac{D_3}{(1+r)^3} + \cdots = \sum_{t=1}^{\infty} \frac{D_t}{(1+r)^t}$$

式中：D 表示第 t 期的每股现金红利；r 表示与红利相匹配的折现率，即股东要求回报率；P_0 表示每股股票现在的理论价值，即 t 年间每年收到的股利 D_t 在必要收益率 r 下的折现值之和。

股利折现模型在不同假设情况下，可以分为以下 3 个类型：

1. 固定股利模型（fixed dividend model，FDM）

原理：假设股利维持在某一个固定水平上，假设各期的股利所得均维持在第一期期末的股利水平，则该公司股票的价值是以该股利为年金的永续年金现值。

$$P_0 = \frac{D_1}{r}$$

式中：D_1 为每年相同的股利；r 为投资者的股权必要收益率；P_0 是股票在 0 期的价值。

在实际应用中，并不存在每年股利都相等的情况，因此固定股利模型仅仅是理想的假设理论。

2. 股利增长率固定模型：戈登（Gordon）永续增长模型

原理：假设公司的净利润以一个稳定的增长率 g 永续增长，而公司的分红政策即红利分配比率（红利/净利润）和留存比率（留存比率 = 1 − 红利分配率）也将保持稳定，那么红利在第 n 年后也将按照稳定的增长率 g 永续增长。终值期时将所有现金流折现到最初一年并加总，即可得到现值价值。

$$P_0 = D_0\left(\frac{1+g}{1+r}\right) + D_0\left(\frac{1+g}{1+r}\right)^2 + \cdots + D_0\left(\frac{1+g}{1+r}\right)^n$$

式中：D_0 是上一年的股利；r 为投资者的股权必要收益率；g 为股利的增长率；P_0 表示每股股票现在的理论价值。

3. 两阶段股利增长模型

原理：假设股利的增长率分为不同的两个阶段，第一阶段企业成长较快，股利处于高增长，增长率为 g_1，第二阶段公司运营平稳，股利增长放缓，增长率为 g_2，且 $g_1 > g_2$，第一阶段从第 1 期直到第 t 期，股利以高增长率增长，之后股利增长率下降。

$$P_0 = \sum_{t=1}^{n} \frac{D_0(1+g_1)^t}{(1+r)^t} + \frac{D_n(1+g_2)}{(1+r)^n(r-g_2)}$$

式中：D_0 是上一年的股利；r 为与红利相匹配的折现率；g_1 为第一阶段超常增长率；g_2 为第二阶段稳定增长率；n 表示详细预测期期数；P_0 表示持有期末卖出股票时的预期价格。

估值步骤：

使用股利折现模型计算股权价值时，一般包括以下五个步骤：

第一步，计算与股权相匹配的折现率 r。此处使用的折现率 r 是股权资本成本。

第二步，计算红利发放的永续增长率 g。

第三步，确定预测期，计算预测期内的每股发放红利。

第四步，计算预测期后的价值，也就是终值。

第五步，对预测期每股发放红利及终值进行折现，加总得到未来所有期间的价值。

（二）股票价格倍数法估值模型

股票价格倍数法主要包括市盈率 PE（P/EPS）、市净率 PB（P/EPS）、市销率 PS（P/EPS）以及由市盈率衍生而来的市盈增长比率 PEG，PEG 是当前一种重要的判断股票价值是否被高估或低估的指标。PEG 值越低，股价越可能遭到低估。当然，PEG 的分子和分母均涉及对未来的预测，产生的误差可能较大。

基于本案例研究目标，在此着重研究市净率估值模型。

市净率（price book value ratio，即 P/B ratio）：

名称：又称市账率

简称：PB

用途：用来评估股价水平是否合理。

内涵：市净率是某种股票每股市价与每股净资产的比值。

适用范围：市盈率模型最适合需要拥有大量资产、净资产为正值的企业。

简介：市净率是指普通股每股市价相对于每股净资产的倍数，其经济意义为购买公司一元税后净资产支付的价格，或者按市场价格购买公司股票回收投资需要的年份。

四、将股票价值评估模型应用于民生银行

（一）股利贴现模型的应用

1. 风险收益特征分析

本文原始数据来源于通达信软件和网易财经，获取 2013 年 1 月 1 日至 2017 年 12 月 31 日民生银行股票指数的 60 组月收益率数据并进行下列计算分析。

$$R_{m,t} = \ln P_{m,t} - \ln P_{m,t-1}$$

式中，$R_{m,t}$ 是指该股票 t 时刻的收益率，$P_{m,t}$ 是指股票 t 时刻的收盘价，$P_{m,t-1}$ 是股票 $t-1$ 时刻的收盘价。考虑股票红利对股票价格的影响，本文在研究中对股票的收盘价进行前复权，得到复权后的收盘价。

在研究 β 系数的资料中，多以上证指数测算市场收益率，本文以制造行业为研究对象，在选取市场收益率时选取上证综合指数（000001）作为市场指数测算市场收益率。

$$R_{M,t} = \ln P_{M,t} - \ln P_{M,t-1}$$

式中，$R_{M,t}$ 是市场 t 时刻的收益率，$P_{M,t}$ 是市场 t 时刻的收盘指数，$P_{M,t-1}$ 是市场 $t-1$ 时刻的收盘指数。

将原始数据按上述研究进行计算分析，计算得到的按时间序列的民生银行股票平均收益率（R_m）和市场平均收益率（R_M），计算结果如下：

$$R_m = \frac{1}{n}\sum_{i=1}^{n} R_{m,t} = 1.68\%$$

$$R_M = \frac{1}{n}\sum_{i=1}^{n} R_{M,t} = -0.01\%$$

上证综合指数的同期月度平均收益率为 -0.01%，尽管两者的收益在近年来不是很理想，但民生银行的收益率还是高于上证指数，即收益高于市场平均水平。

系统性风险是由外部环境，比如社会、政治、经济等宏观因素共同引起的，会影响整个证券市场价格变动。系统性风险用 β 系数来衡量，β 系数为描述股票收益水平相对市场平均收益水平变动的敏感性指标。本案例选用上证综合指数作为市场组合，采用 2013 年 1 月至 2017 年 12 月的历史数据，用最小二乘法得到民生银行的 β 系数如下：

$$\beta = \frac{\sum(R_M - \bar{R}_M)(R_m - \bar{R}_m)}{\sum(R_m - \bar{R}_m)^2} = 0.78$$

民生银行的 β 系数为 0.78，说明民生银行股票的系统性风险较低，抵御风险的能力较强。综合上述分析得出，2013 年以来，民生银行的年化收益率还是高于市场平均水平。

2. 股权资本成本

股权资本成本是股利贴现模型折现率的基础，是投资者对权益资本的必要收益率 r。必要收益率 r 等于 β 系数乘以市场风险溢价（$r_m - r_f$）再加上无风险利率 r_f。将央行 2017 年 12 月 24 日的一年期定期存款利率 1.5% 作为无风险利率 r_f，将 1995—2017 年共 21 年间的上证综合指数的复合增长率 7.7% 作为市场收益率 r_m，得出市场风险溢价为 6.2%。根据资本资产定价模型：

$$r = r_f + (r_m - r_f) \times \beta = 6.34\%$$

权益资本成本（投资者的股权必要收益率）为 6.34%。

3. 未来成长能力

（1）可持续增长能力。公司可持续增长是指在不增加外来股权资本并保持运营效率和财务政策不变的情况下，公司所能达到的销售增长。主要有四个变量指标（如图 4-14 所示）来反映企业财务管理的整个过程，表明公司的可持续增长能力，分别是销售净利率、总资产周转率、利润留存率、权益乘数。

可持续增长率 = 销售净利率 × 总资产周转率 × 利润留存率 × 权益乘数 / (1 - 销售净利率 × 总资产周转率 × 利润留存率 × 权益乘数)

（2）民生银行的可持续增长能力。在传统意义上，衡量企业的成长能力一般用销售额增长率和净利润增长率计量。近年来，民生银行在净利润上呈增长趋势，而主营业务收入却出现先上升后下降，如图 4-15 所示。

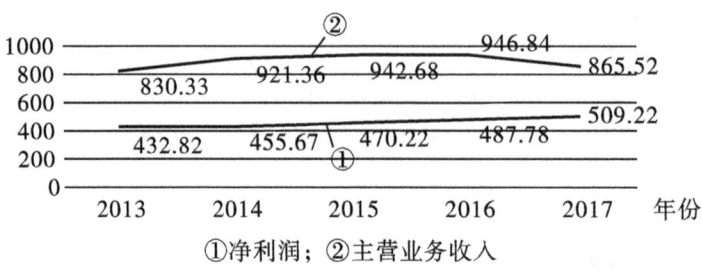

图 4-15　民生银行净利润和主营业务收入增长走势

数据来源：Wind。

在此基础上，我们来测试它的可持续增长能力。为避免随机因素的干扰，我们选择民生银行 2013—2017 年共 5 年作为分析期，主要研究数据来自民生银行官方网站公布的财务报表和 Wind 资讯公布的红利记录，如表 4-8、表 4-9 所示。

表 4-8 民生银行的可持续增长率驱动因素汇总

年份	销售净利率（%）	总资产周转率（%）	留存收益率（%）	权益乘数
2013	37.35	4	83.09	15.79
2014	33.64	4	85.57	16.21
2015	30.45	4	81.77	14.59
2016	31.43	3	79.06	16.75
2017	35.29	2	91.40	15.14

数据来源：Wind。

表 4-9 民生银行的可持续增长能力对比汇总

年份	2013	2014	2015	2016	2017	平均值
可持续增长率（%）	24.38	22.95	17.00	14.27	10.82	17.88
实际增长率（%）	12.39	16.90	13.99	0.51	-7.04	7.35
GDP 增长率（%）	7.80	7.30	6.90	6.70	6.9	7.12

数据来源：Wind。

总体来说，民生银行的可持续增长率 2013—2017 年保持在 17.88% 这个平均值左右，远远高于同期国内生产总值的增长率，这表明民生银行确实有着不错的成长能力，也表明民生银行的这种成长能力是可以延续的，并且是可以在未来不断发展的。因此，在接下来的模型应用中我们可以选取 17.88% 作为民生银行的一般情景预测永续增长率。同时，为了能够更加准确估算出民生银行每股内在价值，我们将分为三种情景来对其估算。第一种，乐观情景预测，按 17.88% × (1+5%) = 18.774% 预测；第二种，一般情景预测，按 17.88% 预测；第三种，保守情况预测，按 17.88% × (1-5%) = 16.986% 预测。

4. 利用股利贴现模型（DDM）预测银行估值

民生银行上市以来的年均派息率为 16.59%，每年每股红利还保持着增长（如表 4-10 所示），2018 年的可持续增长率也保持在 17.88% 左右，因此固定股利增长率贴现模型不符合 $r > g$ 的前提假设，对民生银行的估值应采用两阶段股利增长率模型。

表 4-10 民生银行 2008—2017 年现金股利分配情况

年份	2008	2009	2010	2011	2012	2013	2014	2015	2016	2017
每股发放红利（元/股）	0.08	0.05	0.10	0.32	0.30	0.26	0.19	0.24	0.28	0.12

数据来源：Wind。

在经历了 2008 年全球金融危机后，不管是中国还是全球经济的整体宏观环境都是处在一种经济回暖的阶段，在经济持续不断增长的情况下，假设 2023 年能达到峰值。用可持续增长率的均值作为估值的参数，首先假设第一阶段（2018—2023 年），民生银行的股利增长率较高，$g_1 = 17.88\%$（$g_1 = 18.774\%$，$g_1 = 16.986\%$）。第二阶段（2023年之后），民生银行利润增长减缓，股利增长率仍是可持续增长的，以3%作为永续增长率g_2，贴现率为6.34%。我们在此把第一阶段预测期确定为6年，按三种情景来预测本阶段现金股利的分配情况。

（1）乐观情景预测。假设第一阶段（2018—2023年）的可持续增长率为18.774%，第二阶段（2023年之后），永续增长率g_2为3%，贴现率为6.34%。根据数据预测计算如表4-11所示。

表4-11 民生银行2018—2023年现金股利分配预测情况（一）

年份	2018	2019	2020	2021	2022	2023	求和
预计发放股利（元/股）	0.14	0.17	0.20	0.24	0.28	0.34	1.37
折现后的预计股利（元/股）	0.13	0.15	0.17	0.19	0.21	0.23	1.08

则民生银行的内在价值可表示为：

$$P_0 = \sum_{t=1}^{n} \frac{D_0(1+g_1)^t}{(1+r)^t} + \frac{D_n(1+g_2)}{(1+r)^n(r-g_2)}$$

$$= \sum_{t=1}^{6} \frac{0.12 \times (1+18.774\%)^6}{(1+6.34\%)^6} + \frac{0.12 \times (1+18.774\%)^6 \times (1+3\%)}{(1+6.34\%)^6(6.34\%-3\%)}$$

$$\approx 1.08 + 7.18$$

$$\approx 8.26(元／股)$$

（2）一般情景预测。假设第一阶段（2018—2023年）的可持续增长率为17.88%，第二阶段（2023年之后），永续增长率g_2为3%，贴现率为6.34%。根据数据预测计算如表4-12所示。

表4-12 民生银行2018—2023年现金股利分配预测情况（二）

年份	2018	2019	2020	2021	2022	2023	求和
预计发放股利（元/股）	0.14	0.17	0.20	0.23	0.27	0.32	1.33
折现后的预计股利（元/股）	0.13	0.15	0.16	0.18	0.20	0.22	1.05

则民生银行的内在价值可表示为：

$$P_0 = \sum_{t=1}^{n} \frac{D_0(1+g_1)^t}{(1+r)^t} + \frac{D_n(1+g_2)}{(1+r)^n(r-g_2)}$$

$$= \sum_{t=1}^{6} \frac{0.12 \times (1+17.88\%)^6}{(1+6.34\%)^6} + \frac{0.12 \times (1+17.88\%)^6 \times (1+3\%)}{(1+6.34\%)^6(6.34\%-3\%)}$$

$$\approx 1.05 + 6.87$$

$$\approx 7.92(元／股)$$

（3）保守情况预测（表4-13）。假设第一阶段（2018—2023年）的可持续增长率为16.986%，第二阶段（2023年之后），永续增长率g_2为3%，贴现率为6.34%。根据数据预测计算如表4-13所示。

表 4-13 民生银行 2018—2023 年现金股利分配预测情况

年份	2018	2019	2020	2021	2022	2023	求和
预计发放股利（元/股）	0.14	0.16	0.19	0.22	0.26	0.31	1.29
折现后的预计股利（元/股）	0.13	0.15	0.16	0.18	0.19	0.21	1.02

$$P_0 = \sum_{t=1}^{n} \frac{D_0(1+g_1)^t}{(1+r)^t} + \frac{D_n(1+g_2)}{(1+r)^n(r-g_2)}$$

$$= \sum_{t=1}^{6} \frac{0.12 \times (1+16.986\%)^6}{(1+6.34\%)^6} + \frac{0.12 \times (1+16.986\%)^6 \times (1+3\%)}{(1+6.34\%)^6(6.34\%-3\%)}$$

$$\approx 1.02 + 6.56$$

$$\approx 7.58(元/股)$$

通过将民生银行的内在价值 7.92 元/股与公司上市以来股票价格走势作对比，可以发现：公司股票价格波动不明显，且公司股票价格始终在 7.58～8.26 元/股的范围内，说明利用股利折现模型对民生银行的内在价值的估值是合理有效的。

（二）股票价格倍数法估值模型的应用

在本案例中我们选取市净率 PB 对民生银行进行价值评估。

市净率是股票每股市价与每股净资产的比值，是一项衡量股票价格与净资产规模背离程度的指标，也是银行估值中最常用的方法之一。它反映了一家公司的股票价值对其净资产的倍数。截至 2018 年 6 月 2 日，公司总股数为 364.85 亿股，净资产为 3 958.36 亿元，所以民生银行的每股净资产为 10.85 元/股。

行业平均市净率反映了一个行业的股市市值与行业净资产总值之间的偏离程度。在使用市净率估值时还可以选取一组可比公司，计算这一组公司市净率的平均值或者中位数，以该市净率作为目标公司估值的市净率倍数（有时可根据目标公司与可比公司之间的差别对该市净率进行调整），然后使用下述公式：

$$股权价值 = 每股净资产 \times 市净率$$

表 4-14 根据 Wind 资讯 2018 年 4 月 22 日数据，经整理得到十组可比公司最近十二个月的平均市净率为 0.85，在此取可比公司市净率倍数的平均值作为目标公司的市净率倍数。考虑到可比公司质量相对较高，所以对计算出的股价给予 10% 的折价。

表 4-14 可比公司市盈率指标比较

代码	简称	最新日期	每股市价（元）	每股净资产（元）	市净率
601988	中国银行	2018.4.22	3.76	4.76	0.79
601939	建设银行	2018.4.22	7.08	7.01	1.01
601398	工商银行	2018.4.22	5.64	5.88	0.96
600036	招商银行	2018.4.22	28.60	18.33	1.56
601288	农业银行	2018.4.22	3.60	4.24	0.85
601166	兴业银行	2018.4.22	15.86	19.83	0.80

续表上

代码	简称	最新日期	每股市价（元）	每股净资产（元）	市净率
601328	交通银行	2018.4.22	6.01	8.12	0.74
600000	浦发银行	2018.4.22	10.68	13.52	0.79
601998	中信银行	2018.4.22	6.34	7.64	0.83
601818	光大银行	2018.4.22	3.97	5.84	0.68
平均值（去掉一个最大值和一个最小值）				10.85	0.85

数据来源：Wind。

民生银行每股价值 = 可比公司市净率的平均值 × 民生银行每股净资产 × (1 - 10%)
　　　　　　　　= 0.85 × 10.85 × (1 - 10%)
　　　　　　　　= 8.30（元/股）

通过将民生银行的内在价值 7.71 元/股与采用市净率得出的内在价值 8.30 元/股作对比，可以发现：两种模型估计得出的公司股票价格是十分接近的，这说明利用市盈率估值模型对民生银行的内在价值的估值是合理有效的。

五、问题讨论

（1）股份制银行的价值驱动因素以及这些因素影响企业价值的方式？
（2）股利折现模型的分类有哪些？
（3）本案例采用何种股利政策？
（4）如何确定本案例的估值模型？
（5）如何确定本案例的折现率的测算？
（6）如何确定本案例的可持续增长能力？

[案例说明书]

一、本案例要解决的关键问题

本案例旨在进一步引导学生熟悉企业价值评估的方法并学会运用恰当的估值模型进行企业价值评估。通过本案例的学习,学员要讨论解决以下问题:股份制商业银行的价值驱动因素以及这些因素影响企业价值的方式;收益法与股票价格倍数法估值模型的分类;本案例采用的股利政策;确定本案例的估值模型、折现率的测算、可持续增长能力的依据。

二、案例讨论的准备工作

为了有效实现本案例的教学目标,学员应在案例讨论前通过预发材料了解以下相关背景知识。

1. 理论背景

本案例涉及较多的财务数据,在正式案例开始之前,须具备比较全面的财务报表分析理论基础和财务会计相关知识;对于企业价值评估,学生主要掌握定义、分类等基本理论。

2. 行业背景

案例内容发生前后国内外银行业发展现状及特点;国内外银行业发展困境;国内外其他企业财务状况。

3. 制度背景

《资产评估准则——价值评估》(中评协[2011]227号);《上市公司监管指引第3号——上市公司现金分红》等。

三、案例分析要点

1. 股份制商业银行的价值驱动因素以及这些因素影响企业价值的方式

在本案例中,公司价值是由未来每股发放现金红利的现值之和决定的,未来发放现金红利受未来成长能力(可持续增长率)和股权资本成本所驱动。此外我们结合了商业银行具体业务特点,在排除了非关键因素和不可控的宏观政策因素后,得出了商业银行经营管理者可操纵的关键价值驱动因素分别是:商业银行的传统业务盈利能力、创新能力、成本费用控制能力和风险控制能力。商业银行的传统业务盈利能力主要体现在银行吸收存款和发放贷款业务上,更简单直观地表示为银行的净利息收入;创新能力可以体现为银行手续费及佣金净收入等中间业务的收入能力;成本费用控制能力具体表现为银行的成本收入比,反映了银行对成本费用的控制情况;风险控制能力主要是指银行的资产减值损失。相比较国有传统型商业银行,股份制商业银行更加注重战略转型,业务更加多元化,在创新方面的能力要强于国有传统商业银行,但是传统业务盈利能力不如传统型商业银行,其抗风险能力也较差。此外，股份制商业银行在成本控制方面要弱于国有传统型商业银行，不过近年来差距在不断缩小。

2. 股份制商业银行应选择的价值评估模型

收益法估值模型又称绝对估值法模型，分为股利折现模型（DDM）和现金流折现模型（DCF），股利折现模型又分为固定股利模型、股利增长率固定模型和两阶段股利增长模型，相应的现金流折现模型也分为股权自由现金流折现模型和企业自由现金流折现模型；股票价格倍数法包括市盈率倍数法、市净率倍数法和市销率倍数法，以及由市盈率衍生而来的市盈增长比率法。

本案例中，我们最终选择了股利折现模型和市净率法两种方法来对民生银行进行估值。根据现有资料，从模型使用条件来看，运用股利折现模型，必须满足以下几个条件：第一，被评估企业应有持续的盈利能力；第二，企业是持续经营的；第三，企业属于非周期性行业，分红多且稳定；第四，公司成立时间较长，历史数据多。一般而言，该方法不会单独使用，所以在此我们还结合了市净率法。除了可持续经营的会计假设，运用市净率的条件基本满足企业拥有大量资产且净资产为正值即可。知道了两种模型的使用方法后，学员要如何判断企业是否符合以上模型的使用条件呢？

对于该问题的思考，学生可以从公司年报以及有关资料对被评估企业进行分析，得出该企业是否符合以上模型的使用条件。一般来说，处于成长期或成熟期的企业收益具有上述特点，可用上述方法进行估值。

从民生银行最近五年的发展情况来看，公司自建立至今，经营业绩良好且比较稳定，处于企业的成熟发展阶段，目前公司的手续费及佣金业务在行业中处于领先地位。民生银行作为国内首家实施股权分置改革的商业银行，在业界具有一定的知名度、美誉度和忠诚度。怀抱着"为民而生、与民共生"的使命，民生银行始终以改革创新为己任，致力于为中国银行业探索现代商业银行建设之路，致力于为客户提供专业特色的现代金融服务，致力于为投资者创造更高的市场价值和投资回报。自2015年，民生银行坚定不移地推进"凤凰计划"项目的落地实施，持续深化经营体制改革和业务模式创新，充分激发了经营活力并取得明显成效。此外，民生银行还在稳步推进海外机构布局，通过香港分行和民银国际成功搭建海外业务平台，有效发挥与本公司的业务协同优势，打造民生跨境金融服务品牌。民生银行目前是国内银行业业务覆盖较广，改革较为成功的股份制商业银行典范。再通过对民生银行上市以来的现金股利发放情况来看，除了2006年，民生银行自上市以来每年都有进行股利现金发放，年均分红率达16.59%，属于典型的分红多且稳定的企业。

因此，基于上述情况，可以选用收益法中的股利折现模型的二阶段模型和股票价格倍数法中的市净率法来对其进行股权价值评估。

3. 关于如何预测企业的可持续增长能力和折现率

在股利折现模型中，确定企业的可持续增长能力是评估工作中的重要内容。公司可持续增长是指在不增加外来股权资本并保持运营效率和财务政策不变的情况下，公司所能达到的销售增长。可持续增长率的前提假设大致有以下五条：公司的目标结构就是目前的资本结构并且会继续保持；公司的目标股利支付率就是目前的股利支付率并会继续保持；公司不发售新股（包括股份回购），唯一的外部筹资来源是增加负债比例；公司的销售净利率维持当前水平，并且可以涵盖新增债务增加的利息；公司总资产周转率将维持当前水平。大多数公司都基本符合上述前提假设。在我国，发行新股有严格的程序控制，负债是重要的外部筹资来源，而且虽然企业的增长速度有波动，但长期来看，总是围绕可持续增长率的。主要有四个变量指标来基本反映企业财务管理的整个过程，表明公司的可持续增长能力，分别是销售净利率、总资产周转率、收益留存率、权益乘数。因此，企业的可持续增长率可以约等于销售净利率×总资产周转率×留存收益率×权益乘数／（1－销售净利率×总资产周转率×收益留存率×权益乘数）。

有关折现率的计算主要是确定权益资本的计算方法，在确定权益资本时有资本资产定价模型、股利增长模型和债券加风险溢价法模型（三种模型）可供选择。本案例确定权益资本时，相应地也有三种可供选择的方法来计算。但基于本案例选择了收益法中的股利折现模型的二阶段模型对民生银行来进行股权价值评估，因此对折现率的确定，就是确定股权资本成本。使用最广泛的就是资本资产定价模型，该模型是现代财务理论的重要部分。其观点是将股票投资的风险分为两类：一类是市场风险，也称系统风险或不可分散风险；另一类是企业特有风险，也称非系统风险或分散风险，这类风险可以通过投资组合予以分散。

四、教学组织方式

1. 问题清单及提问顺序、资料发放顺序

本案例讨论题目依次为：

（1）股份制银行的价值驱动因素以及这些因素影响企业价值的方式？
（2）股利折现模型的分类有哪些？
（3）本案例采用何种股利政策？
（4）如何确定本案例的估值模型？
（5）如何确定本案例的折现率的测算？
（6）如何确定本案例的可持续增长能力？

2. 课时分配

（1）课后自行阅读资料：约3小时；
（2）小组讨论并提交分析报告提纲：约3小时；
（3）课堂小组代表发言、进一步讨论：约3小时；
（4）课堂讨论总结：约0.5小时。

3. 讨论方式

本案例可以采用小组式进行讨论。

4. 课堂讨论总结

课堂讨论总结的关键是：归纳发言者的主要观点；重申其重点及亮点；提醒大家对焦点问题或有争议观点进行进一步思考；建议大家对案例素材进行扩展研究和深入分析。

案例 5

老板电器估值分析*

---

* 1. 本案例由广东工业大学管理学院的张军波、刘思、郭建明(广东工程职业技术学院)、周佳阅等撰写,作者拥有著作权中的署名权、修改权、改编权。
2. 本案例授权广东工业大学产教融合 MPAcc 教学智库实验平台使用,广东工业大学产教融合 MPAcc 教学智库实验平台享有复制权、修改权、发表权、发行权、信息网络传播权、改编权、汇编权和翻译权。
3. 由于企业保密的要求,在本案例中对有关名称、数据等做了必要的掩饰性处理。
4. 本案例只供课堂讨论之用,并无意暗示或说明某种管理行为是否有效。

企业价值评估教学案例

[**案例封面**]

专业领域： 财务管理
适用课程： 财务管理理论与实务
选用课程： 财务报表分析，企业价值评估
编写目的： 本案例旨在进一步引导学员了解企业估值的方法，关注企业估值的考虑因素及估值模型的选择。通过本案例的讨论学习，使学员在熟悉并掌握相关知识的前提下，回答以下问题：①企业价值评估的内涵、目的和方法是什么？②自由现金流量折现模型（FCFF）的分类有哪些？③厨房电器制造企业的价值驱动因素以及这些因素影响企业价值的方式。④如何确定本案例的估值模型？⑤如何估算本案例企业的价值？
知 识 点： 企业价值评估的目的和方法；企业估值模型的确定及其运用
关 键 词： 企业价值评估；"二阶段"法；企业自由现金流；自由现金流量折现模型（FCFF）
中文摘要： 近年来，中国资本市场的蓬勃发展，必然使得国内企业间兼并、购买、出售、重组、法律诉讼等事件发生次数急剧上升，这些活动恰恰又需要用到科学客观的价值评估。因此，企业价值评估的重要性也越发显现出来。本案例选择中国厨房电器领导品牌——杭州老板电器股份有限公司为例，通过分析2012—2017年度财务报表数据，结合行业政策、行业发展现状、公司特点和未来发展战略，提出结合公司自身特点的价值评估体系，最后通过分析企业的内在价值和市场价值，为厨房电器行业的投资者和管理者对企业价值的评估和提升提供很强的借鉴意义。企业价值评估是财务管理课程的重要内容之一，学生通过学习本案例可以进一步理解和掌握运用恰当的估值模型进行企业估值分析。此外，通过数据分析结果，也可以从侧面说明自由现金流量折现模型对我国上市公司估值领域的适用性。

[案例正文]

一、引言

不同于资产评估以企业某单项资产或多项资产作为评估对象,企业价值评估是以企业为对象,结合企业相关财务数据和非财务数据,兼顾对企业价值有影响的各种驱动因素,对企业价值进行一个综合的评价,以期为决策者提供相关企业价值的决策信息。

"老板"品牌始创于1988年,经过近三十年的探索与发展,"老板"品牌已在厨电行业内确立了显著的品牌优势,是中国小家电行业的龙头企业。根据世界权威市场调查机构欧睿国际发布调查数据显示,老板电器吸油烟机2015—2017年连续三年蝉联全球吸油烟机自有品牌市场份额第一。根据中怡康零售监测报告显示,截至2017年底,公司品牌价格指数为行业平均的139%,是国内厨电行业上市公司中唯一一家定位高端品牌的企业。

那么,老板电器所体现出来的市场价值和企业的内部价值是否一致呢?对于占领小家电行业龙头地位的企业,采用什么估值方法进行估值较为合适呢?该企业的价值驱动因素是什么?如何预测未来自由现金流量?本案例希望在此背景和认识的基础上,以老板电器为研究对象,通过分析自由现金流量折现法对中国的适用性,有针对性地提出一些改进措施,构建与公司战略目标相融合的企业价值评估体系,分析老板电器内在价值与财务指标之间的关系,梳理企业价值的驱动因素,提出提升企业价值的相关政策建议。

二、家电厨卫行业介绍

我国厨电市场起步较晚,主要因国内居民对大家电消费次序中,厨电排在黑电与白电之后。但是近年来,在国内宏观经济新常态的大背景下,政府持续推进新型城镇化建设以释放内需,伴随着城镇化率的提升,城市住房需求的扩大,厨电产品的需求也将会得到逐步释放。根据国家统计局《中华人民共和国2017年国民经济和社会发展统计公报》,截至2017年底,我国的名义城镇化率为58.52%,比上年末提高了1.17个百分点。而根据国务院人口发展规划:到2020年,我国城镇化率将达到60%;到2030年,我国城镇化率将达到70%。除此之外,随着人们生活水平的提高和消费观念的更新,"消费升级"趋势越来越明确,品质革命渐次展开,厨房电器产品从原本的中低端产品价格竞争向着智能化、高能效、健康、环保方面发展趋势愈发明显,消费者不仅仅看重产品本身的功能,更期待有智能化、人性化的设计体验,从而最大程度上享受智能化带来的全新生活。据中怡康公司统计:在我国家电行业中,厨电行业的平均利润率高达30%,其他家电的平均利润率只有厨房电器的90%。如此高额的利润回报和巨大的需求发展空间吸引了众多的家电企业相继进入厨电行业,抢占中国厨电市场。如今的家电厨卫行业的格局也形成了相对集中的趋势,其中以老板、方太、华帝为代表的家电厨卫品牌不断发力创新,逐步巩固自身在厨电行业的霸主地位。同时,以海尔、美的为首的综合型品牌也推陈出新,在厨卫品类上寻求突破,预计家电厨卫行业规模将不断扩大。2012—2017年,我国厨卫市场零售额规模及增长情况如图5-1所示。

由图 5-1 可见，厨卫市场零售额规模逐年增长，2017 年零售规模为 2012 年的近一倍，达 2 035 亿元，近年来增长率保持在 13% 左右。这说明了我国厨卫行业发展较为迅速，且增速趋于稳定上升状态，未来将有持续的发展空间。

前 4 位企业市场占有率（concentration ratio，CR4）将集中类型分为六个等级，即极高寡占型（CR4 > 75%）、高集中寡占型（65% < CR4 < 75%）、中（上）集中寡占型（50% < CR4 < 65%）、中（下）集中寡占型（35% < CR4 < 50%）、低集中寡占型（30% < CR4 < 35%）、

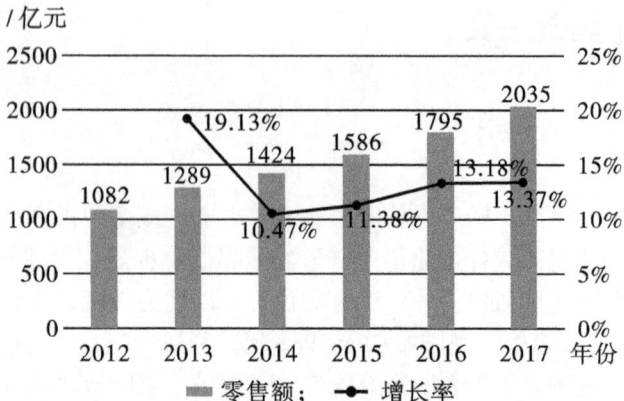

图 5-1 2012—2017 年厨卫市场零售额规模及增长率

注：厨卫产品含吸油烟机、燃气灶、消毒柜、微波炉、电烤箱、洗碗机、热水器等

数据来源：中怡康测算。

原子型（CR4 < 30%）。由图 5-2 可见，厨卫行业集中程度较高，尤其是集中程度排名靠前的微波炉、洗碗机、蒸汽炉三个产品，这类产品品牌数量较少，四位领先企业占有了绝大部分市场。厨卫产品中集中度较弱的净水器、燃气灶、吸油烟机、消毒柜的品牌数量较多，但是前四名企业仍然占有 58% 以上的市场。可以看出，顾客对于厨卫电器购买更加注重企业品牌和产品质量，规模较小的低端厨电企业将逐步被淘汰出局，中高端、大规模的厨电企业市场份额将会进一步扩大，市场竞争更加激烈。

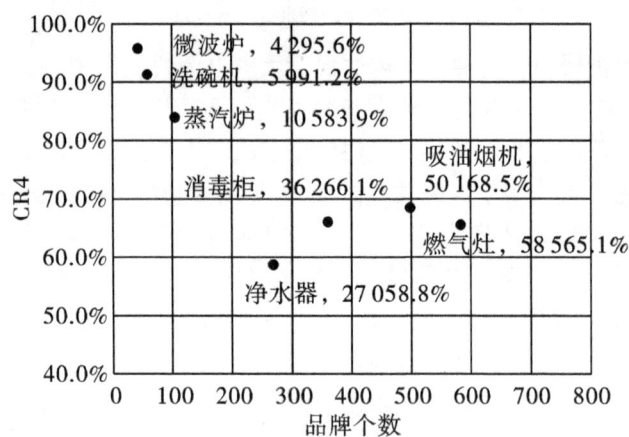

图 5-2 2017 年厨卫双线市场主要品类参与品牌数及 CR4

数据来源：中怡康线上周度/线下月度零售检测。

三、老板电器基本情况

（一）老板电器简介

杭州老板电器股份有限公司（证券代码：002508）创于 1988 年，是经过三十年市场

检验的专业厨房电器生产企业。公司深耕精耕厨房领域，精心专注于厨房电器产品的研发、生产、销售和综合服务的拓建，提供包括吸油烟机、燃气灶、消毒柜、烤箱、蒸汽炉、微波炉、洗碗机、净水器、净化水槽等厨房电器产品的整体解决方案。经过近三十年的精耕细作，特别是近几年通过持续深化"大吸力"定位、打造高端品牌体验，"大吸力"已经成为"高端吸油烟机"的代名词，"老板"品牌已成为国内知名度最高、最受消费者喜爱的专业化高端厨房电器品牌之一。老板电器非常注重持续创新的研发能力，不断追求技术领先。目前，已经拥有国家级技术中心、国家级实验室、国家级工业设计中心。在2017年，公司继续为贯彻技术驱动战略，总计研发投入2.33亿元，合计开发各类产品75款，申请发明专利85项，获得发明专利授权9项。

截至2017年12月31日，公司有控股子公司4家，其中3家为全资子公司，分别是北京老板电器销售有限公司、上海老板电器销售有限公司、杭州名气电器有限公司。公司与实际控制人之间的产权及控制关系如图5-3所示。

（二）公司业务

由表5-1可知，从老板电器的主营业务收入构成来看，吸油烟机带来的收入一直以来都逐年上升，但是增速略有下降。其收入占主营业务收入的半数以上，波动不大，较为稳定。燃气灶具收入也常年稳定增长，占老板电器的28%左右。消毒柜收入逐年小幅度增加，但是比重略有下降。蒸汽炉和烤箱是近年来增长迅速的产品，

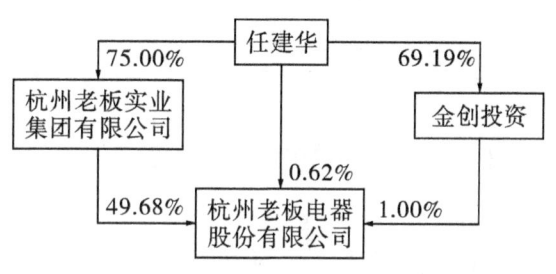

图5-3 公司与控股股东之间的产权及控制关系图

数据来源：根据2017年杭州老板电器股份有限公司年报。

一直以来保持高速增长，与2012年相比，2017年蒸汽炉收入增长近23倍，烤箱近17倍，且占主营业务收入的比重逐年上升。由此可见，老板电器的产品结构中，最核心的产品是吸油烟机，其次是燃气灶，消毒柜也处于较为重要地位，而蒸汽炉、烤箱则作为辅助产品，但近年来也发展较为迅速。

表5-1 杭州老板电器股份有限公司2012—2017年主营业务收入构成及增长情况

年份		2012	2013	2014	2015	2016	2017
吸油烟机	占比（%）	56.23	58.30	58.16	58.42	55.93	54.46
	收入（十万元）	10 903.50	15 228.27	20 873.32	26 537.17	32 410.43	38 218.44
	增速（%）	29.77	39.66	37.07	27.13	22.13	17.92
燃气灶具	占比（%）	28.76	28.94	28.48	28.18	28.12	25.97
	收入（十万元）	5 576.42	7 560.26	10 222.81	12 801.41	16 296.32	18 221.23
	增速（%）	27.48	35.58	35.22	25.22	27.30	11.81

续上表

年份		2012	2013	2014	2015	2016	2017
消毒柜	占比（%）	9.07	8.11	7.71	7.14	7.31	6.96
	收入（十万元）	1 758.45	2 117.88	2 768.33	3 242.63	4 237.14	4 887.31
	增速（%）	13.58	20.44	30.71	17.13	30.67	15.34
蒸汽炉	占比（%）	0.42	0.61	0.91	1.20	1.95	2.67
	收入（十万元）	81.36	158.20	325.71	543.33	1 132.61	1 875.73
	增速（%）	61.64	94.43	105.88	66.81	108.46	65.61
烤箱	占比（%）	0.53	0.73	1.14	1.41	1.92	2.47
	收入（十万元）	101.93	191.93	409.51	640.30	1 111.67	1 730.17
	增速（%）	32.71	88.30	113.36	56.36	73.62	55.64

数据来源：根据 2012—2017 年杭州老板电器股份有限公司年报整理。

（三）老板电器的 SWOT 分析

1. 优势（strength）

（1）品牌优势：老板电器作为国内高端厨卫品牌，品牌知名度高。从 1991 年至今，"老板"牌吸油烟机先后获得厨电行业内唯一"中华人民共和国质量银奖""中国名牌产品""国家免检产品"；"老板"商标被认定为"中国驰名商标"；"老板"品牌荣获"中国厨电行业最具价值品牌"。

（2）产品研发投入大、效率高：公司拥有国家级技术中心、国家级实验室、国家级工业设计中心。2017 年，公司合计开发各类产品 75 款，申请发明专利 85 项，获得发明专利授权 9 项。2017 年，为贯彻技术驱动战略，公司继续加大研发投入，总计投入 2.33 亿元，同比增长 19.74%，研发人员 662 人，同比增加 28.29%。

（3）全面高效的运营能力：公司采用行业内唯一的代理制营销模式，中间商不购买产品，不必为产品付款，也没有产品的所有权，而是通过协议从老板电器生产商处获得佣金。老板电器通过强有力的管控、股权激励与事实上的事业合伙人制度，打造了行业内最全面高效、反应迅速的营销体系，在一定程度上也能够实现生产商与代理商共同分担销售风险。

2. 劣势（weakness）

（1）在三、四线城市的渗透能力不足：老板电器的市场定位是走高端路线，中低端产品较少。而国内三、四线厨电市场集中了很多中低端产品品牌，这些产品价格较低，占领了很大一部分市场份额，市场竞争较为激烈，因而老板电器承载着较大的竞争压力。此外，老板电器把销售重点放在一、二线城市，以至于在三、四线城市销售网点偏少且宣传力度远远不够。

（2）海外市场拓展乏力：老板电器虽然在国内知名度较高，但是在国际上却没有被认可。据公司 2017 年年报显示，公司营业收入构成中，境外地区仅有 1 588.5 万元，占比为

0.23%。究其原因,并非是老板电器本身的技术落后,主要是国际中普遍的观点认为中国本土品牌在技术上、设计上、质量上远远不及国际知名品牌。

(3) 华东地区以外的市场开拓不够:华东地区,2017年主营业务产品收入为2 991.3亿元,占比为42.63%。此外,经济发展较好的华南地区占比仅为11.41%,人口较多的华中、华北地区分别占比9.36%、12.78%。老板电器地处浙江省杭州市,属华东地区,华东地区市场日益饱和的情况下,公司未能充分开发其他地区(尤其是珠三角地区)的市场,提高整个国内市场的占有率。

3. 机会(opportunity)

(1) 积极探索新模式,拥抱新零售:2016年11月11日,国务院办公厅印发《关于推动实体零售创新转型的意见》(国办发〔2016〕78号),明确了推动我国实体零售创新转型的指导思想和基本原则。在这个大环境下,天猫、京东成为老板电器最大客户,利于公司推动线上与线下的一体化进程。

(2) 市场需求:近年来,伴随着人们生活水平的提高和消费观念的更新,"消费升级"趋势越来越明确,品质革命渐次展开,高质量、大品牌的厨卫电器更加受到广大消费者的青睐,而这恰恰是老板电器的消费市场定位。

4. 威胁(threat)

(1) 行业竞争:随着行业集中度的不断提升,家电行业其他细分市场增长率的放缓,厨电行业存在着市场竞争加剧的风险。一、二线市场,由于房地产调控导致的需求下降,使得行业竞争更加激烈;三、四线市场,由于综合性品牌利用其品牌与渠道优势加大洗牌力度,以及新的竞争品牌(如互联网品牌)等的强势加入,行业竞争也不断加剧。市场竞争的加剧将对公司经营业绩产生一定影响。

(2) 原材料价格:公司主要原材料为不锈钢、冷轧板、铜、玻璃等,其价格波动将会直接影响公司产品成本,从而影响公司盈利能力。自2016年年初以来,原材料价格大幅上涨,对公司经营业绩产生一定压力。

(3) 房地产市场调控:厨电行业市场景气程度同房地产市场相关度较高。同冰箱、洗衣机等传统白色家电有所不同,厨电产品的装修属性使得其更易受房地产市场波动的影响。房地产市场对厨电行业的影响主要体现在房屋销售带来的装修需求直接影响厨电产品的市场销量。2017年,受房地产市场宏观调控影响,房地产政策坚持"房子是用来住的,不是用来炒的"基调,调控效果逐步显现,厨电行业因此整体增速有所回落。

四、老板电器的财务状况分析

(一) 盈利能力分析

针对企业盈利能力,我们通常使用的主要有销售净利率、销售毛利率、总资产净利润率、净资产收益率、成本费用利润率等。老板电器盈利能力指标及分析如表5-2所示。

表 5-2 老板电器 2012—2017 年盈利指标

年份	2012	2013	2014	2015	2016	2017
销售净利率（%）	13.37	14.23	15.82	18.23	20.83	20.82
销售毛利率（%）	53.06	54.29	56.59	58.86	58.11	54.66
总资产净利润率（%）	12.34	14.71	17.66	19.14	21.09	20.38
净资产收益率（%）	15.52	18.94	23.14	26.20	29.23	27.78
成本费用利润率（%）	18.46	20.07	22.60	27.00	31.51	31.44

数据来源：网易财经、老板电器 2012—2017 年报。

如表 5-2 所示，老板电器销售毛利率较高，常年保持 50% 以上，且总体呈上升趋势，2017 年下降，相比而言，销售净利率却较低，近几年保持在 20% 左右。由此可见，各项费用及税金较高，使得成本费用利润率也逐年上升。总的来说，2012—2017 年期间，老板电器盈利能力逐年升高。

（二）偿债能力分析

1. 短期偿债能力

针对企业短期偿债能力，我们通常使用的主要有流动比率、速动比率、现金比率、存货周转率、应收账款周转率等。老板电器短期偿债能力指标及分析如表 5-3 所示。

表 5-3 老板电器 2012—2017 年短期偿债能力指标

年份	2012	2013	2014	2015	2016	2017
流动比率（%）	3.28	3.08	2.64	2.17	2.42	2.58
速动比率（%）	2.75	2.49	2.15	1.78	2.01	2.15
现金比率（%）	194.41	168.22	141.63	125.45	154.59	99.4
存货周转率（%）	3	3.16	3.11	2.98	3.02	3.21
应收账款周转率（%）	14.55	15.1	13.96	14.55	17.78	19.97

数据来源：网易财经。

由表 5-3 可知，流动比率和速动比率有所下降，但是幅度较小，而现金比率近年来持续下降，降幅较大，表明资产流动性有所下降，存货周转率较为稳定，保持在 3% 左右，应收账款周转率小幅度上升，表明资金回收速度有所提升。从行业中看，老板电器与其他可比公司相比，流动比率和速动比率虽然有所下降但却是处于行业较高水平，现金比率大大高于其他企业，说明资产流动性较好的同时也可能意味着企业流动资产未能得到合理运用，存货周转率较低表明在存货管理方面还有较大的提升空间，应收账款周转率处于中等偏上水平。总之，在 2012—2017 年中，老板电器的短期偿债能力虽有所下降，但是在行业中仍处于较高的位置。

2. 长期偿债能力

针对企业长期偿债能力，我们通常使用的主要有资产负债率、产权比率、利息保障倍数等。老板电器长期偿债能力指标及分析如表5-4和图5-4所示。但是，由于老板电器的利息费用为负数，即利息收入较大，高于利息费用，意味着该企业银行存款大于银行借款。与此同时，根据年报显示，由于利息费用为负数，老板、苏泊尔、华帝、九阳2017年的利息保障倍数也是负数。此时，利息保障倍数比较就无意义了。由此可见，这样的状态在行业中并不少见，这样的企业不差钱。企业账面现金过剩，不仅不需要借钱，还有余钱进行理财。在图5-4就用资产负债率、产权比率分析老板电器在行业中的长期偿债能力状况。

表5-4 老板电器2012—2017年长期偿债能力指标

年份	2012	2013	2014	2015	2016	2017
资产负债率（%）	25.36	27.15	31.56	37.01	35.70	33.67
产权比率（%）	33.97	37.28	45.73	58.49	54.07	49.40
利息保障倍数	-9.41	-11.49	-14.36	-13.69	-16.86	-17.42

数据来源：网易财经。

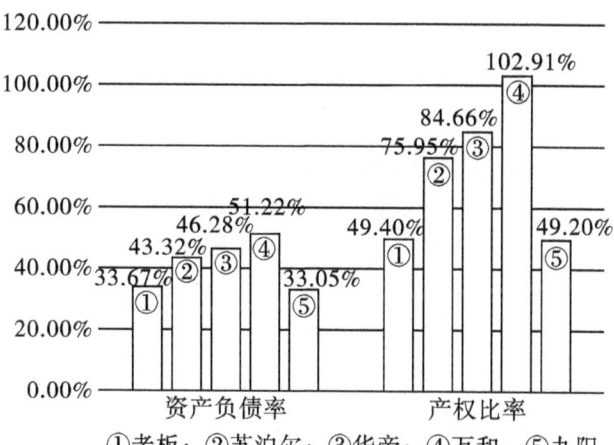

①老板；②苏泊尔；③华帝；④万和；⑤九阳

图5-4 可比上市企业2017年长期偿债能力分析

数据来源：网易财经。

在企业管理中，资产负债率的高低也不是一成不变的，多年来也没有统一的标准，但是对企业来说：一般认为，资产负债率的适宜水平是40%~60%。同行业资产负债率为41.5%，由此可见，老板电器长期偿债能力较强，但也在一定程度上说明企业的资金利用率不高。同样，产权比率目前通常的企业设定标准值是1:2的比例，厨卫行业的可比企业普遍较高，则说明该行业自有资本占到的总资本比重比较小。与同行业可比企业相比，老板电器2017年资产负债率和产权比率都较低，说明其长期偿债能力在整个行业中也较高。

（三）成长性分析

老板电器成长能力指标及分析如表 5-5 所示。

表 5-5 老板电器 2012—2017 年成长能力指标

年份	2012	2013	2014	2015	2016	2017
主营业务收入增长率（%）	27.96	35.21	35.24	26.58	27.56	21.10
净利润增长率（%）	40.29	43.96	50.32	45.84	45.76	21.08
净资产增长率（%）	15.29	17.28	21.54	27.60	30.29	27.45
总资产增长率（%）	21.51	20.17	29.37	38.63	27.62	23.56

数据来源：网易财经。

由表 5-5 可以看出，2012—2017 年，老板电器的收入、利润、资产仍不断增长，净资产增长率逐年提升，但是老板电器的主营业务收入和净利润增长率却又放缓。尤其是 2017 年，净利润增长率跌了近 25 个百分点。

五、自由现金流量折现模型在老板电器中的应用

（一）模型介绍

企业价值评估的思想源于 20 世纪初艾尔文·费雪（Irving Fisher）的资本价值论。1906 年，费雪发表了《资本与收入的性质》一书，完整地论述了资本与收入的关系以及价值的源泉问题，促进了系统完整的企业价值评估框架的初步形成。1930 年，费雪将其观点进一步完善和总结，创立了现金流量折现模型，即 DCF 法。而后麦肯锡（McKinsey & Company, Inc.）资深领导人之一的汤姆·科普兰（Tom Copeland）教授于 1990 年阐述了自由现金流量的概念并给出了具体的计算方法。

FCFF 全称是 free cash flow for the firm，是指公司自由现金流对整个公司进行估价，一般是指企业将创造的利润进行再投资后剩余的可供企业自由支配的现金流量，也就是企业支付了所有为了支撑其继续发展的营运费用、固定资产投资等活动后可以自由地向所有投资者分配的税后现金流量。

企业自由现金流（FCFF）= 息税前利润（EBIT）×（1 - 税率）+ 折旧与摊销 - 资本性支出 - 营运资本增加额

（二）财务报表项目的预测

我们采用比例预测的方法，即根据预测的营业收入以及历史营业成本、营业税金及附加、营业及管理费用占营业收入的比重，来预测未来的财务报表项目。

近四年的主营业务收入较为接近未来的主营业务收入趋势，因此老板电器采用 2014—2017 年主营业务收入作为参考，取营业收入增长率的平均值 27.64% 来预测，如表 5-6 所示。

表 5-6 老板电器 2014—2017 年主营业务收入对比

电器品种	主营业务收入（十万元）				平均增长速度（%）
	2014 年	2015 年	2016 年	2017 年	
吸油烟机	20 873.32	26 537.17	32 410.43	38 218.44	26.06
燃气灶	10 222.81	12 801.41	16 296.32	18 221.23	24.89
消毒柜	2 768.33	3 242.63	4 237.14	4 887.31	23.46
烤箱	409.51	640.30	1 132.61	1 730.17	75.56
蒸汽炉	325.71	543.33	1 111.67	1 875.73	85.73
微波炉	83.10	190.52	216.60	284.72	58.13
其他小家电	660.66	470.90	1 007.46	1 134.15	23.14
其他	545.95	1 000.92	1 536.77	2 781.83	74.96
合计	35 889.40	45 427.20	57 949.00	69 133.61	27.64

数据来源：2014—2017 年老板电器公司年报。

通过分析老板电器 2014—2017 年度的资产负债表，并进行重新分类。传统的资产负债表将资产和负债划分为流动性和非流动性，而我们现从企业的盈利来源将负债表划分为经营性和金融性两部分。如表 5-7 所示，将与经营相关的流动资产和负债、长期资产和负债找出，通过得到各主要指标占营业收入的比例，继而取平均值作为预测期增长率。

表 5-7 老板电器 2014—2017 年主要经营性财务指标重构表　　单位：十万元

年份	2014		2015		2016		2017		平均值
项目	金额	占营业收入比重	金额	占营业收入比重	金额	占营业收入比重	金额	占营业收入比重	占营业收入比重
营业收入	35 889.40	—	45 427.20	—	57 949.00	—	69 133.61	—	27.64%
经营性流动资产									
货币资金	16 072.80	44.78%	23 232.18	51.14%	34 484.09	59.51%	40 818.83（调整后）	59.04%	53.62%
应收票据	4 825.87	13.45%	6 137.33	13.51%	6 375.29	11.00%	10 079.51	14.58%	13.13%
应收账款	3 040.51	8.47%	3 203.88	7.05%	3 315.95	5.72%	3 711.68	5.37%	4.33%（调整后）
预付款项	388.15	1.08%	203.55	0.45%	328.28	0.57%	583.86	0.84%	0.74%
其他应收款	109.66	0.31%	111.91	0.25%	143.23	0.25%	512.99	0.74%	0.39%
存货	5 537.42	15.43%	7 215.73	15.88%	9 144.93	15.78%	11 129.02	16.10%	15.80%
其他流动资产	9.01	0.03%	0.88	0.001%	174.27	0.30%	116.17（调整后）	0.17%	0.12%
合计	29 983.42	83.54%	40 105.46	88.29%	53 966.06	93.13%	66 952.06	96.84%	90.45%
经营性流动负债									
应付账款	6 011.51	16.75%	9 642.47	21.23%	9 108.54	15.72%	10 452.60	15.12%	17.20%
预收账款	3 123.79	8.70%	5 245.52	11.55%	7 633.52	13.17%	6 362.30	9.20%	10.66%

续上表

年份	2014		2015		2016		2017		平均值
项目	金额	占营业收入比重	金额	占营业收入比重	金额	占营业收入比重	金额	占营业收入比重	占营业收入比重
应付职工薪酬	350.12	0.98%	428.72	0.94%	908.73	1.57%	1 056.37	1.53%	1.25%
应交税费	780.12	2.17%	991.10	2.18%	1 524.62	2.63%	1 165.71	1.69%	2.17%
其他应付款	1 082.88	3.02%	2 211.89	4.87%	2 361.66	4.08%	2 293.36	3.32%	3.82%
合计	11 348.43	31.62%	18 519.71	40.77%	21 537.07	37.17%	21 330.34	30.85%	35.10%
经营性长期资产									
长期股权投资	0.00	0.00	0.00	0.00%	8.18	0.01%	38.15	0.06%	0.035%
投资性房地产	0.57	0.001 6%	1.49	0.003 3%	1.40	0.002 4%	1.31	0.001 9%	0.002 3%
固定资产	3 167.24	8.82%	8 719.90	19.20%	8 521.93	14.71%	8 284.22	11.98%	13.68%
在建工程	1 981.77	5.52%	0.00	0.00%	0.00	0.00%	210.85	0.30%	1.46%
无形资产	911.01	2.54%	961.05	2.12%	970.63	1.67%	1 676.55	2.43%	2.19%
长期待摊费用	4.08	0.011 4%	0.39	0.000 9%	0.67	0.001 2%	115.57	0.17%	0.05%
递延所得税资产	55.67	0.16%	88.09	0.19%	170.65	0.29%	245.28	0.35%	0.25%
其他非流动资产	154.56	0.43%	112.71	0.25%	235.17	0.41%	264.83	0.38%	0.37%
合计	6 274.91	17.48%	9 883.62	21.76%	9 908.63	17.10%	10 836.75	15.68%	18.02%
经营性长期负债									
递延收益	95.88	0.267 1%	83.85	0.184 6%	592.74	1.023%	717.22	1.04%	0.63%
合计	95.88	0.267 1%	83.85	0.184 6%	592.74	1.023%	717.22	1.04%	0.63%

数据来源：老板电器年报。

调整事项：

1. 对其他流动资产预测进行调整

发现在 2014—2016 年间，其他非流动资产较少，且占营业收入比重非常低，而在 2017 年达到 1 511 616 607.5 元，增长幅度近十倍，非流动资产占营业收入比重从 0.30% 提升到 21.87%。根据老板电器 2017 年年报显示，其购买了 15 亿元的理财产品。由于购买巨额理财产品并不是经常发生的事项，所以用近四年的平均占比预测未来非流动资产占比显得不大合适，容易过高估计非流动资产额。因此，笔者将用扣除 15 亿元理财产品后的 11 616 607.57 元作为经营性非流动资产，占比约为 0.17%，并且用 2014—2017 年的非流动资产占营业收入比重平均值 0.12% 为预测期比重，调整结果见表 5-7。

2. 对货币资金预测进行调整

2017年从货币资金中耗费15亿元购买理财产品，为了正确预测正常经营下货币资金的存量，应该把15亿元加回货币资金中，并且将该15亿元增加至货币资金中，则2017年货币资金约为40.818亿元，占比59.04%，重新计算2014—2017年货币资金占营业收入比重平均值为53.62%，调整结果见表5-7。

3. 对应收账款预测进行调整

从2014—2017年间，虽然老板电器的应收账款随着营业收入增加而不断增加，但是应收账款占比却逐年降低，这是由于企业对应收账款管理水平有所提高。因此，取平均值这一方法对于预测未来应收账款显得不大合适。根据报表显示，2014—2017年应收账款占营业收入比重平均降幅为1.03%，因而预测2018年应收账款占比为4.33%，为了减少不确定因素，不低估应收账款，我们用2018年预测的4.33%作为后续预测期间应收账款占比，调整结果见表5-7。

总之，根据企业实际情况对其数据进行调整，使得企业价值预测值更加接近企业自身实际情况。经营性资产负债表预测结果见表5-8。

表5-8 老板电器经营性资产负债表预测 单位：十万元

年份	2018	2019	2020	2021	2022
营业收入	88 242.14	112 632.27	143 763.83	183 500.15	234 219.59
经营性流动资产					
货币资金	47 315.44	60 393.42	77 086.16	98 392.78	125 588.54
应收票据	11 586.19	14 788.62	18 876.19	24 093.57	30 753.03
应收账款	3 820.88	4 876.98	6 224.97	7 945.56	10 141.71
预付款项	652.99	833.48	1 063.85	1 357.90	1 733.22
其他应收款	344.14	439.27	560.68	715.65	913.46
存货	13 942.26	17 795.90	22 714.68	28 993.02	37 006.69
其他流动资产	105.89	135.16	172.52	220.20	281.06
合计	79 815.02	101 875.89	130 034.38	165 975.88	211 851.62
经营性流动负债					
应付账款	15 177.65	19 372.75	24 727.38	31 562.03	40 285.77
预收账款	9 406.61	12 006.60	15 325.22	19 561.12	24 967.81
应付职工薪酬	1 103.03	1 407.90	1 797.05	2 293.75	2 927.74
应交税费	1 914.85	2 444.12	3 119.68	3 981.95	5 082.57
其他应付款	3 370.85	4 302.55	5 491.78	7 009.71	8 947.19
合计	30 972.99	39 533.93	50 461.10	64 408.55	82 211.08
经营性长期资产					
长期股权投资	30.88	39.42	50.32	64.23	81.98
投资性房地产	2.03	2.59	3.31	4.22	5.39

续上表

年份	2018	2019	2020	2021	2022
固定资产	12 071.52	15 408.09	19 666.89	25 102.82	32 041.24
在建工程	1 288.34	1 644.43	2 098.95	2 679.10	3 419.61
无形资产	1 932.50	2 466.65	3 148.43	4 018.65	5 129.41
长期待摊费用	44.12	56.32	71.88	91.75	117.11
递延所得税资产	220.61	281.58	359.41	458.75	585.55
其他非流动资产	326.50	416.74	531.93	678.95	866.61
合计	15 901.23	20 296.33	25 906.24	33 066.73	42 206.37
经营性长期负债					
递延收益	555.93	709.58	905.71	1 156.05	1 475.58
合计	555.93	709.58	905.71	1 156.05	1 475.58

由重构的利润表（表5-9）可以发现，从2014—2017年间，老板电器的销售费用随着营业收入增加而不断增加，但是销售费用率却逐年降低，这是由于企业对销售费用管理水平有所提高。因此，若取平均值27.95%预测未来销售费用比重显得不大合适。根据报表显示，2014—2017年销售费用占营业收入比重年均降幅为-1.45%，2017年销售费用占比24.27%，因而预测2018年销售费用占比为22.82%，为了减少不确定因素，不低估销售费用，我们用2018年的预测比重22.82%作为后续预测期间销售费用占比，预测数据如表5-10所示。

表5-9 老板电器2014—2017年重构利润表　　　单位：十万元

年份 项目	2014		2015		2016		2017		平均值
	金额（十万元）	占营业收入比（%）	金额（十万元）	占营业收入比（%）	金额（十万元）	占营业收入比（%）	金额（十万元）	占营业收入比（%）	占营业收入比（%）
营业收入	35 889.40	100	45 427.20	100	57 949.00	100	69 133.61	100	100
营业成本	15 595.26	43.45	18 999.98	41.83	24 740.46	42.69	32 505.88	47.02	43.75
营业税金及附加	392.99	1.09	465.46	1.02	675.24	1.17	666.43	0.96	1.06
销售费用	11 151.04	31.07	13 534.73	29.79	15 451.13	26.66	16 778.77	24.27	27.95
管理费用	2 677.92	7.46	3 542.69	7.80	4491.59	7.75	4 809.62	6.96	7.49
资产减值损失	68.75	0.192	13.62	0.030	17.90	0.031	50.37	0.073	0.081 3
EBIT（营业利润）	6 003.44	16.92	8 870.72	19.56	12 572.68	21.73	14 322.54	20.79	19.75
所得税费用	964.19	2.69	1 408.59	15.85	1 974.45	15.68	2 314.81	16.11	12.58
息前税后利润	5 039.25	14.23	7 462.13	16.46	10 598.23	18.32	12 007.73	17.44	16.61

数据来源：老板电器年报。

表 5-10　老板电器经营性利润表预测　　　　　　　　　　　单位：十万元

年份	2018	2019	2020	2021	2022
营业收入	88 242.14	112 632.26	143 763.82	183 500.14	234 219.58
营业成本	38 605.93	49 276.61	62 896.67	80 281.31	102 471.07
营业税金及附加	935.37	1 193.90	1 523.90	1 945.10	2 482.73
销售费用	20 136.86	25 702.68	32 806.90	41 874.73	53 448.91
管理费用	6 609.34	8 436.16	10 767.91	13 744.16	17 543.05
资产减值损失	71.76	91.59	116.90	149.22	190.46
EBIT（营业利润）	21 882.88	27 931.32	35 651.54	45 505.62	58 083.36
所得税费用	2 192.42	2 798.40	3 571.88	4 559.15	5 819.30
息前税后利润	19 690.46	25 132.92	32 079.66	40 946.47	52 264.06

老板电器的固定资产包括房屋及建筑物、机器设备、运输设备和其他设备等，根据分析老板电器近 4 年的固定资产折旧的情况，得知该公司对固定资产的折旧都采用年限平均法进行折旧，且每年各项固定资产折旧率均保持一致。因此，我们预测老板电器未来 5 年也同样采用该方法，并计算得出年平均折旧率为 13.06%。此外，无形资产摊销占无形资产比重较为稳定，取其 4 年平均值 5.89% 为预测期无形资产摊销占比，得到的自由现金流预测如表 5-11 所示。

表 5-11　老板自由现金流预测　　　　　　　　　　　单位：十万元

年份	2018	2019	2020	2021	2022
营业收入	88 242.14	112 632.26	143 763.82	183 500.14	234 219.58
营业成本	38 605.93	49 276.61	62 896.67	80 281.31	102 471.07
营业税金及附加	935.37	1 193.90	1 523.90	1 945.10	2 482.73
销售费用	20 136.86	25 702.68	32 806.90	41 874.73	53 448.91
管理费用	6 609.34	8 436.16	10 767.91	13 744.16	17 543.05
资产减值损失	71.76	91.59	116.90	149.22	190.46
EBIT（营业利润）	21 882.88	27 931.32	35 651.54	45 505.62	58 083.36
所得税费用	2 192.42	2 798.40	3 571.88	4 559.15	5 819.30
息前税后利润	19 690.46	25 132.92	32 079.66	40 946.47	52 264.06
折旧及摊销	1 690.25	2 157.35	2 753.54	3 514.48	4 485.70
资本性支出	6 918.74	6 399.54	8 168.28	10 425.85	13 307.37
营运资本增加额	1 168.46	12 932.81	16 507.43	21 070.09	26 893.86
自由现金流量（FCFF）	13 293.51	7 957.92	10 157.49	12 965.01	16 548.53

(三) 老板电器资本成本的估算

1. 目标资本结构的估算

老板电器2017年负债在总资产中的占比为33.67%，则权益资本在总资产中占比为66.33%。

2. 股权资本成本的确定

资本资产定价模型（CAPM）反映了资本风险与收益的关系，因此，权益资本成本可以根据资本资产定价模型来确定：

$$K_e = R_f + \beta \times (R_m - R_f)$$

式中　K_e——股权资本成本；

　　　R_f——无风险报酬率；

　　　R_m——市场平均收益率；

　　　β——代表某企业的风险溢价程度。

第一，无风险报酬率R_f的确定。国债收益率通常被认为是无风险的，同时长期国债波动性较小，与评估企业的现金流量期限更为一致，因此我们采用2017年国债发行公布的5年期国债的年利率4.27%。（数据来源：中国人民银行官网）

第二，市场平均收益率R_m的确定。我们采用沪深300指数2013—2017年5年年度指数测算出年平均几何收益率。

由表5-12我们测算出几何平均收益率R_m为14.69%，同时，算出风险溢价（$R_m - R_f$）为10.42%（14.69%-4.27%）。

表5-12　2008—2017年沪深300指数（年度指数）一览表

序号	年份	沪深300指数	增长率（%）
1	2013	2 330.03	7.45
2	2014	3 533.71	51.66
3	2015	3 731	5.58
4	2016	3 538	-5.17
5	2017	4 030.85	13.93
平均值			14.69

第三，风险系数β的确定。β系数是一种风险指数，是用来衡量单只股票相对于整个市场的波动情况。一般情况下，可以用某种资产的收益率和市场组合收益率之间的线性关系来确定β系数。据锐思数据库，查到老板电器2017年12月29日的β值为0.6552。

第四，股权资本成本K_e的计算。该公司的股权资本成本是市场无风险收益率加上企业自身的风险报酬率，其值为11.09%（4.27%+0.6552×10.42%）。

3. 加权平均资本成本的估算

加权平均资本成本的计算公式为：

$$WACC = K_e \times \frac{E}{E+D} + K_d \times \frac{D}{E+D} \times (1-T)$$

式中　K_e——股权资本成本；

K_d——债务资本成本；

E——所有者权益；

D——债务；

T——所得税率

由此，可以得出老板电器的加权平均资本成本为：

WACC = 11.09% × 66.33% + 4.27% × 33.67% × (1 - 25%) = 8.44%

六、对老板电器的连续价值

我们采用自由现金流量恒值增长公式法估算老板电器的连续价值，理由是：

第一，因为在企业发展到一定阶段可能会受到行业增长空间的影响，或者本身战略竞争能力的瓶颈，增速将逐步放慢，加上通过膨胀因素我们预测其达到恒值状态时的增长率应该与国家GDP增速接近，而我国目前随着GDP的逐年上升，增长率增速放缓，本案例根据2015—2017年国内生产总值数据作为参考，计算永续增长期间的增长率。近三年来，GDP增速平均每年下降约0.133个百分点，2017年GDP增速为6.9%。若设2022年后其达到恒定状态时的增长率g，则：$g = 6.9\% \times (1 - 0.133\%)^5 = 6.233\%$，此增长率为永续增长率较为合理。

第二，折现率与计算得出的预测期内折现率相同，为6.233%。则老板电器的连续价值为：

连续价值 = 16 548.53 × (1 + 6.233%) ÷ (8.44% - 6.233%) = 797 688.56（十万元）

企业2018年末总价值 = 预测期企业自由现金流量现值 + 连续价值现值

= (13 293.51 + 7 400.36 + 8 784.00 + 10 426.34 + 12 375.75) + 554 751.27

= 607 031.23（十万元）

根据表5-13计算可得老板电器2018年末企业总价值为60 703 123 297.11元。根据2014—2017年年报计算，老板电器近四年平均总资产年均增长率为29.87%，平均资产负债率为33.72%，2017年末总资产为7 926 615 151.63元，则可计算出预计2018年末总资产预计为10 294 295 097.42元 [7 926 615 151.63 × (1 + 29.87%)]，总负债预计为3 471 236 306.85（10 294 295 097.42 × 33.72%）元，则求出企业权益价值为57 231 886 990.26。根据老板电器2014—2017年报可以看出，老板电器并不是每年都会进行转增股本。2015年，老板电器时以资本公积金向全体股东每10股转增5股，共计转增243 352 250股，其普通股为730 056 750股；2016年，老板电器股权激励回购注销31 500股，以资本公积金向全体股东每10股转增3股，共计转增219 007 575股，其普通股为949 032 825股；2017年，老板电器没有进行资本公积金转增股本，其普通股为949 032 825股。所以我们分两种情况进行预测：第一种情况，若2018年老板电器转增了股本，则增长股数可取前两次转增的平均值231 179 913股，2018年末普通股数量为1 180 212 738股，则老板电器股价为48.49元（57 231 886 990.26 ÷ 1 180 212 738）；第二种情况，若没有进行资本公积转增股本，则2018年末普通股仍为949 032 825股，老板电器的每股价值为60.31元（57 231 886 990.26 ÷ 949 032 825）。

表 5-13　老板电器未来企业价值预估表

年份	2018	2019	2020	2021	2022	连续价值
未来现金流（十万元）	13 293.51	7 957.92	10 157.49	12 965.01	16 548.53	797 688.56
折现系数	1	0.929 935 848	0.864 780 68	0.804 190 555	0.747 845 625	0.695 448 455
现值（十万元）	13 293.51	7 400.36	8 784.00	10 426.34	12 375.75	554 751.27

数据来源：根据老板电器预测现金流量表。

七、结论

　　FCFF 折现法是评估企业价值的经典方法，经过了从国外到国内，从理论到实践的研究与证明，具有重要的理论价值与现实意义。老板电器在 2018 年 6 月 8 日的收盘价为 35.81 元，这与我们估算的价值 48.49 元和 60.31 元都有着明显的差距，这说明目前老板电器股价低于企业实际价值，未来还有较大的增长空间，值得对其进行价值投资。然而，FCFF 折现法的应用前提十分严谨，需要满足很多假设，企业只有在满足这些假设的情况下，其真实价值才能接近我们的预测值，否则就会产生偏差。我国资本市场信息的充分性、及时性和有效性与成熟的国际市场存在差距，以至于证券市场的波动性比较大，从而使得企业股价不能完全反映该企业的总体价值，因而投资者在做出投资决策时就更需要从整体上关注企业的内在价值。

八、参考资料

[1] 李建芳. 云南白药企业价值评估案例分析 [J]. 财会案例评论，2015（02）：93 –142.

[2] 程锦明. 老板厨房电器营销策略研究 [D]. 兰州：兰州大学，2015.

[3] 黄敏. 自由现金流量折现法在企业价值评估中的应用——以中国神华为例 [J]. 财会通讯，2015（02）：64 –66.

[4] 瑞华会计师事务所. 杭州老板电器股份有限公司 2014—2017 年年度报告 [R]. 杭州：老板电器股份有限公司，2014—2017.

九、讨论题目

本案例讨论题目依次为：
（1）企业价值评估的方法包括哪些类型？
（2）收益法的估值模型有哪些？
（3）决定企业价值的主要因素是什么？
（4）如何确定及调整本案例企业未来各项指标的预测方法？
（5）如何确定折现率？
（6）如何用二阶段模型估算企业自由现金流并计算企业价值？

[案例说明书]

一、本案例要解决的关键问题

本案例旨在进一步引导学员关注企业估值的考虑因素及估值模型的选择。通过本案例的讨论学习,学员要讨论解决以下问题:企业价值评估方法的类型;收益法的主要估值模型;决定企业价值的主要因素;确定及调整本案例企业未来各项指标预测方法的依据;确定折现率的依据;用二阶段模型估算企业自由现金流并计算企业价值的运用。

二、案例讨论的准备工作

1. 理论背景

企业价值评估的思想源于20世纪初艾尔文·费雪(Irving Fisher)的资本价值论。1906年,费雪发表了《资本与收入的性质》一书,完整地论述了资本与收入的关系以及价值的源泉问题,为现代企业价值评估理论奠定了基石。1907年,他出版了《利息率:本质、决定及其与经济现象的关系》,在利率的本质和决定因素的分析中进一步分析了资本收入与资本价值的关系。这两本著作的问世促进了系统完整的企业价值评估框架的初步形成。此后,费雪将其观点经过进一步发展,创立了现金流量折现模型,即DCF法。该理论认为在确定的条件下,一个投资项目的价值就是该项目所能产生的未来现金流量的净现值之和。

随后,得到发展和推广的是著名的MM理论,它是1958年由默顿·米勒教授(Miller)和佛朗哥·莫迪里亚尼教授(Modigliani)在其共同出版的《资本结构、公司财务与资本》一书中提出的。该书是关于资本结构与企业价值关系的开山之作。在该著作中,企业价值最大化被作为资本预算决策的标准,且MM理论针对费雪理论的确定性假设,将不确定因素首次纳入到企业价值评估体系中。该理论的出现标志着现代企业价值评估理论的建立。1963年,他们又针对文章的缺陷与不足,提出了修正的MM理论,将公司所得税的影响考虑在内,为存在公司所得税环境下的企业价值评估提供了理论借鉴和参考,是企业价值评估由理论研究阶段进入实践应用的转折点。至此,现金流量折现法确立了它完整的理论框架。

1986年,美国西北大学阿尔弗雷德·拉巴波特教授(Alfred Rappaport)的《创造股东价值》一书问世,他在书中创建了著名的拉巴波特价值评估模型。该著作以贴现未来现金流量基本原理为基础,从模型中透视出决定企业现金流量主要收益、投资或成本的五个重要的价值驱动因素,分别为:销售收入的未来增加额、资本成本、新营运资本投入、新固定投资、营业边际利润,它最重要的意义在于论述了如何应用财务模型来制订战略计划和提高股东的收益。

此外,国外学者针对现金流量折现模型的不足做了一系列完善和改进。在1963年,马尔基尔(Cf. Malkiel)给出了自由现金流量的评估模型,该模型以资本预算方法作为基础,建立了对增长模式四种假设情况下的评估公式。模型中对使用所作的假设条件和对重要参数的定义方法均来自 MM 模型。这个模型建立和运用了一个价值创造分析框架，阐明了如何才能实现企业增值的目标。20 世纪 80 年代，由麦肯锡公司汤姆·科普兰（Tom Copeland）、蒂姆·科勒（Tim Koller）和杰克·默林（Jack Murlin）在《价值评估》一书中提出的麦肯锡价值评估模式是迄今为止研究企业价值理论较为全面系统的著作。在该著作中，明确提出了企业价值源于它产生的现金流量和基于现金流量的投资回报能力的观点，并提出了企业市场价值的估值模型。1997 年，梅耶斯（Myers）在《资本预算与资本资产定价模型》中指出 DCF 模型的不足，DCF 模型隐含地假设投资项目存在一个静态的预期现金流，同时 DCF 模型错误地将公司的 β 值当作投资项目的 β 值，并且忽视了增长机会的价值。

由于国外资本市场发展完善，较早地关注到企业的投资价值，形成了较为完善的评价指标体系。我国对企业投资价值的研究继承了国外的研究成果，结合我国上市公司的实际情况做出了补充。由于每种方法各具优缺点，每种方法的评价结果略有差异，因此我国对评估方法本身的选择和研究尚存在不足。

通过国内外学者的广泛研究，现金流量折现模型是企业价值评估的最为常用方法，它很好地体现了企业价值的本质。与其他企业价值评估方法相比，现金流量贴现法最符合价值理论，能通过各种假设，反映企业管理层的管理水平和经验，并且该方法在我国资本市场中的适用性较强，但该模型的难点在于现金流量的预测以及折现率、增长率的选择。

2000 年，张先治详细介绍了现金流量为基础的价值评估的意义和方式、价值评估的程序与方法，并初步给出了评估中参数：现金流量、折现率、评估期的确定方法。2003 年，李延喜、张启蜜、李宁对常见的企业价值估值方法进行了分析，重点指出贴现现金流量模型存在的问题。指出现金流量预测、折现率量化、估值期间确定是影响价值估值结果的主要因素，提出了基于动态现金流量确定企业价值估值模型的框架和内容。2003 年，杨屹、殷仲民、杨莎在充分考虑并购特征的基础上引入期权理论，对传统贴现现金流方法进行改进，建立了并购中目标企业的估价模型。2003 年，姜硕、牛巨辉、鲁敏等人将最典型的布莱克－舒尔斯期权定价模型与现金流量折现模型相结合，并指出现金流量折现法应用中存在的缺陷和不足，利用 B－S 模型对现金流量折现法加以完善。2007 年，邓秀英、颜永平提出利用期望值对企业自由现金流量进行修正的方法。胡玄能阐述了企业价值估价中现金流量折现法和非正常收益折现法的基本原理，并对两种估价方法的估价结果进行了对比，同时对现有的折现现金流量模型进行改进。

2. 行业背景

厨电主要包括吸油烟机、燃气灶、消毒柜、烤箱、蒸汽炉、微波炉、洗碗机、净水机等品类。随着我们对生活品质需求的日渐提高和消费能力的提升，智能化、高能效、功能多样的厨卫电器越来越受到消费者喜爱，逐渐成为家庭生活中的必需品。相比整个家电行业以及已经进入成熟饱和阶段的白电、黑电行业，厨电行业虽然体量较小，但整体增速快，景气度高，并且毛利率水平超过 40%，远高于白电、黑电等其他家电子领域。

随着改革开放走过 40 年，我国 GDP 已增长为 1978 年的 30 倍以上，年均复合增速达到 9% 以上，经济的迅猛发展不仅成就了中国当今的全球地位，同时让人们的生活发生了翻天覆地的变化。目前，中国厨电市场正处于加速转型期，财富积累和人口结构的变化，催生出了全球最大的中产阶层，而这一阶层对于高端厨卫产品的购买力已经达到引领市场的状态。中国社会消费领域正在发生着一场巨大的变革，中国迎来消费升级的大时代。根据中怡康数据统计出的 2015—2017 年厨电行业市场规模，可以发现，整体市场仍然在稳步上升，保持着每年 10% 以上的增长速度。自 2016 年起，中国宏观经济环境的良好积累，使得居民消费水平不断增长，购买力增强，伴随着高速发展的中国经济、中国互联网一同成长起来的 80 后、90 后已经全部成年，同时这两代人构成了中国人口结构中占比最大的年龄阶层，他们无疑将成为未来消费市场中的重要推动力量，这一代消费者所具有的特质将成为消费市场转向的风向标。80 后、90 后消费者具备了新的消费特征，他们"重品质、要颜值、爱科技、看服务"。这种来自消费主体的需求变化和突出特征推动着整体中国消费市场的转型升级，也为厨电行业的发展带来了重要影响。

然而，从宏观方面来看，房地产市场在持续调控之下，商品房销售面积大幅增长的情况一去不复返，在"房子是用来住的不是用来炒的"基本定位下，房地产市场将保持平稳健康地发展。对于厨电行业来说，房地产兴起带来的增长红利已经过去，市场的需求明显放缓。在政策方面，近两年"煤改气""煤改电"政策的陆续落地，让燃气壁挂炉市场得到了高速增长。除此之外，似乎并无助力家电行业增长的政策，但是环境污染治理的政策给整个行业带来成本压力。

总之，在新兴消费势力不断壮大、产业转型升级持续推进、新兴品类爆发增长等因素的带动下，厨电市场还将涌现更多可增空间，"厨房经济"的大幕徐徐展开，未来依然可期。

三、案例分析要点

（一）企业价值评估的方法包括哪些类型

企业价值评估的应用范围非常广泛，它涵盖了改善企业的生产经营、并购或对外投资等重要领域。评估方法的选取对于能否准确评估目标企业的真实价值具有重要意义，一般来说，可供选择的评估方法包括收益法、市场法、成本法、期权定价法。

（1）收益法也叫作收益还原法或者收益资本化法。该方法首先对评估对象的预期收益进行估算，然后选取适当的收益乘数或者折现率，最终将评估对象在未来期间产生的收益按照选取的收益乘数或折现率换算成当前的价值。收益法的适用对象是未来有收益或者潜在收益的资产。收益法的基础是预期效用理论。该理论认为，资产的价值来源是其在未来创造收益的能力，资产在未来创造的收益在考虑货币时间价值和风险价值的因素之后就是该资产的真实价值，折现率反映的则是资产的风险回报率。企业价值评估的实质就是企业在未来为投资者创造收益和现金流量的能力，而收益法的评估对象也正是企业未来收益的创造能力。收益法包括现金流量折现法和经济价值分析法。

（2）市场法也叫价格比较法，理论基础是替代原则。按照 2012 年发布的《资产评估准则企业价值》的介绍，具体包括交易实例比较法和上市公司比较法，两者原理相同，都是先寻找参照对象，然后通过参照对象间接确定评估对象价值的方法。市场法的操作较为简单，并且原理比较通俗简单，能够为普通大众接受，能够客观反映当前市场的状况。但参照的企业一般要求选取资本结构、经营状况相类似的企业，以便于调整其财务报表，并且与被评估企业的财务报表具有可比性。由于企业之间存在很大的个体差异,要找到这样可比的企业是很难的。所以虽然市场法的评估方法较为简单,但由于在可比企业的选择方面存在困难,因此很容易被误用。

(3) 成本法又称为资产基础法或资产加和法,其理论基础是生产费用价值论。换句话说,从买方的角度讲,就是在买现企业和重建新企业两个选项中做选择,主要是出于机会成本的考量。成本法以期初的资产负债表为依据,立足于资产对企业账面价值进行调整而得到的企业价值。该方法在使用中有两个步骤,第一个步骤是对评估对象的重置成本进行估算,第二个步骤根据评估对象的损耗情况,在重置成本的基础上对资产价值做一定的调减。成本法是所有资产评估方法中最基本的资产评估方法之一,主要包括净资产账面价值法和重置成本法。

(4) 期权是指未来的选择权,是买方向卖方支付一定数量的金额后拥有的在未来的一段时间里或未来某一特定日期以事先规定好的价格向卖方购买或出售一定数量的特定标的物的权力,不负有必需的义务。因为期权代表了一种权利而不必承担义务,所以在市场上成为具有一定价值的金融工具。期权定价理论的基础是动态无套利均衡原理,该原理强调用一组头寸不断变化的衍生工具证券组合来复制期权,保持在任何时点都没有套利的均衡状态。在数学家和金融学家的共同努力下,建立了资产定价基本定理,这一基本定理是现代金融理论的核心工具。一般而言,期权定价方法研究的主要成果有:传统期权定价方法、Black – Scholes 期权定价方法、二叉树定价的方法、有限差分方法、蒙特卡罗模拟方法、确定性套利方法等。

(二) 收益法的主要估值模型有哪些

1. 股利贴现模型(DDM)

股利贴现模型(dividend discount model,DDM),是其中一种最基本的股票内在价值评价模型,该模型是研究股票内在价值的重要模型。其基本公式为:

$$V = \sum_{t=1}^{\infty} \frac{D_t}{(1+K)^t}$$

式中:V 为每股股票的内在价值,D_t 是第 t 年每股股票股利的期望值,K 是股票的期望收益率。由该公式表明,股票的内在价值是其逐年期望股利的现值之和。

2. 股权自由现金流折现模型(FCFE)

股权自由现金流模型(free cash flow to equity,FCFE)的来源是现金流贴现定价模型,而现金流贴现定价模型是基于这么一个概念:资产的内在价值是持有资产人在未来时期接受的现金流所决定的。从这个定义出发,可以推导出现金流贴现模型。假设无限期持有后,内在价值等于未来各期现金流的贴现值累计之和。

股权自由现金流量 = 净利润 + 折旧与摊销 – 资本性支出 – 营运资金增加额 + 新债发行 – 债务偿还

$$V = \sum_{t=1}^{\infty} \frac{\text{FCFE}_t}{(1+R_e)^t}$$

式中:V 为企业评估价值;FCFE_t 是第 t 年股权自由现金流量;R_e 是股权资本成本。

3. 自由现金流折现模型(FCFF)

自由现金流折现模型(free cash flow for the firm,FCFF),是指公司自由现金流对整个公司进行估价，而不是对股权。美国学者拉巴波特（Alfred Rappaport）于20世纪80年代提出了自由现金流概念：企业产生的、在满足了再投资需求之后剩余的、不影响公司持续发展前提下的、可供企业资本供应者或各种利益要求人（股东、债权人）分配的现金，是可供股东与债权人分配的最大现金额。

公司自由现金流量（FCFF）=（1−税率$_t$）×息前税前及折旧前的利润（EBITDA）+税率$_t$×折旧−资本性支出（CAPX）−净营运资金（NWC）的增加

$$V = \sum_{t=1}^{\infty} \frac{FCFF_t}{(1+R_W)^t}$$

式中：V为企业评估价值；$FCFF_t$是第t年自由现金流量；R_W是加权平均资本成本。

4. 经济附加值模型

经济附加值（economic value added，EVA），即公司每年创造的经济增加值等于税后净营业利润与全部资本成本之间的差额。该方法的核心思想是资本投入是有成本的，企业的盈利能力只有高于其资本成本（包括股权成本和债务成本）时才会为股东创造价值。

经济附加值 = 税后净营业利润 − 资本成本 = 税后净营业利润 − 资本总额 × 加权平均资本成本

企业价值 = 期初的投资资本 + 预期经济附加值的现值之和

$$V = IC_0 \sum_{t=1}^{\infty} \frac{EVA_t}{(1+R_W)^t}$$

式中：V为企业评估价值；IC_0是期初投资成本；EVA_t是第t期的经济附加值；R_W是加权平均资本成本。

5. 剩余收益估价模型（RIV）

该模型的基本观点是：企业只有赚取了超过股东所有要求的报酬的净利润，才算是获得了正的剩余收益；如果只能获得相当于股东所要求的报酬的利润，仅仅是实现了正常收益。RIV与EVA的不同之处在于，RIV仅从股权持有人的角度出发，而非从债权人和权益人双方的角度出发。

$$RI_t = NI_t - (K_e \times BV_{t-1})$$

$$V = BV_0 + \sum_{t=1}^{\infty} \frac{RI_t}{(1+K_e)^t}$$

式中：V为企业评估价值；RI_t是第t期剩余收益；K_e是权益资本成本；NI_t是第t期的净收益；BV_{t-1}是第$t-1$期的权益的账面价值；BV_0是开始时权益的账面价值。

（三）决定企业价值的主要因素是什么

决定企业价值的因素主要包括收益、增长（收益的增长趋势）、风险三个方面。

1. 收益

一般财务理论认为，企业价值应该与企业未来资本收益的现值相等。企业未来资本收益的选择主要有利润和现金流两大类型，具体而言，包括股利、净利润、息税前利润、经济利润、净现金流量等形式。其中，净现金流量和经济利润被认为是较理想的价值评估方法。

2. 增长

增长指的是收益增长，对企业价值也有影响。企业追求的应该是可持续的增长。在理论上通常从现金流口径这一角度来描述可持续增长。在运用收益法进行企业价值评估时存在以下收益增长模型可供选择：零增长模型、固定增长模型、两阶段增长模型、三阶段增长模型。

3. 风险

风险是指资产未来收益相对预期收益变动的可能性和变动幅度。从企业价值评估角度来看，风险代表了企业未来收益的不确定性。在企业价值评估中，衡量风险主要采用的是折现率。合适的折现率选择直接关系到对企业未来收益风险的判断。

（四）如何确定及调整本案例企业未来各项指标的预测方法

确定预测期的通常做法是：逐期预测案例企业的自由现金流量，直到一个稳定永续增长的阶段。一般来说，在企业估价实践中，5—10 年的预测期较为普遍，其中又以 5 年最为常见，预测期间越长，结果误差越大。所以为了稳妥起见，本案例选择五年的预测期。

预测未来现金流的方法有很多，本案例结合宏微观政策、行业的发展情况及公司自身的发展战略，采用比例和趋势分析法预测未来 5 年营业收入、并按照过去其他指标与营业收入的平均比值预测其他包括营业成本、营业税金及附加、期间费用在内的其他费用，以及其他资产和负债。

但是，由于公司经营战略和发展的原因，一成不变地运用近年来的平均占比显得过于死板。因此，本案例结合行业和企业发展，发现随着企业规模壮大，应收账款和销售费用管理水平有所提高，从而对其他应收款、销售费用的占比做了调整。此外，本案例还根据年报分析，提出了非经常性发生但是会影响预测的因素，例如购买理财产品使得货币资金减少且其他流动资产增加，这不属于经常性、习惯性发生的企业经营业务，因而只有剔除这个因素才能更为准确地预测未来财务指标。

总之，预测方法不是按部就班的，每个企业要根据自己的实际情况进行调整，这样才能减少误差，让评估结果更加接近事实。

（五）如何确定折现率

本案例运用的价值评估模型是 FCFF 模型，用企业自由现金流，也叫无杠杆自由现金流，就是 EBITDA 减去企业所得税（不考虑利息抵税）、资本性开支和营运资本净投资。意思是在不考虑杠杆的情况下，企业自身正常发展运营所产生的净现金。既然是企业层面的，不考虑杠杆的现金流，折现率也是企业层面的，因此要考虑权益和负债的资本成本以及企业的资本负债率，得出来的折现率才是本案例所用得上的折现率，也就是加权平均资本成本 WACC。因此，对于折现率的权益资本的确定，在估计权益成本时，使用最广泛的就是资本资产定价模型（CAPM），其公式如下：

$$WACC = K_e \times \frac{E}{E+D} + K_d \times \frac{D}{E+D} \times (1-T)$$

股权资本成本大小影响因素有三个,分别是无风险利率、企业的 β 风险系数、市场平均收益率。本案例分别采用的是 2017 年国债发行公布的 5 年期国债的年利率 4.27%,2017 年末的 β 值、2013—2017 年沪深 300 指数测算出的年平均几何收益率。债务资本成本是指借款和发行债券的成本,包括借款或债券的利息和筹资费用,则用 5 年期国债的年利率 4.27% 较为合理。

(六) 如何用二阶段模型估算企业自由现金流并计算企业价值

本案例采用二阶段模型进行评估,第一阶段现金流量以高的增长率逐年增长,五年后达到第二阶段,现金流量以稳定增速增长。

$$V_0 = \sum_{t=1}^{\infty} \frac{FCFF_t}{(1+R_W)^t} + \frac{FCFF_n \times (1+g_n)}{(R_W - g_n)(1+R_W)^n}$$

式中:V 为企业评估价值;$FCFF_t$ 是第 t 年自由现金流量;$FCFF_n$ 是第二阶段的未来现金流即连续价值;R_W 是加权平均资本成本,g_n 是第二阶段的增长率。

本案例中 g_n 参考的是近三年的平均 GDP 增速,从而预测第五年我国 GDP 的增速为 6.233%,以此作为永续期间老板电器的增长率。由于过去三年里,厨电行业市场规模一直在扩大,整体市场仍然在稳步上升,保持着每年 10% 以上的增长速度,而老板电器又是厨电行业的领导品牌,市场定位为高端厨卫,符合目前消费者"重品质、要颜值、爱科技、看服务"的消费特征和需求,三、四线城市的市场前景广阔,仍待开拓挖掘。但是受宏观经济影响以及房地产调控政策影响,老板电器未来增速可能会出现下滑,但始终不会低于宏观经济增速,因此用 GDP 增速作为其增长率,较为稳妥且合理。

四、教学组织计划

1. 问题清单及提问顺序、资料发放顺序

本案例讨论题目依次为:

(1) 企业价值评估的方法包括哪些类型?
(2) 收益法的主要估值模型有哪些?
(3) 决定企业价值的主要因素是什么?
(4) 如何确定及调整本案例企业未来各项指标的预测方法?
(5) 如何确定折现率?
(6) 如何用二阶段模型估算企业自由现金流并计算企业价值?

本案例的参考资料及其索引,在讲授有关知识点之后一次性布置给学员。

2. 课时分配

(1) 根据思考题阅读相关教材和参考书并搜集相关资料,课后自行阅读资料:约 3 小时。
(2) 小组讨论并提交分析报告提纲:约 1 小时。
(3) 课堂小组代表发言、进一步讨论:约 1 小时。
(4) 课堂讨论总结:约 0.5 小时。

3. 讨论方式

本案例可以采用小组式进行讨论。

4. 课堂讨论总结

课堂讨论总结的关键是：归纳发言者的主要观点；重申其重点及亮点；提醒大家对焦点问题或有争议观点进行进一步思考；建议大家对案例素材进行扩展研究和深入分析。

案例 6

五粮液企业价值评估*

---

* 1. 本案例由广东工业大学管理学院的张军波、刘思、郭建明（广东工程职业技术学院）、邓家俊共同撰写，作者拥有著作权中的署名权、修改权、改编权。
2. 本案例授权广东工业大学产教融合 MPAcc 教学智库实验平台使用，广东工业大学产教融合 MPAcc 教学智库实验平台享有复制权、修改权、发表权、发行权、信息网络传播权、改编权、汇编权和翻译权。
3. 由于企业保密的要求，在本案例中对有关名称、数据等做了必要的掩饰性处理。
4. 本案例只供课堂讨论之用，并无意暗示或说明某种管理行为是否有效。

企业价值评估教学案例

[案例封面]

专业领域： 财务管理

适用课程： 财务管理理论与实务

选用课程： 财务报表分析，企业价值评估

编写目的： 本案例旨在进一步引导学员了解企业估值的方法，关注企业估值的考虑因素及估值模型的选择。通过本案例的讨论学习，使学员在熟悉并掌握相关知识的前提下，回答以下问题：①估值的方法有哪些？有何适用条件和限制条件？本案例为何选用收益法和市场法进行企业估值？②本案例为何选择自由现金流量模型对五粮液计算企业价值？③连续价值（即终值）评估的方法有哪些？本案例运用的是哪种方法？④市盈率模型下可比企业如何选择？市盈率模型的驱动因素是什么？⑤结合本案例，讨论估值的准确性取决于什么？如何提高估值的准确性？

知 识 点： 企业价值评估模型的确定与运用；自由现金流量折现模型；市盈率模型；"二阶段"法

关 键 词： 企业价值评估；自由现金流量折现模型（FCFF）；白酒行业；五粮液

中文摘要： 企业价值评估是分析和衡量一个企业或者单位的公平市场价值，并提供有关信息以帮助投资人和管理当局改善决策。本案例选择白酒行业中的一员——五粮液为例，通过分析2013—2017年度财务报表数据，采用自由现金流量模型和市盈率模型对五粮液企业进行企业价值评估。同时，结合白酒行业宏观环境、白酒行业的特点以及五粮液企业的SWOT分析和财务分析，为预测未来的财务数据奠定良好的基础。最后通过分析企业的价值以及市场价格，为白酒行业的投资者以及管理者对企业价值的评估和提升提供很强的借鉴意义。同时，企业价值评估是财务管理课程的重要内容之一，学生通过学习本案例可以进一步理解和掌握运用恰当的估值模型进行企业估值分析。最后，通过该案例也会引发学生对如何提高估值准确性的思考。

[案例正文]

一、引言

　　企业价值评估是分析和衡量一个企业或者单位的公平市场价值，并提供有关信息以帮助投资人和管理当局改善决策。在经济不断发展的今天，企业价值评估对于资本市场来说作用越来越重要，对于投资人来说，它可用于投资分析、战略分析和用以价值为基础的管理。企业价值是企业的一面镜子，通过这面镜子，企业可以看到自己的好坏，也可以通过了解自己更好地去完善自己。

　　白酒行业具备古老而特殊的性质，它在食品工业中制造的经济效益仅次于烟草行业，是国家财政的主要贡献者之一。目前我国白酒行业已有贵州茅台、五粮液、泸州老窖、洋河股份等一系列的上市公司。

　　五粮液作为白酒上市企业中的超级品牌，已经连续多年获得全国白酒制造业最有价值品牌第一位，引领着高端白酒产业的快速发展。从主营业务上来说，五粮液93%的业务均来自酒类销售；从上市资历来说，五粮液已经上市20年；在行业内，五粮液的市场估值和表现也名列前茅；因此，五粮液在白酒行业中具有代表性。

　　那么，五粮液所体现出来的市场价格和内在价值是否一致？作为白酒行业的典型代表，适合运用什么估值方法？该企业的价值驱动因素是什么？如何重构管理用资产负债表？如何考虑估值的假设？如何预测未来自由现金流？带着这些疑问，本文选择以五粮液为案例，基于其公开披露的财务报表和其他信息，通过自由现金流量法和市盈率模型，对其进行价值评估，判定其投资价值具有一定的现实和启发意义。

二、五粮液的基本情况

1. 五粮液简介

　　五粮液集团有限公司位于中国四川省宜宾市北面的岷江之滨，其前身为20世纪50年代初由几家古传酿酒作坊联合组建而成的"中国专卖公司四川省宜宾酒厂"。公司是以五粮液及其系列酒的生产、销售为主要产业，同时生产经营精密塑胶制品、大中小高精尖注射和冲压模具现代制造产业，以及以生物工程为发展产业，兼药业工业、印刷业、电子器件产业、物流运输和相关的服务业的具有深厚企业文化的现代化企业集团。五粮液公司现已系统研制开发了五粮春、五粮神、五粮醇等几十种不同档次、不同口味，满足不同区域、不同文化背景、不同层次消费者需求的系列产品。数年来"五粮液"品牌连续在中国白酒制造业和食品行业"最有价值品牌"中排位居前，具有领导市场的影响力。

2. 五粮液主营业务情况

　　如表6-1所示，五粮液这三年来酒类销售占比都稳定在93%左右，而除了酒类，塑料制品销售每年约占6%，剩下1%是其他业务，说明五粮液的主营业务都是集中在酒类产品的。从毛利率来看，五粮液的酒类产品毛利稳定在75%左右，毛利是非常可观的。而从营业收入来看，可以看出白酒在这三年中营业收入都是不断上升的，这与白酒行业的宏观环境有关,我们在接下来的行业分析也会做进一步的阐述。

表 6-1　五粮液主营业务情况

年份	2017			2016			2015		
	金额 (亿元)	占收入比 (%)	毛利率 (%)	金额 (亿元)	占收入比 (%)	毛利率 (%)	金额 (亿元)	占收入比 (%)	毛利率 (%)
营业收入	301.87	100		245.44	100		216.59	100	
酒类	280.919 7	93.06	76.21	227.045 343	92.51	75.40	203.458 845	93.94	73.21
塑料制品	17.943 872	5.94	7.52	15.718 563	6.40	3.74	10.209 367	4.71	5.30
其他	3.006 428	1		2.676 094	1.09		2.921 788	1.35	

数据来源:五粮液公开财务报表。

三、白酒行业介绍

本文拟从白酒企业宏观环境以及白酒企业特点对白酒行业进行介绍和分析。

1. 白酒行业宏观状况

白酒行业 2013—2017 年营业收入和净利润情况如图 6-1、图 6-2 所示。

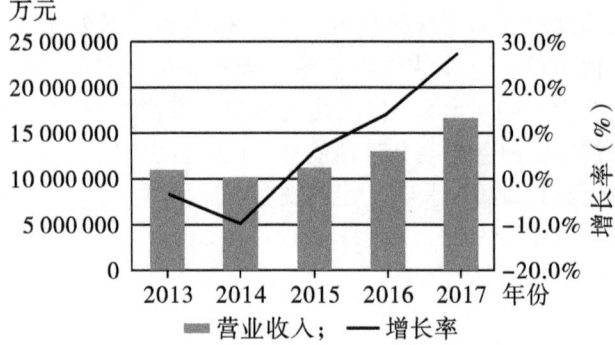

图 6-1　白酒行业 2013—2017 年营业收入状况

数据来源:Wind 数据库。

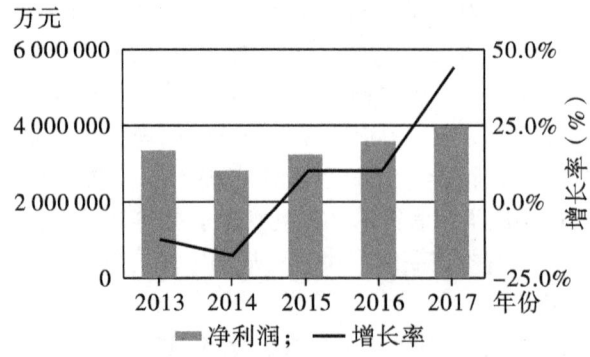

图 6-2　白酒行业 2013—2017 年净利润状况

数据来源:Wind 数据库。

白酒行业在近 5 年来,经历了不少风雨。如图 6-1 和图 6-2 所示,在 2013 年时,白酒行业在经历高速发展的"黄金十年"后，行业步入深度调整期，受客观大环境影响，白酒行业在2013年遭遇增长逆境，多年来利润持续高增长的势头受到了根本性遏制。行业深度调整，发展速度放缓，行业产能结构性过剩矛盾突出，行业外资本进入加剧了行业竞争，行业内的并购整合加速。随着宏观经济和白酒行业进入新常态，白酒企业面临着更多的挑战和竞争。这种状况一直持续到2014年。

在2015年时，白酒行业仍处于调整期，消费逐步趋于理性，消费结构得到进一步调整，行业增速也回归理性。而从2016年开始，白酒行业也重新回归到"黄金增长期"。

2017年度，全国白酒制造业实现主营业务收入5 654.42亿元，较上年增长14.42%；产量1 198.06万千升，较上年增长6.86%；实现利润总额1 028.48亿元，较上年增长35.79%。

2017年，白酒制造业产量、收入、利润总额保持了稳步增长的态势；但行业产能依然过剩，挤压式增长的竞争格局将长期存在。总体而言，体现为三个基本形成：一是白酒行业强复苏的发展态势基本形成；二是行业向名优品牌集中的发展态势基本形成；三是白酒消费从政务消费向商务消费、民间消费转型的发展态势基本形成。

2. 白酒企业特点

白酒是以粮谷为主要原料，以大曲、小曲或麸曲及酒母等为糖化发酵剂，经蒸煮、糖化、发酵、蒸馏而制成的蒸馏酒。从行业范围由小到大看，白酒制造依次属于酿酒行业、轻工业和饮料制造业。按照《国民经济分类标准》，酿酒行业属于三级行业，其子行业包括白酒制造、啤酒制造、黄酒制造、葡萄酒制造和其他酒制造等五类分行业。

白酒企业在其生产经营中有着其自身的特点：

（1）无形资产比例越来越高，品牌效应明显。白酒企业中的无形资产表现为商标、品牌、技术等，占到企业总资产的3%～10%，除此之外，在表外尚有许多未列入财务报表的不可计量的无形资产。我国白酒上市公司的销售实力不仅与白酒商品的质量有关，更是由于公司长期经营积累创造出的商标和品牌作用，特别是高端白酒公司的提价能力给公司创造了利润点。而提价能力的形成则与公司人力资本安排、组织架构、销售网络以及客户群体紧密相关。

（2）生产的白酒产品具有独特性。白酒的生产周期较长，而且存储时间越长价值越高。白酒作为一种特殊的商品具有其他商品所没有的性质：其生产周期须经蒸煮、糖化、发酵、蒸馏、陈酿和勾兑六大步骤，其中陈酿更是酒品出香的关键一步，经时间岁月的积淀越陈越香，因此，白酒商品的年份越长，价值越高，对于大多数存货来说，很少存在实体性贬值。

（3）企业关联性强，对经济发展状况比较敏感。白酒企业关联性强是指白酒企业上游涉及农业等粮食采购和基酒生产，下游涉及市场调查、销售等服务业、广告业和中间经销商。而对经济发展状况敏感是指在评估时，白酒企业的增长率等极易受到政策监管、利率变化等外部因素的影响，进而影响到企业经营风险，造成折现率的波动，最终影响企业现金流量。也就是说，白酒企业价值随外部经济环境波动而改变。

四、五粮液的SWOT分析

1. 优势（strength）

（1）五粮液坚定品牌强企不动摇，持续开展品牌推广活动，不断提升品牌影响力。实施五粮液"1+3"高端品牌战略,实施系列酒品牌"4+4"产品策略,持续进行品牌推广和宣传,引领新一轮消费升级。

(2) 实施"走出去"战略,全力布局海外市场。2017年,五粮液大力开拓海外市场,不断加大向"一带一路"沿线国家传播和弘扬中国白酒文化的力度。

(3) 以产品的品质提升为根本,大力弘扬五粮酿造特色优势,持续提升产能:秉承传统酿造工艺,弘扬五粮酿造特色优势;另外,五粮液还加快重点项目建设,进一步扩大产能。五粮液已启动建设10万吨酿酒生产技改项目一期工程及30万吨陶坛陈酿酒库一期工程项目,确保"十三五"末五粮液的市场投放量达3万吨,并且未来将实现原酒储存三年后再包装投放市场,充分释放白酒的时间价值。

2. 劣势(weakness)

(1) 人工、原材料、物流等成本增加,公司运营成本增加,公司利润面临压缩的压力。

(2) 在"互联网+"、大数据、云计算等新技术、新模式的带动下,企业亟需从采购到营销的全过程进行深刻变革,转型发展压力大。伴随互联网+出现的B2B、B2C、O2O等新的销售模式,促使渠道扁平化,冲击传统经销体制,将逐步消解传统渠道模式红利,迫使白酒企业构建新的营销模式。

3. 机会(opportunity)

(1) 有效消费需求回升并进一步扩大。国家通过"供给侧结构性改革",进一步扩大有效供给和有效消费需求,预计"十三五"期间,改善供给、扩大消费将为五粮液转型升级发展提供更加广阔的空间,拥有优势资源的企业将进一步赢得转型跨越的机遇。

(2) 消费回归传统的机遇。从文化属性看,白酒是文化消费品,"无酒不成席、无酒不成礼、无酒不成宴"的消费文化已经深深铭刻在中国人的心里。伴随中国经济发展带来的中华传统文化的回归,作为中华传统文化代表之一的白酒,必将在经济、社会、文化交融中发挥更大的作用。

(3) 国际市场发展机遇。随着"一带一路"倡议的实施、"亚投行"的成立、人民币纳入SDR篮子,中国开始全面进入"资本走出去的时代",与外部国家双边开放程度加深。国际化进程加快将带动诸如白酒此类具有中国特色的产品,赢得更多国际消费者的青睐。"五粮液"品牌世界知名,五粮液品质行业领先,是面对外部复杂激烈的竞争环境中保持定力的保障,更是加快国际化步伐的坚定基石。

4. 威胁(threat)

(1) 行业产能消化压力依然巨大,产能过剩现象依然突出,高端市场受限,中低端竞争更加激烈。

(2) 行业资源重构,并购整合成为新常态。对比国际烈酒的多品牌策略,以及同为大酒种的中国啤酒三巨头的全国布局模式,中国白酒市场的集中度偏低,而且中国白酒消费的区域特征也比较明显,白酒单一品牌全国化难度较大,整合大潮蓄势待发,竞争进一步加剧。

(3) 可能会面临这些风险:宏观经济形式发生剧烈变化,长远发展屡遭重大影响;行业政策调整或变化,使公司发展受较大影响;消费趋势发生重大变化,行业长远发展受影响。

五、五粮液财务报表分析

本文拟从偿债能力、营运能力、盈利能力和发展能力对五粮液历年财务报表进行分析。本文采用五粮液过去5年的财务数据对五粮液进行纵向的财务分析。由于五粮液在白酒行业中估值排行第2，仅次于贵州茅台，也属于行业的龙头，因此本文选取白酒行业市场估值排名前3位中的另外两家白酒企业贵州茅台和洋河股份过去3年的相关财务指标对五粮液进行横向的财务分析。

（一）偿债能力分析

如表6-2和表6-3所示，五粮液的流动比率、速动比率、现金比率和现金到期债务比均为先上升后下降，尽管在这两年略有下降，但还是处于3~4很高的水平，而且流动比率比同业中的贵州茅台和洋河股份均要高，因此认为五粮液的偿债能力还是非常强的；另外，我们注意到五粮液的现金到期债务比非常高，超过1 000%，最高时甚至超过3 000%，我们通过报表发现五粮液账面上的货币资金非常多，而且几乎没有带息负债，因此五粮液的现金到期债务比非常高，现金偿债能力很强。通过以上分析，认为五粮液的短期偿债能力强，而且账面货币资金非常多。

表6-2 五粮液偿债能力纵向分析

年份	2017	2016	2015	2014	2013
短期偿债分析					
流动比率	3.96	3.98	5.60	6.50	5.25
速动比率	3.30	3.31	4.51	5.13	4.27
现金比率	3.24	3.23	4.40	5.02	4.17
现金到期债务比（%）	1 551.00	3 571.81	3 247.14	929.87	2 774.76
长期偿债分析					
资产负债率（%）	22.91	22.47	15.61	13.09	16.11
权益乘数	1.30	1.29	1.18	1.15	1.19

数据来源：Wind数据库。

表6-3 五粮液偿债能力横向分析

项目	流动比率			资产负债率（%）		
年份	2017	2016	2015	2017	2016	2015
五粮液	3.96	3.98	5.60	22.91	22.47	15.61
贵州茅台	2.91	2.44	3.24	28.67	32.79	23.25
洋河股份	2.12	2.04	2.03	31.82	32.09	32.25

数据来源：Wind数据库。

如表 6-2 和表 6-3 所示，我们还发现这 5 年来五粮液的资产负债率逐年上升。尽管逐年上升，但还是处在一个非常低的水平，2017 年 12 月 31 日五粮液的资产负债率为 22.91%，比同行业的贵州茅台和洋河股份都要低，说明五粮液在其财务政策上比较保守、稳健、谨慎。通过以上分析，本文认为五粮液的长期偿债能力也是不错的，比同行业的两家企业的偿债能力都要强。

（二）营运能力分析

如表 6-4 和表 6-5 所示，我们可以看出五粮液的应收账款周转天数先上升后下降，而从同行业来看，贵州茅台和洋河股份的应收账款周转天数是非常低的，贵州茅台在 2017 年和 2016 年度甚至没有应收账款，可见贵州茅台和洋河股份对应收账款的管理和控制都非常好，而五粮液应收账款周转天数在这两年虽有下降，但与同行业对比起来，其应收账款流动和变现能力还是很弱的。管理层急需加强对应收账款的管理，提高其与供应商议价的地位。

表 6-4　五粮液营运能力纵向分析

年份	2017	2016	2015	2014	2013
应收账款周转天数	1.3	1.57	1.91	1.7	1.14
存货周转天数	422.09	441.93	453.06	467.05	369.38
总资产周转率	0.45	0.43	0.44	0.46	0.55

数据来源：Wind 数据库。

表 6-5　五粮液营运能力横向分析

项目	应收账款周转天数			存货周转天数		
年份	2017	2016	2015	2017	2016	2015
五粮液	1.3	1.57	1.91	422.09	441.93	453.06
贵州茅台	—	0	0.03	1 293.1	2 039.66	2 339.18
洋河股份	0.17	0.18	0.18	675.98	677.46	624.57

数据来源：Wind 数据库。

另外，我们可以看出五粮液的存货周转天数先上升后逐渐下降，表明五粮液的存货管理略有改善，与同行业对比，五粮液的存货周转天数比贵州茅台和洋河股份都要低，这不是说明五粮液的存货管理比这两家公司要好，而是由于白酒属于特殊行业，白酒酝酿需要很长的时间，尤其是高端白酒，故白酒企业的存货量一般占比都会比较大。

根据以上两个营运能力中比较重要的两个比例的对比分析，五粮液的应收账款周转速度不如贵州茅台和洋河股份，而存货周转速度则比较快，但这对于白酒行业来说并非一定是件好事，总的来说，五粮液的营运能力相对行业的另外两个龙头来说，还是比较弱的，有待加强。

(三) 盈利能力分析

如表6-6和表6-7所示,我们可以看出五粮液的销售净利率、总资产报酬率、权益净利率都是先下降后再上升的,而对比行业可比公司来看,贵州茅台也是先下降后上升,而洋河股份的销售净利率和权益净利率在这三年中是几乎保持不变的,说明五粮液的这个趋势是与行业的宏观环境相关的。而从数值上看,除了五粮液在2017年时销售净利率赶上洋河股份外,其余年份中五粮液的销售净利率和权益净利率都不及贵州茅台和洋河股份,而贵州茅台的销售净利率和权益净利率却远高于五粮液和洋河股份,说明在这三个企业中,五粮液的盈利能力还是相对较弱的,而五粮液的销售净利率有所上升,也有继续上升的趋势,在未来,销售净利率和权益净利率还是有望赶上洋河股份的,但是与贵州茅台相比,差距还是相对大的。

表6-6 五粮液盈利能力纵向分析

年份	2017	2016	2015	2014	2013
销售净利率(%)	33.41	28.75	29.60	28.83	33.67
总资产报酬率(%)	18.79	15.00	15.27	16.27	23.33
权益净利率(%)	19.27	15.01	14.93	15.45	23.71

数据来源:Wind 数据库。

表6-7 五粮液盈利能力横向分析

项目	销售净利率(%)			权益净利率(%)		
年份	2017	2016	2015	2017	2016	2015
五粮液	33.41	28.75	29.60	19.27	15.01	14.93
贵州茅台	49.82	46.14	50.38	32.95	24.44	26.42
洋河股份	33.23	33.78	33.42	23.85	23.79	25.15

数据来源:Wind 数据库。

(四) 发展能力分析

如表6-8和表6-9所示,我们可以看出五粮液的营业收入、净利润和净资产的增长率在这5年都是上升的,而总资产增长率是先上升后下降,五粮液在2013年和2014年的净利润和营业收入呈现负增长的趋势与当时的行业宏观环境有关,我们在前面行业分析模块也有进行过分析。对于同行业来看,在2015年到2017年当中,贵州茅台的营业收入和净利润的增长率也是呈现高速增长,而洋河股份是先下降后增长,从数值上看,五粮液的营业收入增长率和净利润增长率在2015年低于洋河股份,而在2016年和2017年年均高于洋河股份,说明洋河股份抗风险能力比五粮液强,但后劲没有五粮液强;而五粮液相对贵州茅台来说这三年的营业收入增长率均低于贵州茅台,净利润增长率虽然在2015年和2016年比贵州茅台高,但在2017年时贵州茅台的净利润增长率远高于五粮液。

表6-8 五粮液发展能力横向分析

年份	2017	2016	2015	2014	2013
营业收入增长率（%）	22.99	13.32	3.08	-15	-9.13
净利润增长率（%）	42.58	10	5.85	-26.81	-19.75
净资产增长率（%）	13.29	8.65	9.89	9.25	15.84
总资产增长率（%）	14.07	18.32	13.23	5.17	-2.47

数据来源：Wind 数据库。

表6-9 五粮液发展能力纵向分析

项目	营业收入增长率（%）			净利润增长率（%）		
年份	2017	2016	2015	2017	2016	2015
五粮液	22.99	13.32	3.08	42.58	10	5.85
贵州茅台	49.81	18.99	3.44	61.97	7.84	1.00
洋河股份	15.92	7.04	9.41	13.73	8.61	19.03

数据来源：Wind 数据库。

因此，根据以上分析，本文认为五粮液的成长能力比洋河股份要强，比贵州茅台相对要弱，但在未来几年中，其营业收入和净利润依然能保持一个较好的成长。

六、自由现金流折线模型在五粮液中的应用

（一）白酒行业估值特性、需要考虑的因素

在资产评估中，估值的方法有三种：成本法、市场法和收益法。

如表6-10所示，考虑到资产评估三种方法的适用性，本文主要选用收益法对五粮液的企业价值评估进行计算，并采用市场法对该结果进行检验和评价。

表6-10 资产评估方法及适用性

	成本法	市场法	收益法
适用性	适用于该白酒企业已经处于清算状态的情况	在市场相对有效且上市可比公司较多的情况下，使用简便，易于理解	在公司持续经营，且未来经营状况可合理预测的情况下使用，可反映公司未来盈利能级及内在价值

股利折现模型的基本思路是将公司每年分配的股利作为未来现金流，然后将未来现金流折现，得出的结果就是公司的股权价值。公司股利的发放包括两方面的影响因素：一是当年的经营业绩，二是股东的股利政策。未来的经营业绩可以通过当前发展趋势结合宏观环境加以预测，但股东的股利政策却要以股东对公司经营业绩的考虑，股利政策对公司股

票及市场的影响也是不容忽视的。因此，公司的股利政策含有大量股东的主观因素，很难形成规律，给股利预测造成困难。另外，我国白酒上市公司的股利分配方式从整体上看，酿酒行业整体股利政策都缺乏稳定性，运用股利折现模型容易造成预测股利中的偏差，从而影响最后的估值结果，因此该方法不适合用于白酒上市价值评估。

经济增加值模型评价体系首先是基于美国的会计准则而设计的，而中美会计制度和核算方式均不同，对商誉摊销、研发支出和坏账准备等都有不同的调整方式，从而适用于不同的行业。例如，EVA 将研发费用进行调整并将其资本化的调整方式比较适用于高科技公司的价值评估，因为这类公司一般具有很高的研发支出比例，而对于五粮液来说，每年的研发支出占主营业务收入的比例不足 1%；另外，对 EVA 进行会计调整面临很多困难，其调整的人为因素也使调整后的 EVA 值具有相当程度的主观性。

从表 6-11 中净资产价值法和调整现值法的适用条件可以看出，白酒企业也不适合运用这两种估值方法进行评估，因此，本文采用自由现金流量法对五粮液进行企业价值评估。

表 6-11 收益法估值模型及适用情况

估值模型	适用情况
股利折现模型	适用于分红政策相对稳定，股利较易于预测的企业
自由现金流折现模型	适用于在可持续发展下企业的现金流能较为准确地预测的情形
经济增加值模型	适用于调整项目如研发费用、非经营性损益等影响较大的企业，且有需要直观地衡量公司每年经营状况的情况，因此 EVA 是公司内部管理的关键绩效评价指标之一
净资产价值法	适用于对房地产、石油、采矿等行业的评估方法
调整现值法	适用于债务比例不稳定，又需要分析资本结构在未来发生改变对于企业价值影响的企业

（二）估值模型介绍：自由现金流量法

公司自由现金流（free cash flow of firm，FCFF），是指公司在保持正常运营的情况下，可以向所有出资人（包括债权和股权出资人）进行自由分配的现金流。

一般情况下，自由现金流的计算公式为：

FCFF = 息税前利润（EBIT）- 调整的所得税 + 折旧和摊销 - 营运资本的增加 - 资本支出

若基于管理用财务报表，该公式为：

FCFF = 税后经营净利润 + 折旧和摊销 - 经营性营运资本的增加 - （净经营长期资产的增加 + 折旧和摊销）

由于资本支出 = 净经营长期资产的增加 + 折旧摊销，因此：

FCFF = 税后经营净利润 - 调整的所得税 - 经营性营运资本的增加 - 净经营长期资产的增加

(三) 估值关键参数的选取以及重要假设

1. 销售增长率的预计

通过前面对五粮液经营环境和行业的分析,得知白酒行业在经历高速发展的"黄金十年"后,行业在 2013 年步入深度调整期,受客观大环境影响,白酒行业在 2013 年遭遇增长逆境,这种状况一直持续到 2014 年。因此我们以 2014—2017 年收入增长的基础数据来预测未来的销售增长率。

白酒消费人群相对稳定,随着高端白酒回归大众消费,人口周期和消费结构变化将是影响白酒行业发展的主要因素之一。作为白酒消费的主力人群,中国在 30—55 岁区间的人口结构在 2015 年达到一个高峰,预计 2020 年之后才会有明显下降。而又由于在 2016 年和 2017 年以来白酒行业的收入和利润增长飞快,因此,本文认为白酒行业在 2018—2020 年的增速依然飞快,而在 2020 年以后增长率会逐渐下降。基于前面的分析,本文认为以 2014—2017 年五粮液的几何平均增长率作为未来 5 年的增长率较为合适,使用几何增长率可以对未来 5 年增长率变动的预测作出合适的权衡。

我们通过对五粮液企业的收入类型进行划分,分析过去 5 年五粮液具体营业收入的占比及增长情况。

如表 6-12 和表 6-13 所示,本文计算出每个部分 2013—2017 年的几何平均增长率,然后再通过分析五粮液 2013—2017 年各个部分占收入比值,最后再通过每个部分的增长率与每个部分的占比进行加权平均,得出预测未来的销售增长率。

表 6-12 2013—2017 年五粮液具体营业收入增长情况   单位:亿元

年份	2017	2016	2015	2014	2013	几何平均增长率
营业收入	301.87	245.44	216.59	210.11	247.19	—
酒类	280.92	227.05	203.46	200.26	237.03	11.94%
塑料制品	17.94	15.72	10.21	7.98	7.69	30.99%
其他	3.01	2.68	2.92	1.87	2.47	17.15%

数据来源:Wind 数据库。

表 6-13 2013—2017 年五粮液具体营业收入增长情况

年份	2017	2016	2015	2014	2013	平均占比(%)
酒类占比(%)	93.06	92.51	93.94	95.31	95.89	94.14
塑料制品占比(%)	5.94	6.40	4.71	3.80	3.11	4.79
其他收入占比(%)	1.00	1.09	1.35	0.89	1.00	1.07

数据来源:Wind 数据库。

最后通过加权平均,我们可以得出预测未来的销售增长率为

$g = 11.94\% \times 94.14\% + 30.99\% \times 4.79\% + 17.15\% \times 1.07\% = 12.91\%$。

同时,由于销售增长率是自由现金流量模型最重要的参数,也是五粮液企业价值的关键驱动因素,销售增长率的准确度直接决定了估值的准确性,因此,我们除了要考虑一般

情景外,还要考虑乐观和保守的情景。

本文把销售增长率为12.91%作为一般情景的预测增长率,然后再将一般情景的增长率上调2%和下调2%分别作为乐观情形下的增长率和悲观保守情况下增长率。

即在一般情景下,预测增长率为12.91%;在乐观情景下,预测增长率为14.91%;在悲观情景下,预测增长率为10.91%。

2. 目标资本结构的预计

如表6-14所示,五粮液在过去5年中资本结构没有发生太大的波动,因此本文采用过去5年平均的资本结构比例去估计未来资本结构。经过计算,五粮液目标资本结构的资本负债率是18.04%,即负债占比18.04%,权益占比81.96%

表6-14 五粮液2013—2017年资本结构

年份	2017	2016	2015	2014	2013	平均值
资产负债率(%)	22.91	22.47	15.61	13.09	16.11	18.04

数据来源:Wind数据库。

3. 资本成本的预计

(1)无风险报酬率R_f。国债收益率通常被认为是无风险的,同时长期国债波动性较小,与评估企业的现金流量期限更为一致,因此我们采用2017年国债发行公布的5年期国债的年利率4.27%。(数据来源:中国人民银行官网)

(2)风险溢价($R_m - R_f$)。此次估值借鉴国内多数学者的做法,选取我国GDP增长率作为市场风险溢价($R_m - R_f$),选取2017年国家公布的GDP增长率6.9%作为市场风险溢价。

(3)β值。β系数是一种风险指数,用来衡量个别股票或股票基金对于整个股市的价格波动情况。β是一种评估证券系统性风险的工具,用以度量一种证券或一个投资证券组合相对于总体市场的波动性。

此次对β值的评估采用的是回归直线的方法。由于在2014年及之前,白酒行业由于宏观环境等原因使行业整体收益下降,风险加大,而在2014年后白酒行业开始回归增长,风险特征发生明显改变,因此本文采用近三年作为β的计算期间,收益计量的间隔我们采用的是周收益率。图6-3是五粮液指数收益率。

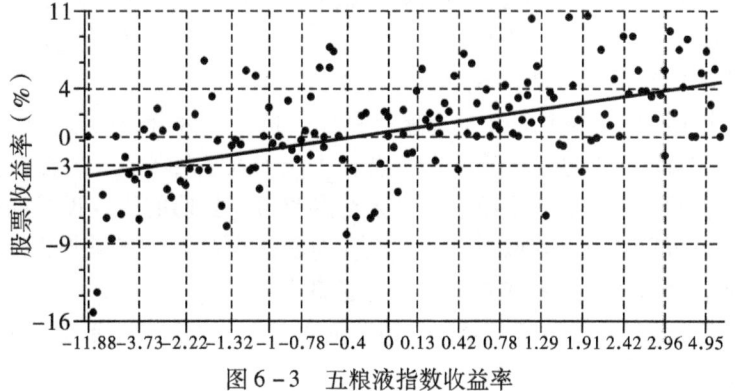

图6-3 五粮液指数收益率

数据来源:Wind数据库。

经过计算,我们得出五粮液的 β 值是 0.91。

(4) 权益资本成本。根据上述的计算,我们可以计算五粮液的权益资本成本:K_e = 4.27% + 0.91 × 6.9% = 10.55%

(5) 债务资本成本。在五粮液这五年的资产负债表中,均没有短期借款、长期借款、应付债券等有息金融性负债。

如表 6-15 所示,五粮液在这五年中的财务费用都是负数,而且利息支出相对于利息收入来说是少之又少,因此,我们把五粮液的债务资本成本估计为 $K_d = 0$。

表 6-15 五粮液债务资本成本

年份	2017	2016	2015	2014	2013
财务费用(亿元)	-8.91	-7.66	-7.32	-6.58	-8.27
利息支出(亿元)	0.16	0.29	0.15	0.09	无
利息收入(亿元)	9.03	7.65	7.46	6.6	8.21

数据来源:五粮液公开财务报表。

(6) 加权平均资本成本。根据计算出来的权益资本成本和债务资本成本,我们可以得出五粮液的加权平均资本成本如表 6-16 所示。

表 6-16 五粮液股权资本成本

权益资本成本(%)	债务资本成本(%)	权益占资产比(%)	债务占资产比(%)	加权平均资本成本(%)
10.55	0	81.96	18.04	8.65

由表 6-16 可知,五粮液的加权平均资本成本:WACC = 10.55% × 81.96% = 8.65%。

(四) 基于管理用财务报表的预测

传统的资产负债表将资产和负债按照流动性划分为流动性和非流动性两大类,这种划分方式有助于衡量企业偿还债务的能力。而企业的利润来源于经营活动和金融活动两个方面,为了估值的准确性,需要把金融性等非经常性损益进行剔除,因此,本文将五粮液的资产负债表重构成管理用资产负债表。

在重构管理用资产负债表之前,我们需要做出一些重要假设以及划分的前提:

假设 1:货币资金根据公司历史的"货币资金/销售收入"百分比以及本期销售额,推算经营活动需要的货币资金额,多余部分为金融资产。

假设 2:"投资收益"需要对其构成进行具体分析。要区分债权投资收益和股权投资收益。债权投资收益属于金融活动产生的收益,不应列入经营收益。股权投资收益要区分短期的和长期的,短期的股权投资收益要计入金融收益,长期的股权投资如联营企业和合营企业的投资收益可以列入经营收益。而该企业对联营企业和合营企业的投资收益由于每年都不足 1 亿元,相对于收入和成本太少,可忽略不计。

假设 3:"资产减值损失"和"公允价值变动收益",通常不具有可持续性,可以不列入预计利润表。

假设 4:"营业外收入"和"营业外支出"属于偶然损益,不具有可持续性,预测时可予以忽略。

首先将货币资金划分为经营性资产和金融性资产，本文采用这5年货币资金/主营业务收入的平均比例作为过去和未来5年划分经营性货币资金和金融性货币资金的标准。

如表6-17所示，经过计算，货币资金/主营业务收入的平均值为1.23。

表6-17 五粮液过去5年货币资金与收入相关数据

年份	2017	2016	2015	2014	2013
货币资金（总）（亿元）	405.92	364.66	263.74	223.82	257.63
主营业务收入（亿元）	301.87	245.44	216.59	210.11	247.19
货币资金/主营业务收入	1.34	1.49	1.22	1.07	1.04
经营性货币资金（亿元）	371.64	302.17	263.74	223.82	257.63
金融性货币资金（亿元）	34.28	44.49	0.00	0.00	0.00

数据来源：五粮液公开财务报表。

根据表6-18，我们可以得出2013—2017年的经营营运资本的增加额还有净经营长期资产增加额。因此，我们计算出五粮液2013—2017年的企业自由现金流量，如表6-19所示。

表6-18 五粮液2013—2017年重构资产负债表　　　　　单位：亿元

时间	2017.12.31	2016.12.31	2015.12.31	2014.12.31	2013.12.31
经营性流动资产					
货币资金	371.64	302.17	263.74	223.82	257.63
应收票据	111.88	95.79	86.65	73.69	36.25
应收账款	1.10	1.08	1.07	1.23	0.75
预付款项	1.98	2.72	3.32	2.98	2.14
其他应收款	0.21	0.19	0.19	0.20	0.23
存货	105.58	92.57	87.01	80.91	68.86
合计	592.39	494.51	441.98	382.83	365.11
经营性流动负债					
应付票据	6.30	3.27	2.06	0.85	0.53
应付账款	31.38	21.71	10.58	6.47	5.84
预收款项	46.46	62.99	19.94	8.58	8.25
应付职工薪酬	25.67	22.74	23.87	22.72	23.29
应交税费	26.45	10.92	10.42	10.98	21.94
其他应付款	23.43	15.25	12.80	9.64	10.58
合计	159.69	136.88	79.67	59.24	70.43

续上表

时间	2017.12.31	2016.12.31	2015.12.31	2014.12.31	2013.12.31
经营性营运资本	432.70	357.63	362.31	323.58	294.69
经营性营运资本增加	75.07	-4.68	38.73	28.89	—
经营性长期资产					
长期股权投资	8.63	7.95	9.02	8.68	1.21
固定资产	52.93	54.31	53.48	56.76	58.82
在建工程	2.72	2.93	5.55	3.85	2.23
工程物资	0.02	0.02	0.02	0.00	0.02
固定资产清理	0.00	0.00	0.00	0.00	0.23
无形资产	3.99	4.02	4.12	4.22	2.94
商誉	0.02	0.016 216	0.02	0.02	0.02
长期待摊费用	1.32	1.26	0.886 559	0.52	0.62
递延所得税资产	6.80	6.18	6.40	5.03	5.79
合计	76.43	76.67	78.60	79.08	71.88
经营性长期负债					
长期应付款	0.00	0.00	0.00	0.01	0.01
递延所得税负债	0.00	0.00	0.00	0.00	0.00
递延收益	2.80	2.81	2.27	1.45	0.00
其他非流动负债	0.00	0.00	0.00	0.00	0.67
合计	2.80	2.81	2.27	1.46	0.68
经营性长期净资产合计	73.63	73.86	76.33	77.62	71.20
经营性长期净资产增加	-0.23	-2.47	-1.29	6.42	—
金融性流动负债					
金融性流动资产					
应收利息	6.13	6.04	3.99	2.16	3.55
货币资金	34.28	44.49	0.00	0.00	0.00
合计	40.41	50.53	3.99	2.16	3.55
金融性长期负债					
金融性长期资产					
可供出售金融资产	0.01	0.01	0.01	0.01	0.00
合计	0.01	0.01	0.01	0.01	0.00

数据来源：五粮液公开财务报表，并由作者整理。

表 6-19 五粮液 2013—2017 年企业自由现金流量

年度	2017	2016	2015	2014	2013
主营业务收入（亿元）	301.87	245.44	216.59	210.11	247.19
主营业务成本（亿元）	84.50	73.14	66.72	57.72	66.10
主营业务税金及附加（亿元）	34.95	19.41	17.85	15.17	18.49
销售费用（亿元）	36.25	46.95	35.68	43.09	33.82
管理费用（亿元）	22.69	21.44	21.29	20.47	22.64
息税前利润（亿元）	123.48	84.50	75.05	73.66	106.14
所得税（亿元）	30.87	21.13	18.76	18.42	26.54
息前税后利润（亿元）	92.61	63.38	56.29	55.25	79.61
经营营运成本净增加额（亿元）	75.07	-4.68	38.73	28.89	—
净经营长期资产增加额（亿元）	-0.23	-2.47	-1.29	6.42	—
公司自由现金流量（亿元）	17.78	70.53	18.84	19.93	79.61

通过重构五粮液 2013—2017 年的资产负债表以及计算自由现金流，我们可以以此为基础预测五粮液 2018—2023 年的管理用资产负债表以及计算自由现金流。

（五）自由现金流量的预测

我们对收入预测采用的是各个部分收入增长率的加权平均增长率，我们从之前计算的过程可得预计销售增长率为 12.91%，我们对五粮液未来的主营业务成本、税金及附加、销售费用、财务费用均假设其占主营业务收入的比例保持与 2013—2017 年占比的平均值不变。

根据表 6-20，我们可以计算出五粮液 2013—2017 年度经营损益占主营业务收入比例并得出平均比例，为后续预测未来自由现金流做铺垫。

表 6-20 五粮液 2013—2017 年度经营损益占主营业务收入比例

年度	2017	2016	2015	2014	2013	平均数
主营业务收入（亿元）	301.87	245.44	216.59	210.11	247.19	244.24
主营业务成本占主营业务收入比率（%）	27.99	29.80	30.80	27.47	26.74	28.56
主营业务税金及附加占主营业务收入比率（%）	11.58	7.91	8.24	7.22	7.48	8.49
销售费用占主营业务收入比率（%）	12.01	19.13	16.47	20.51	13.68	16.36
财务费用占主营业务收入比率（%）	7.52	8.74	9.83	9.74	9.16	9.00

数据来源：Wind 数据库。

基于对销售增长率的假设以及重构的管理用资产负债表，我们预测 2018—2023 年的管理用财务报表。

根据表 6-21，我们可计算得出 2018—2023 年各年的经营性营运资本增加额和经营性长期资产的增加额。通过以上预测，我们可以对未来6年的自由现金流量进行预测。

表6-21 五粮液2018—2023年管理用财务报表预测　　　　　　单位：亿元

年份	2023	2022	2021	2020	2019	2018
经营性流动资产						
货币资金	770.11	682.05	604.06	534.98	473.80	419.62
应收票据	231.84	205.33	181.85	161.05	142.64	126.33
应收账款	2.28	2.02	1.79	1.58	1.40	1.24
预付款项	4.10	3.63	3.22	2.85	2.52	2.24
其他应收款	0.44	0.39	0.34	0.30	0.27	0.24
存货	218.78	193.77	171.61	151.98	134.60	119.21
合计	1 227.56	1 087.18	962.86	852.76	755.24	668.88
经营性流动负债						
应付票据	13.05	11.56	10.24	9.07	8.03	7.11
应付账款	65.03	57.59	51.00	45.17	40.01	35.43
预收款项	96.27	85.27	75.52	66.88	59.23	52.46
应付职工薪酬	53.19	47.11	41.72	36.95	32.73	28.98
应交税费	54.81	48.54	42.99	38.08	33.72	29.87
其他应付款	48.55	43.00	38.08	33.73	29.87	26.46
合计	330.91	293.07	259.56	229.88	203.59	180.31
经营性营运资本	896.65	794.11	703.30	622.88	551.65	488.57
经营性营运资本增加额	102.53	90.81	80.42	71.23	63.08	55.87
经营性长期资产						
长期股权投资	17.88	15.84	14.03	12.42	11.00	9.74
固定资产	109.68	97.14	86.03	76.19	67.48	59.76
在建工程	5.64	4.99	4.42	3.92	3.47	3.07
工程物资	0.04	0.03	0.03	0.03	0.02	0.02
固定资产清理	0.01	0.01	0.00	0.00	0.00	0.00
无形资产	8.27	7.32	6.49	5.74	5.09	4.51
商誉	0.03	0.03	0.03	0.02	0.02	0.02
长期待摊费用	2.74	2.42	2.15	1.90	1.68	1.49
递延所得税资产	14.09	12.48	11.05	9.79	8.67	7.68
合计	158.37	140.26	124.22	110.02	97.44	86.29
经营性长期负债						
长期应付款	0.00	0.00	0.00	0.00	0.00	0.00
递延所得税负债	0.00	0.00	0.00	0.00	0.00	0.00
递延收益	5.80	5.14	4.55	4.03	3.57	3.16

续上表

年份	2023	2022	2021	2020	2019	2018
其他非流动负债	0.00	0.00	0.00	0.00	0.00	0.00
合计	5.80	5.14	4.55	4.03	3.57	3.16
经营性长期净资产合计	152.57	135.12	119.67	105.99	93.87	83.13
经营性长期净资产增加额	17.45	15.45	13.68	12.12	10.73	9.51
金融性流动负债						
金融性流动资产						
应收利息	12.70	11.25	9.96	8.82	7.82	6.92
货币资金	71.04	62.92	55.72	49.35	43.71	38.71
合计	83.74	74.17	65.68	58.17	51.52	45.63
金融性长期负债						
金融性长期资产						
可供出售金融资产	0.02	0.02	0.02	0.02	0.02	0.01
合计	0.02	0.02	0.02	0.02	0.02	0.01

根据表6-22，我们可以计算出2018—2023年预测的自由现金流量。

表6-22 五粮液2018—2023年自由现金流量预测　　　　　　单位：亿元

年度	2023	2022	2021	2020	2019	2018
主营业务收入	625.54	554.01	490.65	434.55	384.86	340.85
主营业务成本	175.10	155.08	137.34	121.64	107.73	95.41
主营业务税金及附加	72.42	64.14	56.81	50.31	44.56	39.46
销售费用	75.12	66.53	58.92	52.18	46.22	40.93
管理费用	47.02	41.64	36.88	32.66	28.93	25.62
息税前利润	255.88	226.62	200.70	177.75	157.43	139.42
所得税	63.97	56.65	50.18	44.44	39.36	34.86
息前税后利润	191.91	169.96	150.53	133.31	118.07	104.57
营运成本增加	102.53	90.81	80.42	71.23	63.08	55.87
资本支出增加	17.45	15.45	13.68	12.12	10.73	9.51
公司自由现金流量	71.93	63.70	56.42	49.97	44.25	39.19
折现系数	0.66	0.72	0.78	0.85	0.92	1.00
折现自由现金流量	47.51	45.72	43.99	42.33	40.73	39.19

（六）连续价值的评估

对于五粮液连续价值的评估，此次评估采用的是永续增长模型，对于稳定期的永续增长率，此次评估五粮液的永续增长率会接近于我国 GDP 的增长率，假定稳定在 6.9% 左右。而折现率也是运用五粮液的加权平均资本成本即 8.65%，对连续价值相关计算如表 6-23 所示。

表 6-23　五粮液的连续价值评估

永续增长率（%）	资本成本（%）	自由现金流（亿元）	折现系数	连续价值（亿元）	连续价值现值（亿元）
6.90	8.65	76.89	0.608	4 403.90	2 677.66

根据永续增长模型：

$$连续价值\ TV = \frac{FCFF \times (1+g)}{R-g} \times (P/F,\ 5,\ 8.65\%)$$

$$= \frac{71.93 \times (1+6.9\%)}{8.65\% - 6.9\%} = 4\ 403.9\ （亿元）$$

连续价值的现值 = TV × （P/F, 8.65%, 5) = 2 677.66（亿元）

（七）企业价值评估

对于五粮液 2018 年 12 月 31 日企业价值评估，如表 6-24 所示，我们可以采用自由现金流量法计算出五粮液的企业价值为 2 897.94 亿元。

表 6-24　五粮液企业价值计算表

	连续价值	2023 年	2022 年	2021 年	2020 年	2019 年
折现自由现金流（亿元）	2 677.66	47.51	45.72	43.99	42.33	40.73
企业价值现值合计（亿元）	2 897.94					

对于 2018 年 12 月 31 日的负债市场价值，由于在前面的分析有提到，五粮液在过去 5 年中一直没有带息金融负债，因此对于五粮液负债的市场价值可近似于其账面价值。而也由于五粮液在过去 5 年中债务一直没有带息金融负债，负债都是经营性负债，因此假设五粮液的负债金额也跟着假设的销售增长率增长。一般情景下，可计算出 2018 年 12 月 31 日的负债市场价值 = 账面价值 = 162.48 × （1 + 12.91%）= 183.46（亿元）。

而对于五粮液的股数，由于五粮液在过去 5 年中 A 股流通股股数一直保持 37.96 亿股不变，因此我们预测在未来 6 年五粮液的股数保持不变。

如表 6-25 所示，一般情景下采用自由现金流量法，我们可以计算出 2018 年 12 月 31 日五粮液的预测股价是 71.51 元/股。

同理，我们采用相同的方法对保守情景以及乐观情景下五粮液 2018 年 12 月 31 日的股价进行预测。

表 6-25　五粮液股权价值计算表

项目	金额	项目	金额
现值合计（亿元）	2 897.94	股数（亿股）	37.96
负债价值（亿元）	183.46	2018.12.31 预测股价（元/股）	71.51
股权价值（亿元）	27 14.49	2018.6.29 实际股价（元/股）	76.00

如表 6-26 所示，我们采用自由现金流量法可以计算出对 2018 年 12 月 31 日五粮液预测股价的预测区间是 60.67~80.04 元/股。

表 6-26　五粮液企业价值评估

绝对估值法	一般情景	保守情景	乐观情景
现值合计（亿元）	2 897.95	3 218.36	2 489.66
负债价值（亿元）	183.46	180.21	186.71
股权价值（亿元）	2 714.49	3 038.15	2 302.95
股数（亿股）	37.96	37.96	37.96
2018.12.31 预测股价（元/股）	71.51	80.04	60.67
2018.6.29 实际股价（元/股）	76	76	76

七、对五粮液的相对价值评估

对于企业价值评估的市场法即相对估值法有三种模型：市盈率模型、市净率模型和市销率模型。

如表 6-27 所示，市盈率模型适合连续盈利，并且 β 值接近于 1 的企业。而五粮液自上市以来已经连续盈利多年，并且 β 值也接近于 1，符合市盈率模型的条件，因此本文采用市盈率模型进行估值比较。

表 6-27　相对估值法模型以及适用性

相对估值法模型	适用性
市盈率模型	适合连续盈利，并且 β 值接近于 1 的企业
市净率模型	适用于需要拥有大量资产、净资产为正值的企业
市销率模型	适用于销售成本率较低的服务类企业，或者销售成本率趋同的传统行业的企业

市盈率模型要求可比公司之间的增长率、债权成本、债权成本要类似，而且增长率是市盈率的关键驱动因素。由于五粮液企业在白酒行业中市场估值排行第二，仅次于贵州茅台，是行业的龙头，因此本文选取白酒行业排行靠前，且增长率与五粮液较为接近的另外四家企业作为可比企业。

如表 6-28 所示，我们可以计算出可比企业的 2018 年预测市盈率的平均值为 24.69。

表 6-28 可比企业行业平均市盈率

	2018 年预计市盈率（E）*
贵州茅台	25.28
泸州老窖	25.13
洋河股份	23.92
口子窖	24.43
平均值	24.69

数据来源：Wind 数据库。

根据 2017 年五粮液披露的报表，五粮液的每股收益为 2.55，则一般情景下预计 2018 年 12 月 31 日五粮液的每股价值 = 2.55 × （1 + 12.91%） × 24.69 = 71.08（元）。

在乐观情景的预测下，预计 2018 年 12 月 31 日五粮液的每股价值 = 2.55 × （1 + 14.91%） × 24.69 = 72.35（元）。

在悲观情景的预测下，预计 2018 年 12 月 31 日五粮液的每股价值 = 2.55 × （1 + 10.91%） × 24.69 = 69.83（元）。

如表 6-29 所示，在相对估值法市盈率模型下，本文对五粮液 2018 年 12 月 31 日的每股价值区间为 69.83 ~ 72.35 元。

表 6-29 相对估值法的企业价值评估

相对估值法	一般情景	乐观情景	保守情景
2018.12.31 预测股价（元）	71.08	72.35	69.83
2018.6.29 实际股价（元）	76	76	76

八、结论

通过以上的计算，我们可以得出以下估值结果。

如表 6-30 所示，在一般情景下本文采用绝对估值法和相对估值法两种方法下的估计是非常接近的，而且相对估值法的区间估计在绝对估值法的区间估计范围内，因此本文认

---

* 写文章时估值。

为该估值结果是具有一定合理性的。

表 6-30 五粮液企业价值评估计算结果

	一般情景点估计（2018.12.31）	区间估计（2018.12.31）	现时股价（2018.6.29）
绝对估值法	71.51	(60.67, 80.04)	76
相对估值法	71.08	(69.83, 72.35)	76

而两种方法下的区间估计还是有区别的，现时股价在绝对估值法的区间估计内，而不在相对估值法的区间估计范围内。由于现时估计均高于两种方法下一般情况的估值，而且76元离区间估值的理想状况80元距离比悲观情况下60元的距离要近，因此本文认为五粮液现时股价还是被市场高估的。

另外，笔者在写作过程中发现对五粮液的估值存在一个有趣的问题，就是在运用绝对估值法模型时，乐观情景下对五粮液的预测股价为60.67元。保守情景下对五粮液的预测股价为80.04，即在对未来增长率上升时公司的估值比未来增长率下降时公司的估值低，后来笔者发现了这是由于预测经营营运资金的增加比息前税后利润高，而预测的经营营运资本的增加之所以这么高是因为五粮液企业持有的经营性货币资金太多。笔者预测企业的经营性货币资金是基于以下假设：

$$经营货币性资金 = \frac{过去5年的货币资金总额平均数}{过去5年的平均主营业务收入} \times 预测当年的主营业务收入$$

因企业平均持有的货币资金总额太多导致预测经营性货币性资金太多，这直接导致了预测经营营运资金的增加比预测息前税后利润高，即未来增长率上升时公司的估值比未来增长率下降时公司的估值低。因此，笔者根据这个问题以及前面的财务报表分析对五粮液提出以下建议：

（1）在扩大企业规模，提高增长率的同时，也在提高企业资金运营的效率，尽量减少企业在做大做强时对营运资金的占用，特别是对货币资金的占用。可以把"减少占用的营运资金"用作项目投资，或者扩大生产，进行固定资产或者无形资产投资等。

（2）提高对下游收款的谈判能力。五粮液的应收票据金额非常高，这也是造成预测经营营运资金的增加比预测息前税后利润高的原因。而且五粮液的资产周转速度不及贵州茅台和洋河股份，五粮液须在应收账款和应收票据上加强管理。如今是白酒行业的并购浪潮，五粮液在资金充足的情况下可以考虑适当并购一些下游企业。

九、参考资料

[1] 朱雅婷. 白酒类上市公司价值评估方法研究 [D]. 成都：西南财经大学，2013.
[2] 张天翼. 上市公司财务绩效综合评价比较分析——以五粮液与洋河股份为例 [J]. 会计师，2017（18）.
[3] 谭嵩. 我国酒类上市公司的财务报表分析——以贵州茅台和五粮液为例 [J]. 商业会计，2011（30）：33-35.

十、讨论题目

(1) 估值的方法有哪些？有何适用条件和限制条件？本案例为何选用收益法和市场法进行企业估值？

(2) 本案例为何选择自由现金流量模型对五粮液计算企业价值？

(3) 连续价值（即终值）评估的方法有哪些？本案例采用的是哪种方法？

(4) 市盈率模型下可比企业如何选择？市盈率模型的驱动因素是什么？

(5) 结合本案例，讨论估值的准确性取决于什么？如何提高估值的准确性？

[案例说明书]

一、本案例要解决的关键问题

本案例首先通过对案例公司所属行业的背景以及案例公司的背景进行介绍,学员能够分别从宏观和微观上了解白酒行业的经济环境以及五粮液企业的经营和财务状况,然后引导学员进一步熟悉企业价值评估的方法并学会运用恰当的估值模型进行企业估值分析。通过本案例的讨论学习,学员需要关键识别:如何选择估值模型,如何对估值模型的结果进行修正,如何对估值模型中的关键性因素比如销售增长率、资本成本、未来自由现金流量等进行预测,如何更正确地作出假设,以及如何提高估值的准确性。

二、案例讨论的准备工作

为了有效实现本案例目标,学员应该具备下列相关知识背景:

1. 理论背景

资产评估的方法与方式;企业价值评估的模型;绝对估值法和相对估值法模型及其适用范围;财务报表分析;管理财务报表;自由现金流量模型和市盈率模型等相关理论知识。

2. 行业背景

白酒行业背景及五粮液企业相关背景详见案例正文部分。

三、案例分析要点

1. 估值的方法有哪些?有何适用条件和限制条件?本案例为何选用收益法和市场法进行企业估值?

估值的方法有三种:成本法、市场法和收益法。

如表6-31所示,对于五粮液的评估,若需要评估白酒公司的单项资产价值时,更适合采用成本法,但本文评估前提是处于经营中的白酒企业,需要综合考虑白酒企业实际运行效率的效益情况,同时也需要考虑公司未来发展情况,因此本文认为成本法不适合对五粮液进行评估,拟采用收益法对五粮液企业价值进行评估。对于主观性且敏感性较强的关键因素,如增长率等,虽然不能准确预测,但我们可以通过五粮液过去的经营状况以及宏观环境,对未来经营做出一些合理的假设,可以在一定程度上提高估值的准确性。

表6-31 资产评估方法及适用性

	成本法	市场法	收益法
适用性	适用于该白酒企业已经处于清算状态的情况	在市场相对有效且上市可比公司较多的情况下适用,使用简便,易于理解	在公司持续经营,且未来经营状况可合理预测的情况下适用,可反映公司未来盈利能力及内在价值

续上表

	成本法	市场法	收益法
限制条件	（1）成本法没有考虑我国白酒企业实际运行效率和效益的情况，更没有考虑公司未来发展前景 （2）忽视了公司作为一个系统存在的整体性	市场法评估准确性一定程度上取决于资本市场的有效性。尽管我国证券市场有效程度不太高，但使用相对估值法对其他估值方法进行检验尚具有一定意义	增长率宏观、微观层面的影响较大，预测数据主观性较强，准确与否很大程度取决于估值人员的判断
企业价值评估的模型		市盈率模型、市净率模型、市销率模型	股利折现模型、股权自由现金流折现模型、自由现金流量折现模型、经济增加值模型等

而对于市场法，尽管我国资本市场尚不完善，但五粮液可比公司众多，公开市场资料便于收集，而且计算较为简便，因此可作为对收益法的补充和检验。

2. 本案例为何选择自由现金流量模型对五粮液计算企业价值？

用收益法评估公司价值即是将公司未来收益的折现值作为公司价值。从本质上看，利润和收益都可以称作公司的收益，而从公司价值管理的最终目标——公司价值最大化来看，二者最终应是殊途同归。但是在会计处理过程中，二者的计算存在差异。

利润更容易受到会计处理方式的影响，使得利润存在人为操纵的可能。而公司的净现金流量是企业实际收入和支出的差额，从实务来讲并不容易被更改，从而更加具备可靠性。因此，相比于经济利润折现法，现金流量折现法更加符合公司价值评估客观科学的要求。

股利折现模型的基本思路是将公司每年分配的股利作为未来现金流，然后将未来现金流折现，得出的结果就是公司的股权价值。公司股利的发放包括两方面的影响因素：一是当年的经营业绩，二是股东的股利政策。对于白酒行业企业来说，这两者都是不稳定且难以预测的，也会带有很大的主观性，因此该方法不适用于白酒上市企业价值评估。经济增加值模型较适用于国企单位以及高新技术企业，对于五粮液来说，每年的研发支出占主营业务收入的比例不足1%；另外，对EVA进行会计调整面临很多困难，其调整的人为因素也使调整后的EVA值具有相当程度的主观性。从表中净资产价值法和调整现值法的适用条件可以看出，白酒企业也不适合采用这两种估值方法进行评估，因此，本文采用自由现金流量法对五粮液进行企业价值评估。

3. 连续价值（即终值）评估的方法有哪些？本案例采用的是哪种方法？

（1）Gordon永续增长模型：假设公司在详细预测期后，现金流以一个稳定的增长率永续增长，将终值期所有现金流折现到详细预测期最后一年并加总，即可得到终值价值。

假设预测期共有 n 期，预测期最后一期现金流为 CF_n，永续增长率为 g，折现率为 r。一般情况下，永续增长率 g 小于 r。

$$终值\ TV = \frac{CF_n \times (1-g)}{(r-g)}$$

(2) 终值倍数法：假设详细预测期最后一期的期末将公司出售，出售时的价格即为终值，常用详细期最后一期的某一业绩指标的倍数来估算终值，即：

TV_n = 详细预测期最后一期的某一指标 × 该指标倍数

用终值倍数法估算终值实际上使用的是相对估值法，在使用时的主要工作就是估计一个合适的倍数。

如果是用红利折现或者股权自由现金流折现，则可以用市盈率、市净率等估算终值。

如果是用无杠杆自由现金流折现，通常是将最后一年的营业利润或 EBIT 或 EBITDA 乘以适当的倍数，估算其终值。

需要注意的是市盈率是指净利润的倍数，不能以详细预测期最后一年的 FCFE 与市盈率相乘得到终值。

在本案例中，对于五粮液连续价值的评估，此次评估采用的是永续增长模型，对于稳定期的永续增长率，此次评估五粮液的永续增长率会接近于我国 GDP 的增长率，假定稳定在 6.9% 左右。而折现率也是使用五粮液的加权平均资本成本即 8.65%，最后计算得出终值 TV = 4 403.9，折现后，终值的现值 = 2 677.66。

4. 市盈率模型下可比企业如何选择？市盈率模型的驱动因素是什么？

如表 6 - 32 所示，市盈率的驱动因素是增长潜力、股份支付率、股权成本，其中关键因素是增长潜力，选择的可比企业应当是同行业中这三个比率类似的企业。

表 6 - 32 市盈率模型

公式（模型）	本期市盈率 = $\dfrac{P_0}{每股净利_0}$ = $\dfrac{股份支付率 \times (1 + 增长率)}{股权成本 - 增长率}$ 内在市盈率 = $\dfrac{P_0}{每股净利_1}$ = $\dfrac{股份支付率}{股权成本 - 增长率}$
驱动因素	增长潜力、股利支付率、股权成本，其中关键因素是增长潜力
可比企业	可比企业应当是三个比率类似的企业

在本案例中，由于五粮液企业在白酒行业中市场估值排行第二仅次于贵州茅台，是行业的龙头，因此本文选取白酒行业排行靠前，且增长率与五粮液较为接近的四家企业作为可比企业，包括贵州茅台、泸州老窖、洋河股份、口子窖等。

5. 结合本案例，讨论估值的准确性取决于什么？如何提高估值的准确性？

答：企业价值的评估特别是绝对估值法主观性是特别强的，预测数据的准确性直接影响到了最后价值评估的准确性，而预测数据是由基础数据和预测假设两者决定的，基础数据一般是市场公开财务报表数据，而预测假设则是评估人需要充分考虑的，预测假设决定了预测数据的准确性，而预测数据的准确性直接影响最后估值的结果。

如何提高估值的准确性？本文认为首先把方法选择好，然后把预测假设设定好，最后把预测数据做好就能够提高估值的准确性。

如何做好预测假设呢？这取决于评估者对公司未来的预判，因此，在估值之前，评估者应该在宏观层面上对该企业所处的行业进行充分的了解，并考虑行业特征特点，然后再从微观上了解企业所处的经营环境以及财务状况，这些虽然对估值并没有直接的影响，但这些对估值假设的设定、对未来的预判都能够奠定一个很好的基础。而另外，未来总是充满不确定性的，评估者在评估的时候应该对影响估值最为关键的参数进行敏感性假设，最后还至少需要用另外一种估值方法和模型对企业价值再评估，通过两种或两种以上的方法来验证估值的准确性。

如在本文中，对于销售增长率的预测，由于白酒行业在 2013 年陷入低迷，而在 2014 年后开始逐渐恢复，因此本文是以 2014—2017 年的财务数据为基础进行预测。另外，作为白酒消费的主力人群，中国 30～55 岁区间的人口结构在 2015 年达到一个高峰，预计 2020 年之后才会有明显下降。而又由于在 2016 年和 2017 年以来白酒行业的收入和利润增长飞快，因此，本文认为白酒行业在 2018—2020 年的增速依然飞快，而在 2020 年后增长率会逐渐下降。基于前面的分析，本文认为以 2014—2017 年五粮液的几何平均增长率作为未来 5 年的增长率较为合适，使用几何增长率可以对未来 5 年增长率的变动的预测作出合适的权衡。同时，销售增长率作为自由现金流量模型最为关键的参数，本文对该参数进行了敏感性假设，分为一般情况、乐观情况和保守情况三种情况分别考虑最后得出一个估值的区间。

又如，对于经营性货币资金和金融性货币资金的估计，对于五粮液企业来说，其货币资金的账面价值巨大，而又有小部分货币资金每年都作为定期存款放在银行，因此，本文选取这 5 年货币资金/主营业务收入的平均比例作为过去和未来 5 年划分经营性货币资金和金融性货币资金。

再如，本文对目标资本结构的估计，考虑到过去 5 年五粮液的资本结构变化不大，维持在一定的比例之间，因此本文采用的是过去 5 年五粮液资本结构比例的平均值作为目标资本结构。

最后，由于前面用的是绝对估值法，最后还需要用相对估值法的模型对绝对估值法模型下的结果进行检验和评价。

四、教学组织方式

（一）问题清单及提问顺序、资料发放顺序

本案例讨论题目依次为：

（1）估值的方法有哪些？有何适用条件和限制条件？本案例为何选用收益法和市场法进行企业估值？

（2）本案例为何选择自由现金流量模型对五粮液计算企业价值？

（3）连续价值（即终值）评估的方法有哪些？本案例采用的是哪种方法？

（4）市盈率模型下可比企业如何选择？市盈率模型的驱动因素是什么？

（5）结合本案例，讨论估值的准确性取决于什么？如何提高估值的准确性？

（二）课时分配

本案例可以按照如下的课堂计划进行分析和讨论，仅供参考，可根据具体情况调整时间或略去其中某一部分，整个案例课的课堂时间控制在 90 分钟左右。

1. 课前准备

提前发放案例正文和思考问题，请学生在课前完成阅读和初步思考，并了解白酒类企业的行业特征、五粮液企业概况、企业价值评估的方法等。另外，也请班长对班内学生进行合理的分组。

2. 课堂计划

（1）教师简要介绍案例及主题，约 5 分钟。

（2）案例回顾：采用随机提问方式对案例进行回顾，为下一步讨论打好基础，约 10 分钟。

（3）案例分析与讨论：按照研究问题的顺序逐个提出问题，学生以小组方式选一名发言人进行抢答，每个问题的讨论控制在 10—15 分钟，总约 60 分钟。

（4）教师进行案例总结：教师对整个案例以及问题、学生的讨论进行全面的概括和总结，约 15 分钟。

3. 课后计划

以本案例为基础，可要求学员根据课堂讨论的内容进行分析总结，并以小组为单位提交案例分析的书面报告，约 1 000 字。

（三）讨论方式

本案例可以采用小组式进行讨论。

（四）课堂讨论总结

课堂讨论总结的关键是：归纳发言者的主要观点；重申其重点及亮点；提醒大家对焦点问题或争议观点进行进一步思考；建议大家对案例素材进行扩展研究和深入分析。

案例 7

海大集团估值分析*

---

* 1. 本案例由广东工业大学管理学院的张军波、刘思、郭建明（广东工程职业技术学院）、古智荣共同撰写，作者拥有著作权中的署名权、修改权、改编权。
2. 本案例授权广东工业大学产教融合 MPAcc 教学智库实验平台使用，广东工业大学产教融合 MPAcc 教学智库实验平台享有复制权、修改权、发表权、发行权、信息网络传播权、改编权、汇编权和翻译权。
3. 由于企业保密的要求，在本案例中对有关名称、数据等做了必要的掩饰性处理。
4. 本案例只供课堂讨论之用，并无意暗示或说明某种管理行为是否有效。

企业价值评估教学案例

[案例封面]

专业领域： 财务管理

适用课程： 财务管理理论与实务

选用课程： 财务报表分析，企业价值评估

编写目的： 本案例旨在引导学员进一步熟悉企业价值评估的方法，并学会运用恰当的估值模型进行企业估值分析。通过本案例的讨论学习，学员要讨论回答以下问题：①本案例使用的 EVA 估值模型的优缺点有哪些？②本案例中使用的可持续增长率的假设前提和一般测算形式有哪些？③企业估值的方法有哪些，其各自有什么优缺点及适用性？④常用估值方法及其一般形式有哪些？⑤利用资本资产定价模型变量的确认？

知 识 点： 影响企业价值评估的驱动因素；企业价值评估的方法及其选择；"二阶段"法

关 键 词： 企业价值评估；"二阶段"法；经济附加值折现法；市场法

中文摘要： 企业价值评估是一项综合性的资产评估，是对企业整体经济价值进行判断、估计的过程，股票投资决策、企业并购决策、股票公开发行、企业绩效评价、纳税税基的确定和法律诉讼等经济决策行为，都频繁涉及企业价值评估。因此，企业价值评估的重要性越发显现出来。本案例使用经济附加值折现模型对目标公司海大集团进行估值，反映企业的经济利润，再以市场估值进行比较。EVA 作为一个业绩评价指标，与传统财务指标相比较最大的优势就是考虑到了企业投入的全部资本成本，它衡量的是企业的资本利润，比会计利润更能反映企业真实价值。通过对本案例的学习可以对剖析企业内在价值和资本利润提供借鉴和参考。

[案例正文]

一、引言

随着中国资本市场的不断发展和进步，制度化建设已经日趋完善，在中国的上市公司已经逐步建立了机制较为完善的定期对外公布的财务报告制度，与此同时，随着我国经济的快速发展，国民的可支配财富也得到快速累积，使得国民理财观念得到了不断的提升，对于从事资产性投资有着越来越迫切的追求。企业价值评估是市场交易中衡量一个企业成功与否和整体质量好坏的指标，在投资者进行投资的过程中，有着举足轻重的作用。

广东海大集团股份有限公司是一家集研发、生产和销售水产饲料、畜禽饲料和水产饲料预混料以及健康养殖为主营业务的高科技上市公司，以"科技兴农，改变农村现状"为神圣使命，以水产预混料、水产和畜禽配合饲料为主营产品，向广大养殖户提供养殖全过程的技术服务。海大集团已经实现了在全国重点水产养殖区域的生产和销售，于全国拥有近40家下属公司和六个中试基地。

如何更能反映海大集团的市场估值，更能够真实地反映企业的盈利能力？采用何种方法分析企业价值驱动因素？评估方法有什么局限性？未来现金流该如何预测？有哪些影响因素？资本成本如何测算及其影响因素有哪些？带着疑问，以下选择海大集团为例，基于其定期公开披露的财务报表，通过预测未来的现金流，对其进行价值评估，判定投资价值，以期具有较强的启发意义。

二、公司价值评估的基本面背景

（一）行业背景

水产饲料制造行业已发展成为我国饲料工业中一个重要的支柱产业，是支撑现代水产养殖业发展的基础，是联系种植业、水产养殖业、水产品加工业等产业的纽带，是关系到城乡居民水产品供应的民生产业。

近年来，我国特种水产品产量保持稳定增长，特种水产养殖产业带已基本形成，特种水产养殖业的兴起，推动了特种水产配合饲料市场蓬勃发展。同时，随着特种水产养殖规模持续的上升，国家对生态化、规模化水产养殖重视程度不断提高，特种水产配合饲料行业发展速度不断加快，产品转化效率、环保性能、安全系数等关键指标不断提高，配合饲料应用越来越普及，特种水产配合饲料市场发展空间巨大。随着我国人均收入水平的提高，消费升级速度不断加快，水产养殖业规模发展扩大，对水产饲料的需求不断提高，使得水产饲料产量由2006年的1 241万吨升到2016年的1 930万吨，年均复合增长率达到4.51%。

饲料成本高和过去几年低迷的养殖效益让其在推广上遇到不少阻力。当前养殖利润的转好、养殖规模和理念的提升，对饲料企业而言是推广膨化料的绝佳时期。近年环保趋严下，过去用于喂养这些特种鱼的冰鲜小鱼的使用量受到严格限制，饲料优势逐步彰显出来，加州鲈、大黄鱼、桂花鱼等容量较大的特种水产料市场的饲料渗透率迎来快速提升阶段。按当前饲料价格推算，未来五年膨化料增量市场空间为350亿元，整体市场空间达到近550亿元。

对于整体饲料行业，报告数据显示，2016年全球饲料产量首次超过10亿吨，同比增长3.7%；而饲料厂家从2015年32 341家减少到30 090家，同比下降7%，行业整合度和生产效率均不断提升，饲料行业集中化日益加剧。2016年全球前十饲料生产国的饲料产量大概占全球饲料总产量的2/3，而前三十的饲料生产国产量占全球的86%。

随着市场竞争的加剧，饲料生产企业兼并整合的步伐进一步加快，行业集中度不断提高。行业内大量技术落后、管理粗放且不具有品牌优势的小规模企业逐渐丧失竞争力并退出市场，为行业领先企业腾出广阔的发展空间。根据《饲料工业"十二五"发展规划》，2015年我国年产50万吨以上的饲料企业将达到50家，饲料产量占全国总产量的比例将达到50%以上。

现阶段，国内环保趋严带来的养殖行业整合，以及居民和国家对食品安全的要求趋严，对饲料行业的整合形成了倒逼机制。预计到2020年，饲料企业数量还将再减2 000～3 000家，大多被淘汰的企业将会是南方水网地区年产5万吨以下的小企业，而腾出4 000万～6 000万吨的市场空间将会被具备良好客户基础和产品优势的优质企业瓜分，深耕多年的行业龙头将受益。

（二）海大集团简介

海大集团（股票代码：002311）成立于1998年，总部设在中国广州，是我国饲料行业综合排名前五的大型高新技术上市公司。

19年来，海大集团聚焦畜禽和水产饲料的研发、生产与销售，并围绕饲料产业链进行布局，整合上下游资源，已形成饲料、优质苗种、动物保健产品和健康养殖、金融服务与食品流通等主营业务板块。目前，海大集团在国内18个省市以及越南、印度、马来西亚、新加坡等国家和地区共设有140余家分（子）公司，员工1.2万人，年产值超350亿元。

以"科技兴农，改变中国农村现状"为使命，海大集团拥有3 000多人的专业服务团队，为养户提供从苗种选择、养殖模式设计、养殖技术辅导、环境控制、病害防治、行情信息、管理技术等各个环节全方位的服务支持。养户的成功和发展缔造了公司高速成长的奇迹；不断创新的服务能力也成为公司未来持续健康发展的最重要的推动力。

海大集团拥有强大的专业技术和研发人员团队，海大研究院组建了动物营养与饲料、生物技术、微生物、生物化工、动物育种、病害防治、养殖技术等全面的研发团队和体系，拥有博士及硕士以上学历的专业研发队伍300多名，每年可完成400多个实验。

海大集团先后被农业部、科技部等认定为"农业产业化国家重点龙头企业""国家火炬计划重点高新技术企业"；并有国家认定的"企业技术中心""国家农产品加工技术研发专业分中心""博士后科研工作站"等。连续多年入选"中国企业500强""中国民营企业500强"。多个品牌产品先后荣获"中国名牌""广东省著名商标""广东省名牌产品"等，且市场占有率分别在国内外市场前列。海大集团的良好成长性、现金流、资产质量和经营管理水平，获得中国农业发展银行、中国银行、中诚信证券评估有限公司等多家合作银行和中介机构AAA以上的信用等级评定。

（三）海大集团的财务状况

1. 杜邦分析

在本次分析中，以海大集团 2015—2017 年的年度报表得出数据，从而可得各年的杜邦分析，如图 7-1～图 7-3 所示。

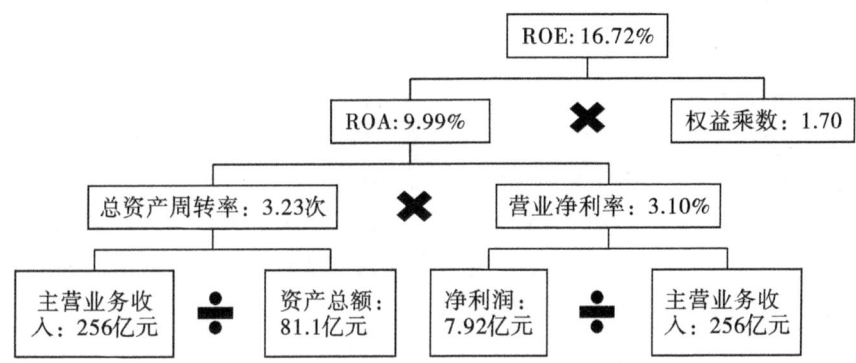

图 7-1　2015 年 12 月 31 日海大集团杜邦分析

数据来源：海大集团报表。

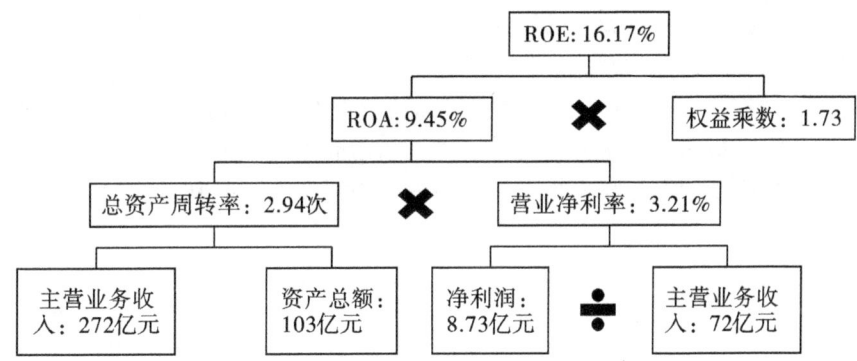

图 7-2　2016 年 12 月 31 日海大集团杜邦分析

数据来源：海大集团报表。

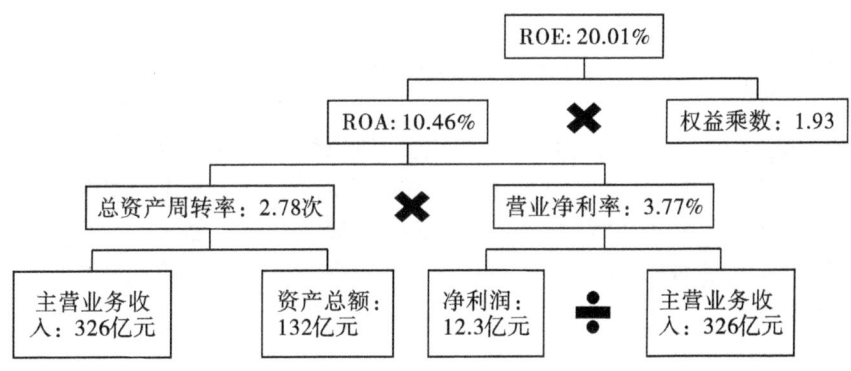

图 7-3　2017 年 12 月 31 日海大集团杜邦分析

数据来源：海大集团报表。

2. 杜邦分析综述

首先从核心指标权益净利率（ROE）来看，除2016年受自然灾害和市场行情等不可抗力的影响，总体保持 ROE 上升趋势，在2016年下浮0.55%后，在2017年迅速增长3.84%，这显示出海大集团良好的抗风险能力，使得它的核心指标能维持在稳中有升状态。

2016年三季度天灾影响集中爆发，因水灾、台风等不可抗力因素影响，华中区水产料出现 -10% 的下滑，生猪养殖业务的扩张进度也受环保趋严影响，但公司通过实行市场、技术、采购、内部运营快速反应的联动机制使得禽饲料的毛利率保持相对稳定，2017年公司通过继续优化产品结构，提升高毛利产品占比，带动饲料主营业绩回升。其销售净利率由2016年增长3.50%，到2017年迅速增长17.45%。

最后，海大集团2016年的总资产净利率（ROA）虽下滑4%，但总体呈现上升趋势，且资产规模逐年上升，总体发展稳定，在经历2016年自然灾害和市场行情重大利空影响下，仍保持总资产逐年25亿元左右的增长，可见海大集团稳中有升，具有发展潜力。

综上所述，从资产、负债和收益等方面来看，都显示了海大集团经营稳健、盈利持续并且抗风险能力卓越的特点，对接下来的估值分析具有指导意义。

3. 财务指标分析

①盈利能力。盈利能力指标包括权益净利率、总资产净利率和营业净利率等，本次分析选取海大集团的可比公司为对比，各项指标都选取2017年作为代表年份。

从表7-1各项指标数据可以看出海大集团的权益净利率和总资产净利率远高于可比同行，表现出了海大集团明显优势的盈利能力，从营业净利率来看，其虽然不及天马科技和通威股份，但仍处于中上，从中也可以看出海大集团在保持盈利优势的同时，也要保证对成本的管控。

表7-1 海大集团及其可比公司盈利能力指标

	海大集团	天邦股份	正邦科技	唐人神	国联水产	天马科技	通威股份
权益净利率（%）	20.1	1.06	8.63	10.33	7.66	12.01	16.07
总资产净利率（%）	10.46	0.65	3.85	7.15	4.11	6.85	8.70
营业净利率（%）	3.77	3.71	2.70	2.81	3.52	7.97	7.82

数据来源：各企业报表。

②偿债能力。偿债能力同样选取海大集团及其可比公司2017年各项指标数据，分别从流动比率、速动比率两个短期偿债能力指标和权益负债比率、权益乘数两个长期偿债能力指标来分析，从表7-2中可以看出，海大集团短期偿债能力处于行业低下水平，这是由于海大集团拥有大量的短期负债，增大了短期偿债能力的风险，但海大集团的长期偿债能力处于行业平均水平。

表 7-2 2017 年海大集团及其可比公司偿债能力指标

	海大集团	天邦股份	正邦科技	唐人神	国联水产	天马科技	通威股份
流动比率	1.15	1.22	0.80	1.19	2.10	1.47	0.79
速动比率	0.58	0.50	0.34	0.61	0.76	1.01	0.60
权益负债比率	1.02	2.17	0.64	1.63	0.98	0.99	1.13
权益乘数	1.93	2.38	2.38	1.81	2.01	2.07	1.88

数据来源：各企业报表。

③营运能力。营运能力指标选取 2017 年数据作为代表年份，主要从应收账款周转率、流动资产周转率和存货周转率三个指标来分析，从表 7-3 可以看出，海大集团的各项周转率明显高于其可比公司，高应收账款周转率表明海大集团较高的管理效率，较高的流动资产效率也表现出对企业资源的利用效率，要维持流动资产周转率较高水平，应以主营业务收入增幅高于流动资产增幅作为保证，所以，在一定程度上增强了企业的盈利能力，存货周转率较高同样表明企业的变现能力，促使企业在保证生产经营连续性的同时，提高资金的使用效率，增强企业的短期偿债能力。

表 7-3 2017 年海大集团及其可比公司营运能力指标

	海大集团	天邦股份	正邦科技	唐人神	国联水产	天马科技	通威股份
应收账款周转率	48.75	34.92	48.73	6.37	5.37	5.39	38.17
流动资产周转率	5.34	2.29	3.77	4.20	1.44	1.25	3.43
存货周转率	10.65	3.11	6.74	12.34	2.09	3.26	13.36

数据来源：各企业报表。

④成长能力。从表 7-4 可以看出，海大集团的主营业务增长情况维持在行业平均水平，但是其净利润增长率在可比企业出现负增长的情况下仍保持较高的增长，进一步证明了海大集团经营稳健，盈利持续并且抗风险能力卓越的特点，海大集团和通威股份的较高增长率也从中反映出了行业背景下行业集中度的不断提高。

表 7-4 海大集团及其可比公司成长能力指标

	海大集团	天邦股份	正邦科技	唐人神	国联水产	天马科技	通威股份
主营业务增长率	0.20	0.29	0.09	0.26	0.56	0.35	0.25
净利润增长率	0.33	-0.45	-0.16	0.28	-0.04	0.11	0.22

数据来源：各企业报表。

（四）海大集团 SWOT 分析

1. 优势（strength）

（1）产品线完善，差异化助推产品力提升。公司以水产饲料起步，积累较久且优势突出，2006 年开始进军禽料市场，2010 年开始布局猪料市场，发展迅速。公司目前全面投资生产畜禽饲料、水产饲料、预混料等全系列的饲料产品，产品线齐全，产品组合和区域布局特点使公司抗风险能力较强。公司持续在推动产品升级、寻求产品差异化上努力创新。公司一方面通过加大研发投入积极推出高毛利的功能性饲料和特种饲料，推动产品升级，拉开与竞争对手的差异；另一方面利用配方优势有效降低原有产品的生产成本。高端产品在高定价的同时，追求动物成活率、生长效果和生长效率的明显优势，品牌效应突出；中端产品在保证领先的生产效能基础上，贴近于竞争对手产品定价，追求突出的产品性价比。同时，公司将种苗、动保、服务结合起来，转型养殖方案解决商，以"产品力提升"抢占市场的模式取代以往的"服务带动销售"模式。

（2）科研能力。公司通过动物营养和原料利用的研发能力、饲料产品的配方技术能力、原材料采购能力、高效的内部运营能力等各项专业能力和"四位一体"快速联动机制共同打造了公司卓越的产品力。

（3）高效运营能力是有效组织生产的重要支撑。通过推动 SAP、OA 等管理软件落地，公司构建了较强的信息化系统，内部运营工作也逐步走向流程化、标准化和数据化。

（4）股权激励计划。公司积极推进股权激励计划和员工持股计划，构建公司发展共同体，助力公司长期发展。2017 年 3 月公司面向对公司整体业绩和中长期发展具有重要作用的公司核心人员（包括董事、监事、高级管理人员和其他核心成员）的员工持股计划完成，持股计划将核心团队员工的利益与公司未来的增速挂钩，激励员工推动公司加速发展。

2. 劣势（weakness）

（1）行业竞争日趋激烈。饲料行业进入壁垒低且布局分散，同质化现象严重，市场竞争激烈，海大集团在产品价格和质量管控等方面将持续面对竞争压力。

（2）海大集团的前端料销量占比仍然较小，2017 年公司前端料销量预计约 20 万吨，占猪料总销量（估计 165 万吨）的比重只有 12%。

3. 机会（opportunity）

（1）消费升级。近年来由于消费升级，对营养价值高的特种水产品和高档水产品的需求不断上升，促使水产养殖品结构的变化。以淡水鱼为例，草鱼、鲤鱼、鲢鱼、鲫鱼、鳙鱼等传统家鱼的比重逐年下降，其他淡水鱼类如鲟鱼、鳗鲡、黄颡鱼、泥鳅等所占的比例逐年上升。下游特种水产品的产量增加推动水产饲料产品升级，促使特种水产饲料类的高端膨化料需求扩张，使海大集团在膨化饲料行业的多年研发积累、市场推广及品牌沉淀的优势得以发挥。

（2）尽管我国生猪养殖市场不断走向规模化、集中化，年出栏量较小的散户仍然占到养殖行业的绝大部分。据中国畜牧业年鉴数据显示，2015 年，年出栏量 500 头以下的养猪场占养猪场总数的 99.43%，这部分散户的需求仍以配合料为主。根据我们的测算，这一部分散户当前的出栏规模在 30% 左右，未来几年也不会快速消失，市场在短期内仍然有大量的配合料需求。

4. 威胁（threat）

对持股计划进展的控制、天气异常及养殖疫病风险、原料价格波动风险、政策变动风险等。

（五）价值驱动因素分析

1. 行业地位及市场环境

如图7-4所示，从2015—2017年，除去2016年自然灾害和消极市场行情等不可抗力的影响，营业收入总体呈现出上升趋势。海大集团作为水产饲料的龙头企业，由于其丰富的产品结构、强大的研发能力和杰出的公司管理效率，在行业集中化的市场环境中显现优势，表现出经营的稳健性和抗风险能力，这在2017年环比增长情况可以得到印证。从SWOT的机会分析中可知，消费升级必然推动水产饲料增长的需求和生猪养殖市场集中化的趋势，都将会给处于行业前列的海大集团带来很大的成长空间。

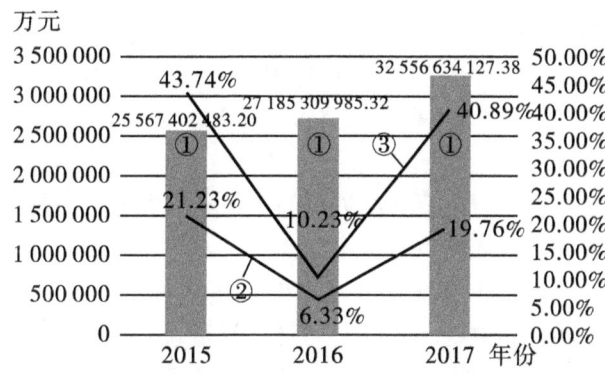

①营业收入；②营业收入增长率；③净利润增长率

图7-4 海大集团近三年营业收入增长情况

数据来源：海大集团报表。

2. 自身盈利增长趋势

2016年由于华中、华东等多个地区遭遇洪涝灾害，冲击公司部分区域的水产、畜禽养殖，对公司下半年的饲料销量和利润增长产生影响和导致消费持续低迷，肉猪、肉禽及水产品终端价格下滑对养殖效益和饲料销售造成影响，致使实际增长率低于可持续增长率。如表7-5所示，除了2016年，其余各年实际增长率都高于公司的可持续增长率，保持着高速增长；此外，实际增长率远远高于同期国内生产总值的增长率，也表明了海大集团确实有着出色的成长能力且这种成长性是可以延续、在未来不断发展的。

表7-5 海大集团增长趋势

年份	可持续增长率（%）	实际增长率（%）	GDP增长率（%）
2015	7.06	21.23	6.90
2016	8.09	6.33	6.70
2017	15.89	19.76	6.90

数据来源：海大集团报表。

三、企业价值估值模型介绍

(一) 经济附加值（EVA）估值模型

1. 经济附加值的概念

在19世纪到20世纪初，企业规模大多很小，一般都是私人经营，投资者和管理者往往是一个人，不存在委托代理的机制问题。到了20世纪，随着资本市场的发展以及社会经济的进步，企业的规模越来越大，经营企业的难度进一步加大，原来的企业所有者开始聘请职业经理人管理经营企业，而自己只是负责提供资金等各项资源。企业的经营权和所有权出现分离，这个时候委托代理机制开始形成。委托代理机制产生以后，就有了股东与经理人的概念。此时企业经营的目标就变成了给股东创造更多的财富，而不是仅仅追求利润最大化。股东投入很多资源，当然要求获得更多的回报，这就是资源使用效率问题，综合考虑资源的投入与产出。因此，评价一家企业好坏，就看这家企业是否能给股东带来更多的财富，于是1989年思腾斯特公司提出了EVA的概念。他们认为，股东投入的资源是有成本的（机会成本），只有企业的盈利超过投入资源的机会成本，才能为股东创造价值。

经济附加值是指公司运用投入资本所创造的高于资本成本的价值，它等于投入资本的回报率与资本成本之差乘以投入资本，即：

$$EV\!A = IC \times (ROIC - WACC)$$

其中，投入资本是指公司在核心经营活动（主要是固定资产、无形资产以及营运流动资金）上已投资的累计数额。它包括股权人及债权人的投资，也就是用股东权益加上有付息义务的债券投资。投入资本回报率等于税后净经营资产与投入资本的比值。即：

$$ROIC = \frac{NOPLAT}{IC}$$

所以 EVA 也可以表示为：$EVA = NOPLAT - IC \times WACC$

2. 经济附加值折现模型的一般形式

经济附加值估值模型的原理是：企业价值等于股指试点投入资本的账面价值加上未来所有经济附加值的折现价值，折现率使用加权平均资本成本。其一般形式为：

$$EV = IC_0 + \sum_{t=1}^{n} \frac{EVA_t}{(1+WACC)^t} + \frac{TV}{(1+WACC)^n}$$

式中，EV 表示企业价值；IC_0 表示估值时点投入资本的账面价值；EVA_t 表示预测期第 t 期的经济附加值；n 表示详细预测期期数；WACC 表示加权平均资本成本；TV 表示经济附加值的终值。

3. 永续增长模型下终值的测算

假设预测期末，公司进入稳定增长期，EVA 以增长率 g 保持稳定增长，则：

$$终值\ TV = \frac{EVA_n \times (1+g)}{(WACC - g)}$$

（二）市场法估值模型

1. 市盈率倍数法

市盈率倍数法是目前企业最常用的可比公司法之一，它反映了一家公司的股票市值对其净利润的倍数。

市盈率倍数法的计算公式为：

$$市盈率（P/E）= \frac{每股市价}{每股收益}（或\frac{股权市值}{净利润}）$$

在使用市盈率倍数法估值时，一般先选择一组可比公司，计算这一组可比公司的平均市盈率，以该市盈率作为目标公司的市盈率倍数，则：

$$被评估企业价值 = 平均市盈率 \times 被评估企业的净利润$$

2. 市净率倍数法

市净率倍数反映了一家公司股票市值对其净资产的倍数，在需要更多关注净资产的时候，通常会使用净资产倍数法，同时，市净率倍数也常用于衡量一家公司的经营成长性和对股东投入的运用能力。

市净率倍数的一般形式：

$$市净率（P/B）= \frac{每股市价}{每股净资产}（或\frac{股权市值}{净利润}）$$

在使用市净率倍数估值时，与市盈率法类似，一般先选择一组可比公司，计算这一组可比公司的平均市净率，同时为了反映目标公司与可比公司在基本因素方面的差异，有时需要对平均市净率进行调整，以调整过的市净率作为目标公司的市净率倍数，则：

$$被评估企业价值 = （调整后的）平均市净率 \times 被评估企业的净资产$$

3. 市销率倍数法

市销率倍数法主要用于创业板的企业或高科技企业。在国内证券市场运用这一指标来选股可以剔除那些市盈率很低但主营又没有核心竞争力而主要是依靠非经常性损益而增加利润的上市公司。因此该项指标既有助于考察公司收益基础的稳定性和可靠性，又能有效把握其收益的质量水平。

市销率倍数的一般形式：

$$市销率（P/S）= \frac{市场价值}{营业收入} = \frac{每股股价}{每股营业收入}$$

在使用市销率倍数法估值时，与市盈率法和市净率法类似，一般先选择一组可比公司，计算这一组可比公司的平均市销率，同时为了反映目标公司与可比公司在基本因素方面的差异，有时需要对平均市销率进行调整，以调整过的市销率作为目标公司的市销率倍数，则：

$$被评估企业价值 = （调整后的）平均市销率 \times 被评估企业的销售收入$$

四、估值模型的应用

（一）情景分析法下预测期增长率的估计

1. 海大集团的可持续增长假设

从上面的驱动因素分析中可以看到，海大集团具有巨大的未来市场发展潜力，在市场利好的情况下，结合海大集团自身优势，大力发展主业，其盈利趋势将得以保持，从2015—2017年的年报可知，公司没有进行大规模的长期融资计划，其债券融资主要以短期借款为主，没有长期债务，公司的股权变动是由于公司股权激励计划导致的，并未进行股权融资，为了方便测算，本次估值假设其目前的盈利趋势稳定，维持现有的经营效率和财务政策，并不发行新股，则可以测算海大集团的可持续增长情况。

为减少随机因素的干扰，本次估值选取海大集团2015—2017年三年的营业净利率、总资产周转率、收益留存率和权益乘数进行分析，具体数据如表7-6所示。主要研究数据来源于海大集团2015—2017年的财务报表。

表7-6 海大集团2015—2017年可持续增长率

年份	销售净利率（%）	总资产周转率（次）	收益留存率（%）	权益乘数	可持续增长率（%）	实际增长率（%）	GDP增长率（%）
2015	3.10	3.23	38.75	1.70	7.06	21.23	6.90
2016	3.21	2.94	45.82	1.73	8.09	6.33	6.70
2017	3.77	2.78	67.80	1.93	15.89	19.76	6.90
平均值	—	—	—	—	10.35	15.77	6.83

数据来源：海大集团报表。

2. 情景分析法下的可持续增长率

从可持续增长假设中可以看到，海大集团可持续增长率保持在10%左右。在对企业未来价值进行评估过程中，由于未来价值存在波动性、随机性等特性，仅仅依靠一个假设的增长率是无法科学、准确预测未来企业价值的，因此，本案例在估值过程中将采用情景分析法，基于可持续增长假设，分为三部分，即一般情景预测、乐观情景预测和保守情景预测进行分析，综合分析企业未来价值的各种可能性。这种方法为投资者提供有意义的价格区间估计，同时对于区间对应的情景有实用的分析。虽然只是基础性价值评估，但这样的分析已足够满足投资的基本决策。

一般情景预测增长率：本次估值基于海大集团可持续增长的假设，选取2015—2017年可持续增长率的平均数，即10.35%作为一般情景预测增长率。

乐观情景预测增长率：看好未来市场环境及海大集团自身优势，在一般预测情景增长率的基础上上调5%的增速，即15.35%。

保守情景预测增长率：对海大集团未来增长趋势的预期较为悲观，在一般预测情景增长率的基础上下调5%的增速，即5.35%。

（二）未来财务报表的预测

本次估值选取基期为2018年12月31日，对未来财务报表的估计将以2015—2017年年报数据作为基础，对海大集团基期及之后未来5年的财务报表进行预测。

基于前文假设，营业收入将以一般情景预测的增长率10.35%逐年增长，假设产生的主要收入和费用项目占营业收入比例稳定，营业外收入和支出金额每年处于稳定水平，资产减值损失、投资收益、公允价值变动损益、少数股东损益、非经常性损益等假定稳定为过去三年的均值水平，如表7-7、表7-8所示。

表 7-7 历史利润表各项目占营业收入比　　　　　　　　　　　　单位：十万元

年份	2015	2016	2017	平均值
营业收入	255 674.02	271 853.10	325 566.34	
营业成本	231 594.46	246 254.16	289 795.79	
营业成本占比	90.58%	90.58%	89.01%	90.06%
营业税金及附加	54.24	337.44	470.91	
营业税金及附加占比	0.02%	0.12%	0.14%	0.09%
销售费用	6 744.27	7 610.33	10 704.74	
销售费用占比	2.64%	2.80%	3.29%	2.91%
管理费用	6 771.21	7 563.05	10 472.38	
管理费用占比	2.65%	2.78%	3.22%	2.88%
研发费用	1 661.63	1 961.30	2 583.07	
研发费用占比	0.65%	0.72%	0.79%	0.72%
财务费用	1 024.04	702.69	804.53	
财务费用占比	0.40%	0.26%	0.25%	0.30%
利息支出	804.75	761.16	994.95	
利息支出占比	0.31%	0.28%	0.31%	0.30%
资产减值损失	265.82	191.95	454.69	304.15
投资收益	44.98	551.76	1746.54	781.09
公允价值变动损益	-17.36	260.88	-325.50	-81.98
营业外收入	778.25	616.59	284.16	559.67
营业外支出	136.61	182.93	222.19	180.58
少数股东损益	119.14	167.70	192.35	159.73
非经常性损益	504.74	394.58	444.69	448.00

数据来源：海大集团报表。

表7-8　历史资产负债表各项目占营业收入比　　　　　　　　　单位：十万元

年份	2015	2016	2017	平均值
短期借款	1 622.28	16 086.16	23 038.99	
短期借款占比	0.63%	5.92%	7.08%	4.54%
长期借款	0	0	0	0
长期借款占比	0	0	0	0
应付债券	0	0	0	0
应付债券占比	0	0	0	0
资产减值准备	265.82	191.95	454.69	304.15
递延所得税负债	656.55	226.05	111.76	331.45
递延所得税资产	2 897.89	2 175.81	1 189.8	2 087.84
资本化研发费用	170.43	267.49	90.66	
资本化研发费用占比	0.07%	0.10%	0.03%	0.07%
在建工程	1 934.00	2 092.54	3 319.74	
在建工程占比	0.76%	0.77%	1.02%	0.85%

数据来源：海大集团报表。

根据以上关于利润表和资产负债表相关项目的预测假设，即可预测出基期及未来5年海大集团的利润表和资产负债表相关项目，如表7-9、表7-10所示。

表7-9　基期及详细预测期资产负债表及资本结构　　　　　　　　单位：十万元

年份	2018	2019	2020	2021	2022	2023
短期借款	16 310.52	17 998.65	19 861.51	21 917.18	24 185.61	26 688.82
一年内到期的非流动负债	0	0	0	0	0	0
长期借款	0	0	0	0	0	0
应付债券	0	0	0	0	0	0
债务资本合计	16 310.52	17 998.65	19 861.51	21 917.18	24 185.61	26 688.82
普通股权益	64 746.95	64 746.95	64 746.95	64 746.95	64 746.95	64 746.95
少数股东权益	3 622.35	3 622.35	3 622.35	3 622.35	3 622.35	3 622.35
资产减值准备	304.15	304.15	304.15	304.15	304.15	304.15
递延所得税负债	331.45	331.45	331.45	331.45	331.45	331.45
减：递延所得税资产	2 087.84	2 087.84	2 087.84	2 087.84	2 087.84	2 087.84
加：累计商誉摊销	0	0	0	0	0	0
资本化研发费用	251.48	277.51	306.23	337.93	372.91	411.50
减：在建工程	3 053.73	3 369.79	718.57	4 103.44	4 528.14	4 996.81
权益资本合计	64 114.82	63 824.78	63 504.73	63 151.56	62 761.83	62 331.76
资本总额	80 425.33	81 823.44	83 366.25	85 068.74	86 947.44	89 020.58

数据来源：作者根据历史数据测算。

表7-10 基期及详细预测期利润表　　　　　　　　　　　单位：十万元

年份	2018	2019	2020	2021	2022	2023
营业收入	359 262.46	396 446.12	437 478.30	482 757.30	532 722.68	587 859.48
减：营业成本	323 551.77	357 039.38	393 992.95	434 771.22	479 770.05	529 426.24
营业税金及附加	323.34	356.80	393.73	434.48	479.45	529.07
销售费用	10 454.54	11 536.58	12 730.62	14 048.24	15 502.23	17 106.71
管理费用	10 346.76	11 417.65	12 599.37	13 903.41	15 342.41	16 930.35
其中：研发费用	2 586.69	2 854.41	3 149.84	3 475.85	3 835.60	4 232.59
财务费用	1 077.79	1 189.34	1 312.43	1 448.27	1 598.17	1 763.58
其中：利息支出	1 077.79	1 189.34	1 312.43	1 448.27	1 598.17	1 763.58
资产减值损失	304.15	304.15	304.15	304.15	304.15	304.15
加：投资收益	781.09	781.09	781.09	781.09	781.09	781.09
公允价值变动损益	-81.98	-81.98	-81.98	-81.98	-81.98	-81.98
资产处置收益	60.37	60.37	60.37	60.37	60.37	60.37
其他收益	413.95	413.95	413.95	413.95	413.95	413.95
等于：营业利润	14 377.55	15 775.65	17 318.46	19 020.96	20 899.65	22 972.80
加：营业外收入	559.67	559.67	559.67	559.67	559.67	559.67
减：营业外支出	180.58	180.58	180.58	180.58	180.58	180.58
等于：利润总额	14 756.64	16 154.75	17 697.56	19 400.05	21 278.75	23 351.89
减：所得税费用	2 635.54	2 885.24	3 160.78	3 464.85	3 800.38	4 170.65
少数股东损益	159.73	159.73	159.73	159.73	159.73	159.73
等于：净利润	11 961.38	13 109.78	14 377.05	15 775.47	17 318.63	19 021.51

（三）预测期的 EVA

1. 税后经营净利润的计算

根据 EVA 的计算公式：

$$EVA = NOPLAT - IC \times WACC$$

式中，税后净营业利润＝息税前净利润×（1－所得税税率）＋少数股东损益＋本年商誉摊销＋递延所得税负债增加－递延所得税资产增加＋资产减值准备增加＋资本化研发费用－本年资本化研发费用摊销－非经营性损益

根据前文假设数据，可以得出未来6年税后经营净利润（NOPLAT）数据，如表7-11所示。

表7-11 基期及详细预测期税后经营净利润（NOPLAT） 单位：十万元

年份	2018	2019	2020	2021	2022	2023
净利润	11 961.38	13 109.78	14 377.05	15 775.47	17 318.63	19 021.51
加：利息支出	1 077.79	1 189.34	1 312.43	1 448.27	1 598.17	1 763.58
所得税费用	2 652.19	2 885.24	3 160.78	3 464.85	3 800.38	4 170.65
等于：息税前利润	15 691.36	17 184.36	18 850.26	20 688.59	22 717.18	24 955.74
乘以：（1－所得税税率）	0.82	0.82	0.82	0.82	0.82	0.82
等于：息前税后利润	12 866.90	14 091.17	15 457.22	16 964.65	18 628.09	20 463.71
加：少数股东损益	159.73	159.73	159.73	159.73	159.73	159.73
本年商誉摊销	0	0	0	0	0	0
资产减值准备增加	－150.54	0	0	0	0	0
资本化研发费用	251.48	277.51	306.23	337.93	372.91	411.5
递延所得税负债增加	219.69	0	0	0	0	0
减：递延所得税资产增加	898.03	0	0	0	0	0
本年资本化研发费用摊销	0	0	0	0	0	0
非经常性损益	448	448	448	448	448	448
等于：税后净营业利润	12 001.25	14 080.41	15 475.18	17 014.3	18 712.73	20 586.94

2. 加权平均资本成本

（1）**债务资本成本 r_d**。从海大集团2015—2017年财务报表可知，三年来企业长期债务资本为0，海大集团偏好短期借款进行债券融资，由于从报表中无法确定短期借款的时间和利率，单从短期借款利息和短期借款账面价值无法确定短期借款的资本成本，因此我们选取中国人民银行公布的1年期银行贷款基准利率为短期债务资本成本。

根据中国人民银行发布的通知我们了解到，自2015年10月24日起，各金融机构人民币贷款和存款基准利率均进行下调。表7-12是自2015年10月24日开始执行的银行存贷款基准利率表，此后央行还没有发布新的利率表。所以短期贷款利率仍然参照表7-12内的标准执行，即年利率为4.35%。

其中，税后债务资本成本＝税前债务资本成本×（1－所得税税率），所得税税率参照企业所得税税率25%，所以，海大集团税前债务资本成本为4.35%，税后债务资本成本为4.35%×（1－25%）＝3.26%。

表 7-12 银行存贷款基准利率表

贷款项目	年利率（%）	贷款项目	年利率（%）
一、短期借款		五年以上	4.90
一年以内	4.35	三、个人住房公积金贷款	
二、中长期借款		五年（含）以下	2.75
一至五年	4.75	五年以上	3.25

数据来源：中国人民银行。

（2）权益资本成本。权益资本成本采用资本资产定价模型（CAPM）计算：

$$r_e = r_f + \beta(r_m - r_f)$$

①无风险利率 r_f。无风险利率是指将资金投资于某一项没有任何风险的投资对象而能得到的利息率，由于每年各期国债发行利率难以统计，此次估值引用 Wind 数据库中 2017 年的无风险利率为 4.36%。

②风险溢价（$r_m - r_f$）。

此次估值借鉴国内多数学者的做法，选取我国 GDP 增长率作为市场风险溢价（$r_m - r_f$），2017 年国家公布的 GDP 增长率为 6.90%。

③风险系数 β 值。β 系数也称为贝塔系数（Beta coefficient），是一种风险指数，用来衡量个别股票或股票基金相对于整个股市的价格波动情况。β 系数是一种评估证券系统性风险的工具，用以度量一种证券或一个投资证券组合相对总体市场的波动性。

此次估值通过对海大集团可比公司的 β 值卸除杠杆得出无杠杆的 β 值，再根据海大集团可比公司无杠杆的 β 值的平均值，结合海大集团资本结构得出其 β 系数，从海大集团的研报中可知，与其具有可比性的企业有天邦股份、通威股份、新希望、牧原股份、国联水产等，各风险系数如表 7-13 所示。

卸载可比企业的财务杠杆：

$$\beta_{可比企业u} = \frac{\beta_{可比企业L}}{\left[1 + \frac{D}{E}(1+T)\right]} \quad (\frac{D}{E} 为可比企业资本结构)$$

加载目标企业的财务杠杆：

$$\beta_{目标企业L} = \beta_{可比企业u的平均} \times \frac{D}{E}(1-T) \quad (\frac{D}{E} 为目标公司资本结构)$$

表 7-13 可比企业风险系数

	天邦股份	正邦科技	唐人神	牧原股份	国联水产	天马科技	通威股份	平均值
β_L	1.125 5	1.101 7	0.643 5	0.955 9	1.142	1.798 4	2.104 1	—
$\frac{D}{E}(1-T)$	0.112 5	0.435	0.142 5	0.382 5	0.54	0.233 1	0.274 8	—
β_u	1.011 7	0.767 7	0.563 2	0.691 4	0.741 6	1.462 1	1.650 5	0.984 0

数据来源：海大集团研报及各企业报表。

由表 7-13 得出，可比企业无杠杆的风险系数 β_u 及其均值，而从海大集团 2017 年年报可以得出其资本结构 $\frac{D}{E}$ 为 0.337，则：

$$\beta_{目标企业L} = 0.984 \times [1 + 0.337 \times (1 - 25\%)] = 1.2327$$

根据无风险利率 r_f、风险溢价 $(r_m - r_f)$、风险系数 β 值，由资本资产定价模型算出的权益资本成本结果如表 7-14 所示。

表 7-14 资本资产定价模型变量

r_f	$(r_m - r_f)$	β	r_e
4.36%	6.90%	1.2327	12.87%

（3）加权平均资本成本

加权平均资本成本 $WACC = r_d \times \frac{D}{D+E} \times (1-T) + r_e \times \frac{E}{D+E}$，即加权平均资本成本 = 税后债务资本成本 × 债务资本成本比重 + 权益资本成本 × 权益资本成本比重，即可求得加权平均资本成本，计算结果如表 7-15 所示。

表 7-15 海大集团加权平均资本成本

税后债务资本成本	3.26%	权益资本成本比重	74.80%
债务资本成本比重	25.20%	WACC	10.45%
权益资本成本	12.87%		

3. 基期及详细预测期 EVA 的计算

本文借鉴大多数估值的假设，对预测期的 EVA 折现采用历史加权平均资本成本，即前文中求得的海大集团 2017 年的加权资本成本 10.45% 作为折现率。根据以上求得的数据及 EVA 计算公式，即可求得海大集团基期及详细预测期各年的 EVA，结果如表 7-16 所示。

表 7-16 基期及详细预测期 EVA　　　　　　　　　　　单位：十万元

年份	2018	2019	2020	2021	2022	2023
EBIAT	12 001.25	14 080.41	15 475.18	17 014.30	18 712.73	20 586.94
IC	80 425.33	81 823.44	83 366.25	85 068.74	86 947.44	89 020.58
WACC	0.1035	0.1035	0.1035	0.1035	0.1035	0.1035
EVA	3 757.65	5 529.86	6 763.41	8 124.62	9 626.72	11 284.29
折现系数	—	0.91	0.82	0.74	0.67	0.61
EVA 现值	—	5 032.18	5 545.99	6 012.22	6 449.90	6 883.41

（四）永续增长期终值的计算

经过5年期的高速增长步入永续期，随着市场的不断完善和成熟，其增长趋势将逐渐放缓，在此次估值中，根据国内外研究报告，假定海大集团在永续期的增长率会接近于我国 GDP 的增长率，稳定在7%上下，连续估值结果如表 7-17 所示。

表 7-17 详细预测期后的连续估值 单位：十万元

2023 年 EVA	折现系数	永续增长率	WACC	终值	终值现值
11 284.29	0.61	7%	10.45%	349 976.38	213 485.59

根据永续增长模型：终值 $TV = \dfrac{EVA_n \times (1+g)}{(WACC - g)}$，其中，$n$ = 详细预测期5年，可求得终值 TV。

$$TV = \dfrac{1\,128\,428\,510.09 \times (1 + 7\%)}{(10.45\% - 7\%)} = 34\,997\,637\,849.22 \text{（元）}$$

（五）海大集团企业价值

由表 7-18 可知，预测海大集团 2018 年年底资本总额（IC_0）为 8 042 533 265.38，根据 EVA 估值模型的公式：

$$EV = IC_0 + \sum_{t=1}^{n} \dfrac{EVA_t}{(1 + WACC)^t} + \dfrac{TV}{(1 + WACC)^n}$$

求得 EV = 32 383 462 587.00，假设截至 2018 年 12 月 31 日，海大集团普通股保持不变为 1 575 237 054 股，所以其每股价值为：

$$\text{每股价值} = \dfrac{32\,383\,462\,587.00}{1\,575\,237\,054} = 20.56 \text{（元）}$$

表 7-18 预测 2018 年资本总额 单位：十万元

年份	2018
短期借款	16 310.52
一年内到期的非流动负债	0
长期借款	0
应付债券	0
债务资本合计	16 310.52
普通股权益	64 746.95
少数股东权益	3622.35
资产减值准备	304.15
递延所得税负债	331.46

续上表

年份	2018
减：递延所得税资产	2 087.84
加：累计商誉摊销	0
资本化研发费用	251.48
减：在建工程	3 053.73
权益资本合计	64 114.82
资本总额	80 425.33

同理，我们计算得出乐观情景预测和保守情景预测的每股价值。

乐观情景预测的每股价值：27.80 元。

保守情景预测的每股价值：14.74 元。

从而可以得出，截至 2018 年 12 月 31 日，海大集团的每股价值处于 14.74 ~ 27.80 元的区间范围。

（六）基于市场法的估值结果

市盈率估值模型：根据前面的理论部分分析，市盈率法适用于盈利能力相对稳定的公司，而海大集团自上市以来，一直保持着良好的经营业绩和较高的成长，因此本文采用市盈率法进行估值对比。

根据东方财经选取招商证券、兴业证券等机构对 2018 年农牧饲渔板块的预测数据，通过对各机构的预测数据取均值可得行业平均市盈率为 24.01，通过 49 家可比企业的预测数据可得 2018 年海大集团每股收益为 1.001 元。

海大集团每股价值 = 行业平均市盈率 × 海大集团每股收益 = 24.03（元/股）

五、结论

通过经济附加值估值模型和市场法估值模型，得出截至 2018 年年底估值结果如表 7 - 19 所示。

表 7 - 19 各估值模型结果

	EVA 估值模型一般情景预测	EVA 估值模型保守情景预测	EVA 估值模型乐观情景预测	P/E 估值模型
股价估值（元/股）	20.56	14.74	27.80	24.03

海大集团截至 2018 年 6 月 1 日的收盘价为 24.3 元，超过了 EVA 估值模型一般情景预测结果，接近市盈率估值的结果，低于 EVA 估值模型乐观情景预测的估值。

EVA 作为一个业绩评价指标，与传统财务指标相比较最大的优势就是考虑到了企业投入的全部资本成本，它衡量的是企业的资本利润，比会计利润更能反映企业真实价值。EVA 价值评估法充分考虑了资金成本因素，以资本的超额收益来评价企业，有助于加大企业经营者对权益资本的关注，有助于投资者更好地评估企业价值并做出合理决策，也为股东更全面地衡量管理者的绩效服务提供了有效依据。

本次估值采用 EVA 估值模型，估值结果处于 14.74~27.80 元的区间范围，结合前文理论对海大集团前景的分析，一方面说明经济附加值估值模型在企业价值评估中的适用性，反映了海大集团自身的管理效率和发展潜力，另一方面，也表明海大集团的股价尚有一定的成长潜力，可抱持有观望的态度。

六、问题讨论

（1）本案例使用的 EVA 估值模型的优缺点有哪些？
（2）本案例中使用的可持续增长率的假设前提和一般测算形式有哪些？
（3）企业估值的方法有哪些，其各自有什么优缺点及适用性？
（4）常用估值方法及其一般形式有哪些？
（5）利用资本资产定价模型变量的确认有哪些？

[案例说明书]

一、本案例要解决的关键问题

本案例首先通过对案例公司所属行业的背景及案例公司的背景进行介绍，引导学员从宏观上了解这个行业和这个公司的基本情况，然后引导学员进一步熟悉企业价值评估的方法并学会运用恰当的估值模型进行企业估值分析。通过本案例的讨论学习，学员要讨论回答以下问题：本案例使用的 EVA 估值模型的优缺点；本案例中使用的可持续增长率的假设前提和一般测算形式；企业估值的方法及其优缺点和适用性；常用估值方法及其一般形式；确认资本资产定价模型变量的依据。

二、案例讨论的准备工作

（一）理论背景

据安徽大学冯瑞瑞的《基于 EVA 模型对我国券商类上市公司的估值研究》，对国内外 EVA 模型相关的研究状况综述如下：

EVA 模型与企业价值相关性研究。1994 年，Stem Stewart 公司选择了一千家公司作为研究对象，通过大量的数据表明 EVA 估值能够对市场增加值变化强有力的依据，而营业收入只能说明 10% 左右的市场增加值变化，每股收益对市场增加值变化的解释程度在 15% 左右，净资产收益率对市场增加值变化的解释程度在 30% 左右。1996 年，奥博恩对 EVA、NOPLAT 和市场价值三者之间的相关度进行分析，其中 EVA 能够对市场价值变化的 1/3 做出合理的解释，NOPLAT 仅能对市场价值变化的 1/10 做出合理的解释，所以从结果上看，EVA 比 NOPLAT 更能说明市场价值变化的原因，更有利于企业认识自身的市场价值。同年，佩提特和康托尔选择 EVA 和其他四个传统的财务指标分别与市场增加值做了大量的实证研究，辨别各个指标与市场增加值的相关程度，四个传统财务指标为资产收益率、净资产收益率、每股税后利润和净收入。其中的结果是 EVA 与市场增加值变化的相关程度最高，剩下的 4 个传统财务指标与市场增加值变化的相关程度均比 EVA 低许多，所以 EVA 对市场增加值的变化解释程度最高。在这一年，莱恩对 EVA、股票回报率和市场增加值三者之间的相关度进行分析，发现股票回报率与 EVA 的变化是呈现正相关的趋势，市场增加值与股票回报率之间也是呈现正相关的趋势，资产收益率和每股收入为参照指标，进行回归分析，发现 EVA 与股票回报率的相关性高于参照指标。在这个基础上，莱恩还对 EVA 进行了进一步分析，确定了 EVA 可对企业绩效进行评价。2003 年，詹姆斯·多德以 EVA 模型为基础，参照企业的其他营利指标，得出 EVA 与股东利益最大化是呈现正相关关系的，EVA 的值越高越好。

EVA 模型的计算研究。针对 EVA 模型的计算是否应该进行会计科目调整，各个学者在计算中会根据自己的需要进行选择，比如刚才提过的詹姆斯·多德在计算 EVA 和股东权益相关性时，调整会计科目和没有调整会计科目这两个计算结果对实证分析本身并没有任何改变，所以詹姆斯认为使用 EVA 模型时可以不对会计科目进行调整。在 1999 年，大卫·杨通过实证分析认为只对会计科目进行极少的调整时，EVA 模型的计算结果并没有受到多少影响。只有针对其正处于高速成长期的个别企业，此时对会计科目进行调整才能看到 EVA 模型的结果有受到明显的影响。

EVA 模型的实用性研究。在 1996 年，詹姆斯为了研究 EVA 模型的使用对企业来说是否优于那些利益最大化或者企业价值最大化的企业，以四十家企业的数据作为样本，结果发现在过去两年使用 EVA 模型的企业的收益率是高于以利益最大化或者企业价值最大化为目标的企业，所以詹姆斯认为企业使用 EVA 模型或者引用 EVA 指标，能够有效解决代理问题，更能在此基础上实现股东利益最大化。随后 Stem Stewart 公司也进行了实证研究，Stem Stewart 公司使用的样本数据更为广泛，共选取了 140 家企业作为研究对象，其中有一半是使用 EVA 指标的企业，有一半是未使用 EVA 指标的企业，将两者在同一时间在股票市场上的表现进行对比分析，结果发现引用 EVA 指标的企业在一年后均高于另一半没有引用 EVA 指标的企业，高出的水平在 12% 左右。Stem Stewart 公司的另一项实证分析是 66 家使用 EVA 激励体系超过五年的企业为样本，想借此来考察引用 EVA 指标能否为企业带来更高的收入，以及影响程度如何。结果发现那些使用 EVA 激励体系的企业在股票市场上的表现远远高于那些只引用了 EVA 指标但是没有放进其激励体系中的企业的水平，这个差距大概在 80% 左右。所以可以加强对 EVA 体系的建设，可以提高企业的净利润，对资本成本的结构有优化的作用。

刘小冬、杜欢、陈俊（2015）使用 EVA 估值模型对房地产行业、煤炭开采业、零售业及电力行业的部分上市公司进行估值，并且使用传统的会计指标对股价的变动率作为参照，结果证明 EVA 模型对股价变动的解释能力更强，而且 EVA 指标在不同行业的解释能力会有所不同。

池国华、杨金、张彬（2016）通过研究 EVA 考核对企业自主创新能力的作用，对国有上市公司进行了实证分化研究，结果表明管理者风险特质对 EVA 考核、自主创新水平有正相关的作用，并且对 EVA 考核带来的经济后果做了进一步的深化。

（二）行业背景

关于水产饲料制造行业的行业相关背景以及海大集团本身的状况详见案例正文部分。

三、案例分析要点

（一）本案例使用的 EVA 估值模型的优缺点有哪些

经济增加值 EVA（economic value added）是指调整后的税后净营业利润扣除企业全部资本经济价值的机会成本后的余额。这也就是经济学家常说的"剩余收益"的概念。EVA 以资本所能获得的收益最少要能补偿投资者所承担的风险为倡导理念。这也就意味着企业不能单纯以净利润的增长作为所追求的目标，而必须赚取等于或高于资本市场风险投资的收益率，有效地利用资本进行企业自身的价值创造。

EVA 作为一个业绩评价指标，与传统财务指标相比，其最大的优势就是考虑到了企业投入的全部资本成本,它衡量的是企业的资本利润,比会计利润更能反映企业真实价值。EVA 价值评估法充分考虑了资金成本因素,以资本的超额收益来评价企业,有助于加大企业经营者对权益资本的关注,有助于投资者更好地评估企业价值并做出合理决策,也为股东更全面地衡量管理者的绩效服务提供了有效依据。

EVA 价值评估模型虽然向我们展示了与以往不同的企业价值观,但在使用过程中也存在一定的局限性:

(1)精确计算 EVA 的成本高。在计算 EVA 时所要进行的会计项目调整就有近 200 项,这使计算过程更加复杂和专业,所耗费的成本也是不容小觑的。而在实际简化应用中,企业具体需要调整哪些项目,调整的是否都符合成本效益原则,也是一个值得深究的问题。

(2)EVA 没有识别财务虚假风险的能力。EVA 的计算数据主要都来源于企业财务报表及其附注,完全是以公开的财务报表信息为基础,虽然很多项目经过调整,但是仍然很难发现财务舞弊。

(3)股本资本成本率的测算问题。目前我国资本市场尚不够健全,这就在一定程度上影响了 EVA 对企业价值评估的有效性。

(4)EVA 忽略了非财务指标。EVA 作为一个财务指标,必然对企业的财务数据更加重视,从而忽略了企业的一些非财务指标,如企业产品的品质,市场份额,员工、顾客满意度,战略目标以及技术创新问题等。这些虽然是无法具体计算的非财务指标,但在企业自身成长以及长远的发展过程中同样也起着重要作用。

(二)本案例使用的可持续增长率的假设前提和一般测算形式

美国财务学家罗伯特·希金斯就公司增长问题和财务问题进行了深入的研究,于 1977 年提出了可持续增长模型。可持续增长模型对一定条件下公司的增长速度受经营水平、财务资源、政策的制约关系进行了描述。该模型是制定销售增长率目标的有效方法,已被许多公司广泛采用(如惠普公司、波士顿咨询公司)。希金斯定义:可持续增长率是指在不需要耗尽财务资源的情况下,公司销售所能增长的最大比率。

按可持续增长率制定销售目标,可使企业合理地权衡增加收入与控制负债规模之间的关系。可持续增长(sustainable growth rate)是企业在不增加并保持当前经营效率和财务政策(表现为资产负债率和收益留存率)的条件下公司的最大增长率,它实际上是一种平衡增长。

可持续增长率的假设条件如下:①公司营业净利率将维持当前水平,并且可以通过新增债务增加的利息;②公司总资产周转率将维持当前水平;③公司目前的资本结构是目标资本结构,并且打算继续维持下去;④公司目前的利润留存率是目标利润留存率,并且打算继续维持下去;⑤不愿意或者不打算增发新股(包括股份回购)。

可持续增长率的表达形式:

$$可持续增长率 = 所有者权益增长率 = \frac{本期留存收益增加}{期末所有者权益 - 期初所有者权益}$$

$$= \frac{本期留存收益增加/期末所有者权益}{1 - 本期留存收益增加/期末所有者权益}$$

$$= \frac{\text{营业净利率} \times \text{期末总资产周转率} \times \text{期末权益乘数} \times \text{本期利润留存率}}{1 - \text{营业净利率} \times \text{期末总资产周转率} \times \text{期末权益乘数} \times \text{本期利润留存率}}$$

$$= \frac{\text{期末权益净利率} \times \text{本期利润留存率}}{1 - \text{期末权益净利率} \times \text{本期利润留存率}}$$

(三) 企业估值的方法有哪些，其各自有什么优缺点及适用性

1. 成本法

（1）基本原理。成本法又叫作资产基础法，是最基本的一种办法，它的评估流程是：第一，评估重新购买企业所有资产所需的支出；第二，考量企业的全部资产已发生的所有贬值情况，将其从重新购买的支出中去除，由此算出企业资产的价值；第三，用算出的全部资产的价值扣除全部负债的价值，由此算出所有的股权价值。

（2）前提条件及评估结果。运用成本法的前提条件为：第一，被评估的全部资产都必须可以连续使用；第二，重新购买被评估的全部资产所需的支出能够比较容易获知。成本法的评估结果为公允价值或者是清算价值。

（3）优缺点。成本法的优点：操作容易，评估所需的支出少，评估出的价值较客观。评估出的价值的合理性能够较快地予以检验与核实，因此更能被人们接纳和理解。

成本法的缺点：该方法的评估结果为企业的静态价值，忽视了企业将来的发展趋势与获利能力。该方法也没有将企业拥有的无形资产考虑在内，因此企业整体的获利能力没有得到体现。

（4）适用性。该方法适用于评估存在较多的有形资产和较少的无形资产的企业、非营利性组织以及处于亏损边缘的企业的清算价值，通常来说需要与其他的方法综合使用。

2. 市场法

（1）基本原理。市场法又叫作可比企业法和相对估值法，它的评估流程是：参考几个与目标企业类似的企业，通过分析目标企业与参考企业的一些财务指标，由此修正参考企业的市价，最后得出目标企业的价值。

（2）前提条件及评估结果。运用市场法的前提条件：存在一个活跃的、成熟的资本市场，在资本市场上存在相当多的可比企业的交易案例。市场法的评估结果为市场价值。

（3）优缺点。市场法的优点：可以相对客观与直观地反映当前的市场现状，容易操作与应用，可以快速地评估出企业的价值。

市场法的缺点：我国当前的股票市场没有足够的成熟度与公开性，不存在足够多的可比企业案例，基本上不存在完全相同的可比企业。此外，我国资本市场存在数据严重失真的情况，使得想要收集真实的数据与信息比较困难。

（4）适用性。该方法适用于资本市场足够成熟与公开，经营和发展相对稳定，存在可比对象的企业。

3. 实物期权法

（1）基本原理。站在股东的立场，将企业的基本资产看作企业的全部资产，将企业负债的价值看作执行价格，由此将企业的价值看作一项企业拥有的看涨期权，根据期权的原理对企业进行价值的评估。

（2）前提条件及评估结果。运用实物期权法的前提条件：存在一个活跃的、成熟的资

本市场,在市场上可以获取较为客观真实的数据和信息。实物期权法的评估结果为期权价值。

(3)优缺点。实物期权法的优点:该方法可用来评估企业管理上存在的灵活性,由此可以对其他评估方法进行改善,从而使得评估结果更加准确。而且该方法可反映市场经济现状和环境的改变。

实物期权法的缺点:因为很多企业都不具备实物期权的特性,因此该方法的适用性较低,应用起来有一定的难度。

(4)适用性。该方法适用于存在较多不确定性的因素并在管理方面需要灵活应对的企业,特别适用于评估并购活动中产生协同效应价值的企业。

4. 收益法

(1)基本原理。收益法又叫作折现法,是看重于企业将来的经济收益,首先预估出企业将来的收益,然后用合理的折现率进行折现,依据折现值确立企业的价值。

(2)前提条件及评估结果。运用收益法的前提条件:企业可以持续地发展,其在未来期间的收益和折现率都可以得到较为合理的预测。收益法的评估结果为内在价值。

(3)优缺点。收益法的优点:该方法可以体现企业将来的获利能力及要面临的风险,可以降低舞弊行为对价值评估的影响。

收益法的缺点:该方法的主观性较强,企业未来的收益与折现率等难以得到可靠的预测。

(4)适用性。该方法适用于未来可以持续经营、能够获取收益,并且未来的收益与收益率都能够得到准确预测的企业。据统计,约有超过一半的企业采用收益法来进行价值评估,而且,绝大多数学者认为收益法是一种较为科学和成熟的评估方法。

(四)常用估值方法及其一般形式有哪些

1. 股利折现模型(DDM)

一般形式:$P = \sum_{i=1}^{n} \frac{\text{DPS}_t}{(1+r)^t} + \frac{P_n}{(1+r)^n}$

式中,DPS_t 为第 t 期每股现金股利;P 为当前股权价值;P_n 为持有到卖出时的预期价格。

2. 股权自由现金流折现模型(FCFE)

(1)FCFE = 净利润 + 折旧 + 摊销 − 营运资金的增加 − 长期净经营资产的增加 − 资本支出 + 新增付息债务 − 债务本金的偿还

(2)一般形式:$P = \sum_{i=1}^{n} \frac{\text{FCFE}_t}{(1+r)^t} + \frac{\text{FV}}{(1+r)^n}$

3. 无杠杆自由现金流量模型(UFCF)

(1)UFCF = 税后经营净利润 + 折旧 + 摊销 − 净经营资产的增加 − 资本性支出

(2)一般形式:$\text{EV} = \sum_{i=1}^{n} \frac{\text{UFCF}_t}{(1+\text{WACC})^t} + \frac{\text{FV}}{(1+\text{WACC})^n}$

4. 剩余收益模型(RIM)

(1)剩余收益即经济利润,将上市公司的净利润减去股东资本成本,DCF 等相关模型只反映了企业债务成本即利息支出,没有反映企业以其他方式进行的融资成本,剩余收益模型剔除了所有的资本成本。

（2）一般形式：$V = BV_0 + \sum_{i=1}^{\infty} \frac{RI_t}{(1+r)^t}$

$RI_t = NI_t - r \times BV_{t-1}$

式中，RI_t 为第 t 期剩余收益；NI_t 为第 t 期企业净利润；BV_{t-1} 为第 $t-1$ 期企业净资产账面价值；r 为投资者要求的必要报酬率或无风险利率。

5. 市盈率倍数法 P/E

（1）目标公司股权价值 = 可比公司平均市盈率 × 目标公司盈利

（2）市盈率 = $\frac{市场价值}{净利润}$ = $\frac{每股股价}{每股收益}$ = $\frac{股利支付率 \times (1+增长率)}{股权资本成本 - 增长率}$

（注意：计算每股收益时，除数股数为加权平均股数）

（3）关于市盈率：选择一组可比公司，计算这组公司市盈率的平均值或中位数（若为负数或者非正常数剔除），以该市盈率作为目标公司的市盈率。

（4）计算步骤：

①可比公司平均市盈率 = $\frac{\sum 各可比公司的市盈率}{n}$

②可比公司平均预期增长率 = $\frac{\sum 各可比公司的增长率}{n}$

③可比公司修正平均市盈率 = $\frac{可比公司平均市盈率}{可比公司平均增长率 \times 100}$

④目标公司每股股权价值 = 可比公司修正平均市盈率 × 目标公司预期增长率 × 100 × 目标公司每股收益

5. 市净率倍数法 P/B

（1）市净率 = $\frac{市场价值}{净资产}$ = $\frac{每股市价}{每股净资产}$

= $\frac{权益净利率 \times 股利支付率 \times (1+增长率)}{股权资本成本 - 增长率}$

（2）关于市净率：选择一组可比公司，计算这组公司市净率的平均值或中位数，以该市净率作为目标公司的市净率。

（3）计算步骤：

①可比公司平均市净率 = $\frac{\sum 各可比公司的市净率}{n}$

②可比公司平均股东权益收益率 = $\frac{\sum 各可比公司的股东权益收益率}{n}$

③可比公司修正平均市净率 = $\frac{可比公司平均市净率}{可比公司平均股东权益收益率 \times 100}$

④目标公司每股股权价值 = 可比公司修正平均市净率 × 目标公司股东权益收益率 × 100 × 目标公司每股净资产

6. 市销率倍数法 P/S

（1）市销率 = $\frac{市场价值}{营业收入}$ = $\frac{每股股价}{每股营业收入}$

$$= \frac{销售净利率 \times 股利支付率 \times (1+增长率)}{股权资本成本 - 增长率}$$

(2) 计算步骤：

① 可比公司平均市销率 $= \frac{\Sigma 各可比公司的市销率}{n}$

② 可比公司平均销售净利率 $= \frac{\Sigma 各可比公司的销售净利率}{n}$

③ 可比公司修正平均市销率 $= \frac{可比公司平均市销率}{可比公司平均销售净利率 \times 100}$

④ 目标公司每股股权价值 = 可比公司修正平均市销率 × 目标公司销售净利率 × 100 × 目标公司每股销售收入

7. 实物期权模型

(1) 假设：企业价值 = 企业的现行价值 + 企业的潜在价值，其中企业的现行价值由自由现金流量折现模型所得。

(2) 企业的潜在价值 $C_0 = S_0 [N(d_1)] - Xe^{-n}[N(d_2)]$

$$d_1 = \frac{\ln\frac{S}{X} - (r + 0.5 \times \sigma^2) \times T}{\sigma\sqrt{T}}$$

$$d_2 = d_1 - \sigma\sqrt{T}$$

式中，S 为预测期企业现金流之和；X 为形成标的资产的投资成本的现值 × (1+WACC)；T 为预测期时间；σ 为一年中所有的交易日股票收盘价格的标准差 × $\sqrt{1年中交易日天数}$。

（五）估值过程中终值的确定

1. Gordon 永续增长模型

假设公司的净利润按照稳定的增长率 g 永续增长，而股利分配率和留存比率保持不变。

其中，关于 g 的确定：假设原业务在不增加资本投入的情况下，利润不变，新增加的资本产生新的利润。公司没有新的外部融资且股份总数不发生变化，每年固定股利支付率 PO，权益的投资回报率保持不变：$g = (1 - PO) ROE$

2. 终值倍数法

假设详细预测期 1 年的市盈率为 PE_n，目标公司对应的基础为 M：

$P_n = M \times PE_n$

（六）利用资本资产定价模型变量的确认

资本资产定价模型（CAPM）：$r = r_f + \beta(r_m - r_f)$

式中，r_f 为选用 1、5、10 年期的国债年收益率；

β：① 数据库找到可比公司含杠杆的 β_L 的平均值，卸杠杆再根据目标公司的资本结构加杠杆；② 标准算法：该股票收益率对市场收益率的协方差除以市场收益率的方差

$\beta_i = \frac{\langle R_i, R_m \rangle}{\sigma^2}$；

r_m：大盘指数（10 年以上）平均收益率。

四、教学组织计划

（一）问题清单及提问顺序、资料发放顺序

本案例讨论题目依次为：
（1）本案例使用的 EVA 估值模型的优缺点有哪些？
（2）本案例中使用的可持续增长率的假设前提和一般测算形式有哪些？
（3）企业估值的方法有哪些，其各自有什么优缺点及适用性？
（4）常用估值方法及其一般形式有哪些？
（5）利用资本资产定价模型变量的确认有哪些？

（二）课堂计划

本案例可以作为专门的案例讨论课来进行。如下是按照时间进度提供的课堂计划建议，仅供参考。整个案例课的课堂时间控制在 90—135 分钟。

1. 课前准备

前一周发放案例，请学员在课前完成阅读，完成案例相关背景材料的查阅，并针对授课教师提出的课后启发思考题进行初步思考；也可以同时安排相关的若干个案例，进行比较阅读与对比思考。

2. 课堂计划

（1）简要的课堂前言，明确主题（5—10 分钟）。
（2）分组讨论：学生 5~8 人一组对可供讨论的问题进行自由讨论，并且讨论结束后，请小组代表发言（30 分钟）。
（3）小组发言：由各小组指派代表进行发言，其他成员进行补充，其他小组可以进行提问（每组 5—10 分钟，总时间控制在 60 分钟）。
（4）引导全体学员进行深入思考和探讨：对小组发言中没有涉及的问题或者存在分歧的问题，在结束后进行归纳总结。授课老师对于各小组未能涉及的问题或领域，进行引导式提问，引导全体学员对当前管理中难以给出标准答案的一些问题进行进一步讨论与思辨，让学员感到意犹未尽。梳理案例中涉及的理论知识，同时再次将故事场景与理论知识结合，梳理案例的逻辑（20—25 分钟）。
（5）教师进行归纳总结（10 分钟）。

3. 课后计划

如有必要，可要求学员根据课堂讨论的内容进行分析总结，并以小组为单位提交案例分析的书面报告。

案例 8

苏宁易购估值研究*

---

* 1. 本案例由广东工业大学管理学院的张军波、刘思、郭建明（广东工程职业技术学院）、黄浠蕲共同撰写，作者拥有著作权中的署名权、修改权、改编权。
2. 本案例授权广东工业大学产教融合 MPAcc 教学智库实验平台使用，广东工业大学产教融合 MPAcc 教学智库实验平台享有复制权、修改权、发表权、发行权、信息网络传播权、改编权、汇编权和翻译权。
3. 由于企业保密的要求，在本案例中对有关名称、数据等做了必要的掩饰性处理。
4. 本案例只供课堂讨论之用，并无意暗示或说明某种管理行为是否有效。

[案例封面]

专业领域： 财务管理
适用课程： 财务管理理论与实务
选用课程： 财务报表分析，企业价值评估
编写目的： 本案例旨在进一步引导学员关注企业估值的考虑因素并学会利用恰当的模型对企业进行估值分析。通过本案例的学习，学员需要掌握以下内容：①企业估值的常规思路。②常见的估值方法有哪些？③如何确定本案例的估值模型？④如何确定本案例的营业收入的预测方法？⑤如何确定本案例的自由现金流的测算？
知 识 点： 企业价值评估；"二阶段"法；企业自由现金流
关 键 词： 苏宁易购；企业估值分析；自由现金流折现模型；"二阶段"法
案例摘要： 技术的进步与模式的变革使得零售行业将来的发展态势为全渠道模式。而苏宁易购作为尝试拥抱互联网的传统零售商中的先驱和佼佼者，对其估值进行研究将对其他互联网+的传统零售企业的估值研究有一定参考意义。本案例以苏宁易购为实例，通过介绍苏宁的基本情况、行业状况以及财务分析，并以此为基础利用"二阶段"现金流量折现法对企业未来现金流作预测，同时对苏宁进行价值评估。公司价值评估是财务管理课程的重要核心内容，通过对本案例的学习可以为上市公司价值评估提供借鉴和参考。

[案例正文]

一、引言

企业价值评估是指把一个企业作为一个有机整体，依据其整体获利能力，并充分考虑影响企业获利能力诸因素，对其整体资产公允市场价值进行的综合性评估。企业价值是衡量一个企业成功与否和整体质量好坏的指标。价值评估是证券市场的基础。

苏宁易购集团股份有限公司于2004年7月21日在深圳证券交易所上市，其主营业务是综合家用电器的连锁销售和服务，苏宁产业经营不断拓展，形成苏宁易购、苏宁物流、苏宁金融、苏宁科技、苏宁置业、苏宁文创、苏宁体育、苏宁投资八大产业板块协同发展的格局，成为全国领先的电商服务企业之一。

那么苏宁易购的内在价值到底应该怎样去衡量呢？带着心中的疑问，本案例根据苏宁2013—2017年的财务报表，采用二阶段自由现金流折现模型对公司进行估值，对我国上市公司的价值评估具有一定的指导作用，引导投资者和管理者做出正确的选择。

二、苏宁易购公司基本情况介绍

（一）公司简介

公司全称苏宁易购集团股份有限公司（以下简称"苏宁"），成立于1996年5月15日，2004年7月21日在深圳证券交易所上市，股票代码为002024。经营范围广泛，包括家电、电子、虚拟产品等。其原名本为苏宁电器，于2013年由于经营范围的扩张而更名苏宁云商，2017年，"苏宁云商"股票名称变更为"苏宁易购"。2014年1月27日，苏宁收购团购网站满座网。2014年10月26日，中国民营500强发布，苏宁以2798.13亿元的营业收入和综合实力名列第一。2015年12月21日全面接手原江苏国信舜天足球俱乐部。2017年1月，苏宁收购估值42.5亿的天天快递全部股份。

秉承"引领产业生态、共创品质生活"的企业使命，苏宁产业经营不断拓展，形成苏宁易购、苏宁物流、苏宁金融、苏宁科技、苏宁置业、苏宁文创、苏宁体育、苏宁投资八大产业板块协同发展的格局。其中，苏宁易购跻身2017《财富》世界500强。凭借优良的业绩，苏宁得到了投资市场的高度认可，是全球家电连锁零售业市场价值最高的企业之一。苏宁电器连锁集团股份有限公司被巴菲特杂志、世界企业竞争力实验室、世界经济学人周刊联合评为2010年（第七届）中国上市公司100强，排名第61位。2017年苏宁控股集团以4 129.5亿元的规模位居中国民营企业500强第二名。

（二）股权结构

截至2017年12月31日，苏宁的主要控股股东持股数量和持股比例如表8-1所示。

表 8-1 2017 年 12 月 31 日为止主要股东持股情况

股东名称	持股数量（股）	持股比例（％）	股本性质
张近东	1 951 811 430	20.96	限售流通股
苏宁电器集团有限公司	1 861 076 979	19.99	流通 A 股
淘宝（中国）软件有限公司	1 861 076 927	19.99	限售流通股
苏宁控股集团有限公司	309 730 551	3.33	限售流通股
陈金凤	184 127 709	1.98	流通 A 股
金明	125 001 165	1.34	流通 A 股，限售流通股
中央汇金资产管理有限责任公司	73 231 900	0.79	流通 A 股
苏宁云商集团股份有限公司-第 2 期员工持股计划	65 919 578	0.71	限售流通股
苏宁云商集团股份有限公司-第 1 期员工持股计划	61 056 374	0.66	流通 A 股
北京弘毅贰零壹零股权投资中心（有限合伙）	49 632 003	0.53	流通 A 股

数据来源：新浪财经。

（三）SWOT 分析

1. 优势（strength）

（1）品牌优势。据世界品牌实验室发布的 2014 年"中国 500 最具价值品牌"榜单显示，苏宁品牌价值表现强劲，以 1 052.35 亿元的品牌价值蝉联中国最具价值的商业零售品牌，位列"中国 500 最具价值品牌"榜第 13 名，同时被评为亚太地区最具价值的中国互联网零售品牌。苏宁品牌信誉度高，是消费者最值得信赖的品牌之一。在虚拟经济中品牌信誉非常重要。苏宁除了与平面媒体合作外，在与网络媒体合作方面也有相当多的资源，多年来积累了丰富的促销经验和专业的人才储备，利用苏宁现有的 2 000 余万会员开展精准营销。

（2）平台优势。苏宁易购借助苏宁实体店强大的采购平台，在集团范围内整合电器和非电器产品的优势。苏宁对市场有着敏锐洞察力的采购团队和良好的供应商合作关系。苏宁拥有超强的供应链管理水平和强大的系统支持，系统可实现自动补货，可满足苏宁 B2C 消费者货源需求。苏宁有 80 余个 CDC、RDC；60 多个转运点、850 多家门店强大的仓储能力，400 多家售后网点支持全国的售后服务，零售丰富的配送经验和配送能力，可覆盖全国各地。

（3）战略优势。2018 年 6 月 21 日晚间，苏宁与大润发重磅宣布，双方签署战略合作备忘录，将围绕中国大陆地区所有大润发门店的家电 3C 专区，深入合作经营。据了解，两家零售巨头此次战略合作采用联营模式。合作经营范围包括，大润发目前在中国大陆地区已有的 393 家门店和未来所有新店的家电 3C 业务。预计最快从 2018 年 8 月份开始，此项战略合作将陆续落地。这意味着，苏宁的家电 3C 市场份额将持续提升，而大润发的家电 3C 供应链也得到进一步增强。

（4）物流优势。苏宁始终坚持自营物流，推出更快更好的物流服务，如"急速达""半日达""一日三送"等。苏宁门店将成为门店仓和快递点，实现"最后一公里"的配送。同时,"物流云"项目即将建成,其中包括12个自动化分拣中心、60个区域物流中心、300个城市分拨中心以及5 000个社区配送站,将覆盖全国90%左右的区(县)和2/3以上的乡镇。苏宁物流将向平台商户和供应商开放共享,从而将物流从成本中心变为利润中心。

2. 劣势(weakness)

(1) 行业定位不清。民众对苏宁易购所卖商品的认知停留在家电层面,在某些城市,家电行业已出现饱和现象,且有传统家电企业如海尔集团、格力电器、美的集团等,家电行业竞争激烈。苏宁作为全球家电连锁零售企业来说,由于采购成本比生产企业要高,如何在大数据时代占有一席之地,唯有明确自身的行业定位,避免与其他电商的同质化发展,不断创新经营模式,提高服务质量,加快物流发展,才能获得长远的发展。

(2) 信息化水平起步较晚。由于零售企业在中国市场的发展历程及现状,使得中国的传统零售业在21世纪初开始涉足电子商务,仅仅比美国传统零售业晚3到4年时间,但一直到2010年,苏宁才开始大力投入使B2C商城在销售份额中占据传统线下一定的比例,通过加大资金投入和并购的方式加速发展。苏宁的B2C网站更多的还是一种被动的经营、设计模式,不能针对互联网人群消费走势的高速变化及时地对网站架构和设计做出改变,很难针对习惯网上购物的人们设计出有针对性的促销活动。

3. 机会(opportunity)

(1) "十二五"期间,国家大力支持零售行业的发展,零售业规模保持稳步提升。加快创新零售业发展模式,协调发展多种零售形态,进一步巩固加强大型零售企业整体优势,鼓励跨区域跨国际联合发展,促进中小零售企业健康成长,使零供双方努力实现互利共赢、和谐发展;完善零售业结构布局,各城乡、区域间协调共同发展,基本形成结构合理、布局科学、竞争有序的现代零售业。

(2) 我国的移动购物市场在飞速发展,在整个网购市场中,移动购物市场的占比接近一半,并将继续上升。各企业纷纷布局移动端,不断丰富并完善移动端的业务和服务,抢先占领市场份额,促进手机等移动端用户数量的不断增加和交易规模的快速增长。

4. 威胁(threat)

(1) 竞争者的威胁。与苏宁易购具有类似竞争力的家电零售企业也不在少数,苏宁易购属于B2C(商家对个人)电子商务模式,是零售平台。B2C电子商务平台有:天猫、京东、亚马逊中国、当当网、国美在线、1号店、凡客诚品等,加上苏宁易购起步较晚,不像天猫和淘宝网成立早,具有丰富的平台运作经验,且有阿里巴巴集团做强大的后盾。另外国外大型家电连锁店的进入也提高了对苏宁易购的威胁。国际巨头百思买进入中国,并入主五星电器,国外先进的管理及运营模式无疑将加剧整个家电零售连锁行业的竞争态势。

(2) 家电行业的价格战。家电行业的价格战也带来了家电零售业的价格战,而一个共同的事实就是双方的利润都在逐步摊薄,这种价格战的趋势并没有停止的迹象,这种盈利模式与苏宁的长期战略是否产生冲击还有待进一步的验证。

三、零售行业介绍

(一) 行业发展现状

零售行业在城镇居民收入与宏观经济增速不断放缓的情况下,零售业的销售增长速度也在不断下降。据国家统计局数据，2016 年我国的社会消费品零售总额为 332 316.3 亿元，同比增长了 10.43%，2015 年增长速度比上一年下降了 1.28 个百分点，2016 年增长速度虽然下降得不多，也降低了 0.25 个百分点。由图 8-1 可看出，虽然社会消费品零售总额在逐年稳步上升，但其增长速度在逐年下降。随着国内社会消费品零售增速的下滑，零售企业销售收入的增长也逐步放缓，加上经营成本的不断增加与企业扩张速度的减慢，企业的利润空间越来越少。

随着互联网的普及，互联网端的销售额一直都高速增长着，提升速度远高于社会消费品零售。但国内互联网普及率已超过一半，使得后续增长空间有限，网民用户的红利在慢慢减退，因此电商零售销售额的增长速度在逐步放缓。2010年，家电市场份额增速开始出现下滑，在 2012 年家电市场份额规模首次出现负增长，与 2011 年相比，市场规模同比下降 4.8%。从 2013 年

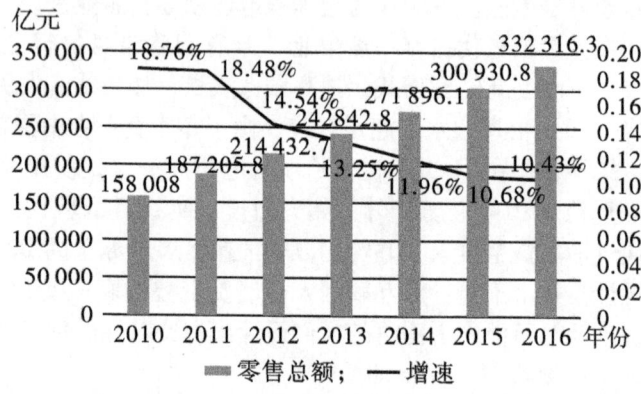

图 8-1　社会消费品零售总额及增长率

开始，智能手机的快速普及也拉动了家电市场增长，如图 8-2 所示，2013 年家电市场零售额达到 13 776 亿元，同比增长 18.8%；从 2014 年开始，家电市场呈现平稳增长态势，2014年家电市场零售额规模为 14 506 亿元，2015 年家电市场零售额规模为 15 314 亿元，2016 年家电市场零售额规模为 15 805 亿元，2017 年家电市场零售额规模为 17 350 亿元。

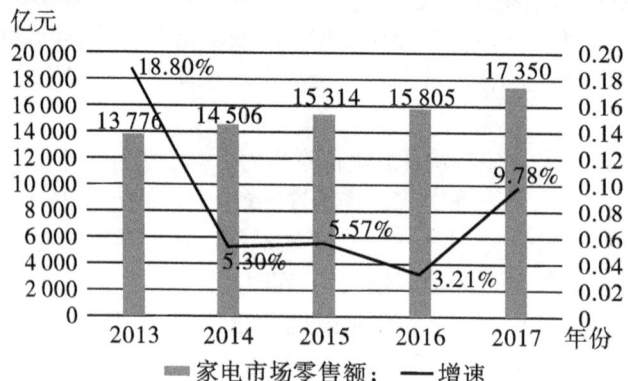

图 8-2　家电市场零售额及增长率

数据来源：中国电子报。

智能手机的广泛使用带来的是移动网络的高速发展，移动购物市场的交易规模不断扩大。无论是电商还是传统实体零售，许多零售企业为此都研究开发了相应的手机 APP。据不完全统计，20% 的实体零售商都在移动端进行了布局，移动端销售额所占比例持续快速上升。

（二）行业未来发展趋势

1. 跨境电商成为新的增长点

国家的许多利好政策在背后对跨境电商平稳而快速发展起到了推动作用，如国务院公

布《国务院办公厅关于促进进出口稳增长、调结构的若干意见》，开展以上海、深圳等7个城市的跨境电商通关服务试点，上海等自贸区的落地。随着海淘成为业绩的增长点，无论电商还是实体零售商都开始布局跨境电商，竞争相当激烈。

2. 全渠道融合成为零售行业新趋势

消费者习惯的变化使得大量的实体零售企业开始拓展网络平台业务，而服务体验渐渐成为消费者的关注点，使得大量电商企业也开始谋求线下的布局。资源壁垒、线上线下的利益分配与销售推广是企业现阶段需要解决的问题，随着三大巨头（阿里、百度、腾讯）落子的增多、移动支付的不断成熟和O2O产业链的逐渐完善，各零售企业逐步向全渠道融合，实现O2O转型。

3. 家电零售竞争更加激励

家电种类或门类非常多，而且还在不断地推陈出新，有小型家电和大型家电，有娱乐类和实用类，有视听类、空调类和烹饪类，一直到最近出现的新型数码家电类等，综合性的大型家电连锁门店，其竞争的激烈程度已经不是赚取市场份额那么简单了，要想走在市场前沿，就必须跟紧时代的步伐不断推陈出新。

四、苏宁公司财务状况分析

（一）主要财务数据

从表8-2我们可以发现，苏宁在2013年到2017年这五年间的发展存在着波动。总资产从2013年的约822.52亿元上升到2017年的约1 572.77亿元，股东权益从2013年的约287.03亿元增加到2017年的约836.28亿元，近五年总体处于上升态势；营业收入从2013年的约1 052.92亿元增加到2017年的约1 879.28亿元；营业利润一直上涨，但净利润却一直不太稳定，2014年、2015年这两年的净利润处于较高水平，2015年到2017年净利润逐年下降，近五年净利润趋势波动起伏，每股收益除了2013—2014年上升外，其余年份也在逐年降低，从2013年的每股0.05元上升到2015年的每股0.12元，又逐渐上升到2017年的每股0.45元。从上市一直到2015年，苏宁实现了稳健而快速的发展，2015年后净利润和每股收益的逐年下滑只是由于公司新业务的逐步打开，增加了支出，公司为网上业务的发展投入了大量促销费用和广告开支，但这短期代价是公司战略转型所必须付出的。

表8-2 苏宁近五年主要财务数据

年份	2013	2014	2015	2016	2017
总资产（万元）	8 225 167	8 219 373	8 807 567	13 716 724	15 727 669
负债总额（万元）	5 354 876	5 265 693	5 615 061	6 724 526	7 364 903
股东权益合计（万元）	2 870 291	2 953 680	3 192 507	6 992 198	8 362 766
营业收入（万元）	10 529 223	10 892 530	13 554 763	14 858 533	18 792 776
净利润（万元）	10 430	82 404	75 773	49 323	404 954
基本每股收益（元/股）	0.05	0.12	0.12	0.08	0.45

(二) 盈利质量分析

我们将采用销售净利率、总资产利润率、净资产收益率和营业利润率作为评价指标。除了营业利润率这个指标外，其他三个指标的趋势都趋于一致，2014—2016年的盈利水平略有下降，2017年逐渐回升。而营业利润率在2014—2015年的增长趋势却呈反向发展，这是由于在苏宁进行战略转型阶段，各种费用以及广告开支不断攀升，营业成本在逐年增加，净利润呈现下降趋势。苏宁公司盈利能力指标的趋势分析如表8-3所示。

表8-3 苏宁2013—2017年盈利指标

年度	2013	2014	2015	2016	2017
销售净利率（%）	0.10	0.76	0.56	0.33	2.15
总资产利润率（%）	0.13	1.00	0.86	0.36	2.57
净资产收益率（%）	1.31	2.96	2.86	1.07	5.34
营业利润率（%）	0.17	-1.34	-0.45	0.00	2.17

数据来源：网易财经。

(三) 偿债能力分析

1. 短期偿债能力

本案例采用流动比率和速动比率对企业短期偿债能力进行分析，如表8-4所示。可看出苏宁的流动比率和速动比率波动不大，2013—2017年这五年间非常平稳，2014年后流动比率微微上升，2013—2016年速动比率也稳定上升，虽说2017年有所下降但波动并不大，说明企业短期偿债能力有所上升，从整体来看，苏宁的流动比率和速动比率并没有太大的变化，均在1左右，说明苏宁的这两个指标处于正常的情况。

表8-4 苏宁2013—2017年短期偿债能力指标

年度	2013	2014	2015	2016	2017
流动比率	1.23	1.20	1.24	1.34	1.37
速动比率	0.81	0.82	0.93	1.11	1.08

数据来源：网易财经。

2. 长期偿债能力

对长期偿债能力的分析也是对资本结构的分析，本案例采用资产负债率和产权比率两个指标来对苏宁的长期偿债能力进行分析，如表8-5所示。资产负债率与产权比率同方向变动，理论上认为资产负债率在40%~60%之间为宜，资产负债率越低，企业偿债越有保证，资产负债率越高，企业的长期偿债能力越弱。2013—2015年苏宁的资产负债率较高，2015—2017年资产负债率逐年下降，说明其长期偿债能力逐渐增强。公司的长期偿债能力指标较为合理，产生财务风险的可能性不大。

表8-5 苏宁2013—2017年长期偿债能力指标

年度	2013	2014	2015	2016	2017
资产负债率（%）	65.10	64.06	63.75	49.02	46.83
产权比率（%）	153.32	145.69	144.38	87.92	80.26

数据来源：网易财经。

（四）成长性分析

本案例主要采用营业收入增长率、净利润增长率、总资产增长率作为评价指标。由表8-6所示，结合未来宏观经济趋势并不稳定的环境下，根据苏宁2013—2017年的成长能力指标来看，其利润增长并不稳定，造成这种局面的主要原因自然和苏宁的战略转型有关，但这也和宏观经济环境不景气、同行业竞争激烈有关，再加上苏宁一直扩张，成本费用投入很高。从整个宏观环境和自身战略选择来看，苏宁的未来成长会受到影响。

表8-6 苏宁2013—2017年成长能力指标

年份	2013	2014	2015	2016	2017
营业收入增长率（%）	7.05	3.45	24.44	9.62	26.48
净利润增长率（%）	-95.84	690.04	-8.05	-34.91	721.02
总资产增长率（%）	8.00	-0.07	7.16	55.74	14.66

数据来源：网易财经。

五、自由现金流折现模型在苏宁的应用

（一）模型介绍

自由现金流折现模型表达的是企业的价值由企业将来产生的自由现金流量经一定折现率折现后的折现值来决定。企业的价值是未来一系列现金流经某贴现率调整后得到的，因此挑选适当的折现率并将企业将来产生的现金流按此折现率折现到当前时间段所得到企业价值。

由于企业的自由现金流与折现率的预测和估算有很大的主观性，不同的人当然会得出不一样的估值结果，因此企业历史的发展状况就是我们准确估值的重要基础，同时也要考虑未来情况。自由现金流的表达式为企业的税后利润加利息收入，再减净营运资本、固定资产、其他资产和投资，它不包含所有与融资相关的现金流。在该模型的估值过程中，最重要的是自由现金流预测的精准性。

根据对未来不同的增长率假设，现金流折现模型又分为稳定增长、两阶段和三阶段的自由现金流折现模型。根据对苏宁易购自身的发展状况和行业发展进行综合分析后，对该公司选取二阶段增长模型进行估值。

（二）自由现金流（FCFF）的测算

本案例将按照下列表达式来得出自由现金流：

自由现金流量（FCFF）＝（1－税率）×息税前利润（EBIT）＋折旧和摊销－资本支出－营运资金增加额，

其中：

资本支出＝固定资产支出＋在建工程支出＋无形资产支出＋其他长期资产支出

营运资本＝流动资产－无息债务

根据对公司所在行业和公司自身业务的分析，我们可以做出下列预测。

1. 营业收入的预测

苏宁云商战略转型以来，全面整合O2O经营模式的效果初显。2018年6月，苏宁与大润发重磅宣布双方签署战略合作备忘录，苏宁和大润发皆为国内首屈一指的零售巨头，此次战略合作也将采用联营模式。此次战略预计最快2018年8月落地实施，借此苏宁的业绩将进一步提升。2013—2017年五年营业收入持续上升，如图8-3所示。我们取前五年营业收入的平均增长速度，于是预计2018—2020年，营业收入增长速度预计在15%左右。

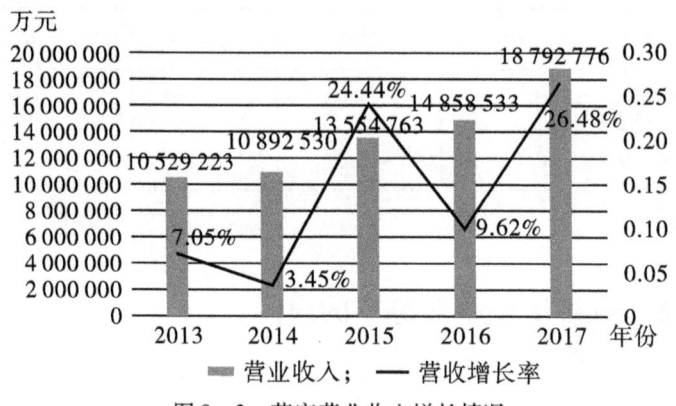

图8-3 苏宁营业收入增长情况

到2020年后，在市场经济大环境下，家电行业本身将趋于饱和，传统零售业受制约因素过多，受到来自电商企业的强烈冲击，导致成长空间缩小，苏宁营业收入的增速会明显下滑，预计其增长率为3%，并永续经营下去。

2. 利润表方面

综合考虑公司未来的各项拓展，我们取2013—2017年各科目占营业收入比的平均值来假定公司未来的各项科目占比，即营业成本、管理费用、营业税金及附加、财务费用等占营业收入的比重。销售管理费用中为开展线上业务而产生的研发投入费用，因为其是未来互联网业务不断发展的基础和潜力所在，所以并不能把研发费用看作传统的费用概念，而应理解为投资，在销售管理费用中予以扣除，其占营业收入的比例假定为2017年的0.8%。如表8-7和表8-8所示，本案例取2013—2017年各科目占营业收入的比重来计算预测期利润表的各类科目。企业所得税税率取2013—2017年五年所得税税率的平均值22%。

表8-7 苏宁2013—2017年各科目占营业收入比重

年份	2013	2014	2015	2016	2017	平均值
营业成本/营业收入（%）	84.79	84.72	85.56	85.64	85.90	85.32
营业税金及附加/营业收入（%）	0.31	0.33	0.43	0.39	0.39	0.37
销售费用/营业收入（%）	12.10	12.95	12.28	11.75	10.98	12.01
管理费用/营业收入（%）	2.66	3.08	3.17	2.66	2.59	2.83
财务费用/营业收入（%）	−0.14	0.06	0.08	0.28	0.16	0.09
资产减值损失/营业收入（%）	0.21	0.16	0.15	0.24	0.27	0.20
公允价值变动损益/营业收入（%）	0.08	−0.01	−0.01	−0.02	0.01	0.01
投资收益/营业收入（%）	0.03	−0.24	1.19	0.90	2.33	0.90
加：营业外收入/营业收入（%）	0.15	2.43	1.23	0.71	0.22	0.95
减：营业外支出/营业收入（%）	0.19	0.20	0.12	0.11	0.08	0.14

表8-8 2018—2020年利润表预测　　　　　　　　　　　单位：万元

年份	2018	2019	2020
营业收入	21 611 692	24 853 446	28 581 463
减：营业成本	18 439 949	21 205 941	24 386 833
营业税金及附加	80 143	92 165	105 990
销售费用	2 595 736	2 985 097	3 432 861
管理费用	611 886	703 669	809 219
财务费用	19 000	21 850	25 127
加：研发支出	172 894	198 828	228 652
减：资产减值损失	44 277	50 919	58 557
公允价值变动收益	2 269	2 610	3 001
投资收益	193 930	223 020	256 473
加：营业外收入	205 114	235 881	271 263
减：营业外支出	30 415	34 977	40 224
利润总额	364 493	419 166	482 041
减：所得税	80 188	92 217	106 049
净利润	284 304	326 950	375 992

3. 折旧与摊销

苏宁的折旧与摊销主要由固定资产、无形资产等方面资产来计提，我们假定在可预见的未来公司的折旧政策保持不变，折旧与摊销总额占各年初各项总和的比例用2013—2017年折旧与摊销占年初各项总和比例的平均值12.59%来估算，如表8-9~表8-11所示。

表8-9 苏宁2013—2017年资本支出各项目占比

年份	2013	2014	2015	2016	2017	平均值
投资性房地产	0.96%	0.93%	1.17%	1.50%	1.69%	1.25%
固定资产	10.21%	11.16%	9.78%	8.62%	7.65%	—
在建工程	3.74%	2.97%	1.41%	1.07%	0.27%	—
无形资产	6.39%	6.44%	5.27%	3.83%	4.37%	5.26%
长期待摊费用	1.02%	1.16%	0.93%	0.73%	0.57%	0.88%

表8-10 苏宁2013—2017年折旧摊销占各项总和的比

年份	2013	2014	2015	2016	2017	平均值
折旧与摊销（万元）	211 910	265 631	300 485	354 921	439 335	314 456
占总和比（%）	9.02	10.76	11.94	15.17	16.08	12.59

表8-11 2018—2020年折旧与摊销预测　　　　　　　　　　　　　　单位：万元

年份	2018	2019	2020
投资性房地产	270 435	311 000	357 650
固定资产	1 436 786	1 652 304	1 900 150
在建工程	35 863	41 242	47 429
无形资产	1 136 504	1 306 980	1 503 027
长期待摊费用	190 472	219 042	251 899
折旧与摊销	386 629	444 624	511 317

4. 营运资本

营运资本＝流动资产－流动负债。在把2013—2017年货币资金、应收票据等分别占营业收入的比例，预付款项、存货分别占营业成本比例计算出来后，我们发现资产负债表流动资产各项所占营业收入比例波动较大，货币资金占营业收入比重有下降趋势，且存在非正常因素。于是我们将2013—2017年资产类项目各项所占的平均比例算出来后，逐年下降1个百分点作为预测期各个项目所占的比例。流动负债中各项目与营业收入的比例平均值当作预测期的比例，得出预测期的营运资本，如表8-12所示。

表8-12 2018—2020年营运资本预测

年份	2018	2019	2020
流动资产（万元）	10 432 417	11 681 120	13 147 473
流动负债（万元）	8 177 641	9 404 287	10 814 930
营运资本（万元）	2 254 776	2 276 833	2 332 543
营运资本增加额（万元）	-101 826	22 057	55 710

5. 资本支出

资本支出是企业为取得长期资产而发生的支出,简单来说就是对长期资产、无形资产等进行的投资,苏宁云商的资本支出重点集中在投资性房地产、固定资产、无形资产等方面。本案例拟采用2013—2017年各长期资产、无形资产占营业收入比重的平均值来进行资本支出的预测,而2013—2017年固定资产、在建工程占营业收入的比重不断下降,因此不用平均值作为测算,保守估计预测期固定资产占营业收入的比重比2017年所占比重下降1%,在建工程占营业收入的比重比2017年所占比重下降0.1%,在上文折旧摊销部分已经列示。

6. 自由现金流预测

由上文预测的各项目数据得出预测期的自由现金流,如表8-13所示。

表8-13 苏宁自由现金流预测表　　　　　　　　　　　　单位:万元

项目	2018年	2019年	2020年
利润总额	364 493	419 166	482 041
加:财务费用	19 000	21 850	25 127
EBIT	383 492	441 016	507 169
息前税后利润	303 304	348 800	401 120
加:折旧摊销	386 629	444 624	511 317
减:营运资本增加	-101 826	22 057	55 710
减:资本支出	337 240	460 509	529 585
FCFF	454 520	310 858	327 141

(三) 资本成本的测算

公司的资本通常可以分为两部分:债券资本和权益资本。债券资本成本是为发行债券筹集资金所必须承担的额外费用,而权益资本成本则是公司股东所要求的权益回报率,可以通过资本资产定价模型(CAPM)来估计某企业的权益资本成本。

1. 目标资本结构的估算

根据苏宁2017年报显示,截至2017年末,债券余额为35亿元。截至2017年年报披露前一交易日公司的总股本为93.1亿股,2017年12月29日苏宁的收盘价为12.29元/股,因此苏宁的股票市值为1 144.199亿元。因此,苏宁权益资本占比为1 144.199/(35+1 144.199)=97.03%,债券资本占比为2.97%。

2. 股权资本成本的确定

资本资产定价模型(CAPM)反映了资本风险与收益的关系,因此权益资本成本可以根据资本资产定价模型来确定:

$$K_e = R_f + \beta \times (R_m - R_f)$$

式中,K_e为权益资本成本;R_f为无风险利率;β为风险系数;R_m为市场平均收益率。

第一,无风险利率R_f的确定。由于国债收益率通常被认为是无风险的,同时长期国债波动性小,因此本案例采用 2017 年 7 月公布的 5 年期国债的年利率 4.22%(数据来源:中国人民银行官网)。

第二,风险系数 β 的确定。β 系数是一种风险指数,是用来衡量个别股票或股票基金相对于整个股市的价格波动情况。通过查找资料得知,苏宁的 β 系数为 1.03(数据来源于知牛财经网)。

第三,市场平均收益率 R_m 的确定。因为苏宁云商股票属于中小企业板,因此可以将市场组合近似看作是中小板指数所包含的股票,用 2010—2017 年中小板指数的年平均收益率来估算。

如表 8-14 所示,我们测算出市场几何平均收益率 R_m 为 5.18%,由此得出风险溢价 $(R_m - R_f)$ 为 0.96%。权益资本成本 K_e 为 5.21%(4.22% + 1.03 × 0.96%)。

表 8-14 2010—2017 年中小板指数(年度指数)一览表

序号	年份	中小板指数	增长收益率
1	2010	6828.982	—
2	2011	4295.862	-37.09%
3	2012	4236.601	-1.38%
4	2013	4979.855	17.54%
5	2014	5461.191	9.67%
6	2015	8393.825	53.70%
7	2016	6472.232	-22.89%
8	2017	7554.856	16.73%

3. 加权平均资本成本的估算

加权平均资本成本的计算公式为:

$$\text{WACC} = K_e \times \frac{E}{D+E} + K_d \times \frac{D}{D+E} \times (1-T)$$

式中,E 为权益成本;D 为债券成本;T 为税率。

由此测算出苏宁的加权平均资本成本为:

WACC = 5.21% × 97.03% + 5.95% × 2.97% × (1 - 22%) = 5.19%

六、对苏宁公司的连续价值评估

因为企业发展到一定阶段可能会受到行业增长空间和自身因素的影响,增速将逐步放慢,我们根据上文分析,把苏宁未来将产生的现金流分成两个阶段。第一部分是 2018—2020 年以 15% 的增长速度增长,第二部分即 2021 年以后以 3% 的速度永续增长下去。假定折现率与计算得出的预测期内折现率相同为 5.19%。则苏宁的连续价值 = 327 141 × (1 + 5%) / (5.19% - 3%) = 15 684 842(万元)

苏宁企业价值评估如表 8-15 所示。

表 8-15 苏宁价值估算表　　　　　　　　　　　　　　　　单位：万元

年份	2018	2019	2020	连续价值
未来自由现金流（万元）	454 520	310 858	327 141	15 684 842
折现率（%）	5.19	5.19	5.19	5.19
现值（万元）	432 094	280 940	281 068	12 810 979
企业价值（万元）	13 805 081			
总股本（亿股）	93.1			
每股价值（元）	14.83			

数据来源：根据苏宁预测现金流量表测算。

由表 8-15 可以得出苏宁云商用自由现金流估值法估算的每股价值为 14.83 元。

七、结论

苏宁在 2017 年 12 月 29 日的收盘价为 12.29 元，比测算的价值略低；2018 年 6 月 29 日的收盘价为 14.08 元，与我们估算的价值 14.83 元非常接近。这说明该股票的市场价值也在一定程度上反映了其内在价值，在基于 2017 年年末的数据所测算出的价值比真实的股价要高，说明苏宁还是值得投资者关注的。通常来说，股票的理论价格与实际价格之间往往有比较大的差距，一方面是因为股票的理论价格是股息、红利的贴现，而股票的实际价格却会经常受到市场风险偏好和情绪的影响；另一方面是因为股票的理论价格中做了比较多的假设，一旦这些假设条件不成立，就会大大降低估值模型的准确性。所以投资者在做出投资决策时就更应该多方面去考虑，关注企业的内在价值。

本案例在对苏宁云商进行估值时采用的二阶段增长模型的计算过程和参数选取的方法能使得估值结果有着更好的精准性、更高的可靠性与可信度，对上市公司估值领域具有一定的实践指导意义。

八、参考资料

本案例除了正文中注明的备注资料和数据来源外，还参考了以下有关资料：
[1] 陈展，李裕强. 基于 FCFF 的公司价值评估：DCF 方法的应用 [J]. 甘肃农业，2006（10）：173.
[2] 潘雅洁. 苏宁云商集团股份有限公司估值研究.
[3] 高峻. 对公司价值评估中自由现金流量的辨析 [J]. 金融与证券，2007（4）：36.
[4] 陆正飞. 财务报表分析 [M]. 北京：中信出版社，2006.
[5] 冯园珍. 基于财务视角的零售企业核心竞争力评价指标体系研究 [J]. 企业经济，2011（10）：100-103.
[6] 季斌. 基于自由现金流量折现模型的上市公司价值评估 [J]. 财会通讯综合，2012（9）：83-85.

［7］卢中慧. 基于自由现金流量的公司价值评估［J］. 中国总会计师，2013：42－45.

［8］段姝，刘丽丽. 自由现金流量在公司价值评估的应用［J］. 研究与探讨，2006（10）：23－24.

［9］苏宁易购集团股份有限公司 2013—2017 年年度报告.

九、讨论题目

本案例讨论题目依次为：

（1）简述进行企业估值的常规思路。

（2）常见的估值方法有哪些？如何选择方法来进行估值？

（3）如何确定本案例的估值模型？

（4）如何确定本案例的营业收入的预测方法？

（5）如何确定本案例的自由现金流的测算？

[案例说明书]

一、本案例要解决的关键问题

本案例旨在进一步引导学员掌握企业价值评估的方法并学会对上市公司进行价值评估。通过本案例的讨论学习,学员要讨论解决以下问题:企业估值的常规思路及常见的估值方法;选择估值方法的依据;确定本案例的估值模型、营业收入预测方法、自由现金流测算的依据。

二、案例讨论的准备工作

(一)理论背景

公司估值理论直到 BS 期权定价理论以及实物期权模型的提出并发展后才成为金融资产定价的主要内容。公司估值实质上是估算公司的内在价值,目的是为了解决以什么样的价格来进行企业的股份转让和增资扩股。上市公司的产生更增添了估值理论的重要性,因为公司估值有利于股票市场的操作和投资。在实际操作中,人们评估企业价值的方法有十几种,从总体上看,成本法、收益法和市场法这 3 类构成了评估公司价值的方法的基本体系。现阶段企业价值评估有成本法、剩余收益模型法、自由现金流折现法、经济增加值方法、相对价值评估法、期权法及其他方法,中外各方都在理论和实证方面对此进行了许多研究。无论是机构、投资者还是个人投资,只有正确地评估了企业的内在价值,才能做出正确的投资决策。

最常见的估值理论是现金流折现法,而其中的自由现金流模型是企业估值的重要方法,企业价值由预测的未来现金流折现后的值来估算,由于不同自由现金流的组成方式不同,进行估值时使用的折现率也不尽相同。陈展、李裕强(2006)点出自由现金流模型有显而易见的优势是,公司只要产生自由现金流量而不必派发股利。Irving Fisher(1906)在理论和实践方面起到了推动作用,他为评估公司价值创建了一个相对完善的框架。Gordon 和 Shapiro 对现金流具体形式的简化是估值理论史上的又一突破,增强了公司估值中数学推导和计算的可行性。卢中慧(2013)总结只有公司当前有正的现金流量,有可以估计的未来现金流、可预测增长情况以及相对应的折现率时,自由现金流模型估值的正确性才较高。季斌(2012)认为虽然价值评估模型是客观的,数据的计算和预测也是规范的,但由于不同估值者对企业和经济未来发展情况有着不同的主观判断,因此估值结果可能并不精确。段姝和刘丽丽(2006)则认为其在评估企业经营状况与投资价值时比市盈率等有更好的表现,可以体现出企业今后的发展潜力。

(二)行业背景

随着国内社会消费品零售增速的下滑,零售企业销售收入的增长也逐步放缓,加上经营成本的不断增加与企业扩张速度的减慢,企业的利润空间越来越少。实体零售行业在这个城镇居民收入与宏观经济增速不断放缓的时期,零售业的销售增长速度也在不断下降,随着互联网的普及,互联网端的销售额一直都高速增长着,提升速度远高于社会消费品零售。但国内互联网普及率已超过一半,使得后续增长空间有限,网民用户的红利在慢慢地减退,因此电商零售销售额的增长速度在逐步放缓。

消费者习惯的变化使得大量的实体零售企业开始拓展网络平台业务,而服务体验渐渐成为消费者的关注点使得大量电商企业也开始谋求线下的布局。资源壁垒、线上线下的利益分配与销售推广是企业现阶段需要解决的问题,随着三大巨头(阿里、百度、腾讯)落子的增多、移动支付的不断成熟和O2O产业链的逐渐完善,各零售企业逐步向全渠道融合,实现O2O转型。

苏宁成立于1996年5月15日,2004年7月21日在深圳证券交易所上市,经营范围扩散到很多方面,有家用电器、电子产品、办公设备、通信产品及配件的连锁销售和服务,空调配件的销售,制冷空调设备及家用电器的安装与维修,计算机软件开发、销售、系统集成,百货、自行车、电动助力车、摩托车、汽车的连锁销售,实业投资,场地租赁,柜台出租,国内产品展览服务,企业形象策划,经济信息咨询服务,人才培训,商务代理,仓储,微型计算机配件、软件的销售,微型计算机的安装及维修,废旧物资的回收与销售,乐器销售,工艺礼品、纪念品销售,国内贸易等。未来三年,苏宁易购将依托强大的物流、售后服务及信息化支持,继续保持快速的发展步伐;到2020年,苏宁易购计划实现3 000亿元的销售规模,成为中国领先的B2C平台之一。

三、案例分析要点

(一)需要学员识别的关键问题

本案例需要学员识别的关键知识点有以下几点:企业估值的常规思路及常见的估值方法;如何选择方法来进行估值;确定本案例的估值模型、营业收入的预测方法、自由现金流测算的依据。

(二)解决问题的评价及解决方案

1. 简述企业估值的常规思路

企业的价值不是简单的负债加所有者权益的代数和,不是对企业某项或某几项资产局部的和静态的价值评估,而是对整个企业资产整体的和动态的价值评估。学员可以通过对苏宁公司价值评估案例的分析,进一步了解企业价值评估的一般步骤。

(1)收集被评估企业相关信息资料。例如被评估企业的类型、相关权益状况及相关国家法律政策信息,被评估企业的背景资料(行业及所处地位、发展阶段等),被评估企业的管理经营状况(研发、生产、销售、管理团队等),被评估企业的历史财务数据及未来能预测的相关信息(了解目标公司的资产和负债的质量,特别关注现金流问题)。

(2)分析被评估企业的相关信息资料。被评估企业生产经营宏观和微观上是否会有突变(国际环境、行业发展、管理团队等方面),被评估企业未来发展前景(市场环境是否有利于其发展、被评估公司是否有足够信心努力发展——主要看管理团队、是否有政策性扶持），被评估企业的存在风险评估分析（主要从政策、行业、市场、经营方面）。

（3）评估方法的选择。企业价值评估就是通过科学的评估方法，对企业的市场价值进行分析和衡量，是一项综合性的资产、权益评估，是对特定目的下企业整体价值、股东全部权益价值或部分权益价值进行分析、估算的过程。目前国际上通行的评估方法主要分为收益法、成本法和市场法三大类。本案例采用的是二阶段自由现金流折现模型，其评估思路是：将企业的未来现金流量分为两段，从现在至未来若干年为前段，若干年后至无穷远为后段。前段和后段的划分是以现金流量由增长期转入稳定期为界，对于前段企业的现金流量呈不断地增长的趋势，需对其进行逐年折现计算。在后段，企业现金流量已经进入了稳定的发展态势，企业针对具体情况假定按某一规律变化，并根据现金流量变化规律对企业持续营期的现金流量进行折现，将前后两段企业现金流量折现值加总，即可得到企业的评估价值。

（4）价值评估。对被评估企业未来收益的预测。根据上述对被评估企业现在的经营状况和未来的发展前景分析，合理地确定其收益预期，最终考虑预期后的收益情况及相关终值计算，从而可以计算出企业净资产价值评估值。

2. 常见的估值方法有哪些？如何选择方法来进行估值？

估值方法分为绝对估值法和相对估值法，具体有以下几种：

（1）红利折现模型（DDM）

适用情况：公司分红政策比较稳定。

$$P_0 = \sum_{t=1}^{n} \frac{DPS_t}{(1+r)^t} + \frac{P_n}{(1+r)^n}$$

式中，DPS_t 为第 t 期的每股现金红利；P_0 为股票当前价值；r 为折现率；P_n 为期末卖出股票时的预期价格。

（2）股权自由现金流折现模型（FCFE）

适用：受债务偿还及新增计划的影响，可操控性较大。

FCFE = 净利润 + 折旧 + 摊销 − 营运资金的增加 + 长期经营性负债的增加 − 长期经营性资产的增加 − 资本性支出 + 新增付息债务 − 债务本金的偿还

$$股权价值 = \sum_{t=1}^{n} \frac{FCFF_t}{(1+r)^t} + \frac{TV}{(1+r)^n}$$

式中，$FCFE_t$ 为第 t 年的股权自由现金流；n 为详细预测期期数；r 为折现率（与红利相同）；TV 为股权自由现金流终值。

（3）无杠杆自由现金流折现模型（UFCF、FCFF）

适用：分析企业价值核心驱动因素；较少受资本结构影响。

UFCF = 息税前利润（EBIT）− 调整后的所得税 + 折旧 + 摊销 − 营运资金的增加 + 长期经营性负债的增加 − 长期经营性资产的增加 − 资本性支出

$$企业价值（EV）= \sum_{t=1}^{n} \frac{UFCF_t}{(1+WACC)^t} + \frac{TV}{(1+WACC)^n}$$

式中，$UFCF_t$ 为第 t 年的无杠杆自由现金流；n 为详细预测期期数；WACC 为加权平均资本成本（无杠杆自由现金流折现率）；TV 为无杠杆自由现金流终值。

（4）净资产价值法（NAV）

适用：房地产、石油、采矿等行业。

$$\text{NAV} = \sum_{m=1}^{M}\sum_{n=1}^{\infty} \frac{\text{CF}_{n,m}}{(1+r)^n} - 净债务$$

式中，m 为项目或资源编号；n 为年份；M 为所有现有项目数或资源数；r 为现金流对应的折现率；$\text{CF}_{n,m}$ 为第 m 个项目或第 m 块资源与第 n 年产生的现金流。

（5）经济增加值折现法（EVA）

适用：直观衡量公司经营状况，是关键绩效的评价指标之一。

$$\text{EV} = \text{IC}_0 + \sum_{t=1}^{n} \frac{\text{EVA}_t}{(1+\text{WACC})^t} + \frac{\text{TV}}{(1+\text{WACC})^n}$$

式中，EV 为企业价值；IC_0 为估值时点投入资本的账面值；EVA_t 为预测期第 t 期的经济增加值；n 为详细预测期期数；WACC 为加权平均资本成本；TV 为经济增加值的终值。

（6）调整现值法（APV）

适用：分析资本结构在未来发生改变对于价值的影响，也更易于分析产生价值的关键驱动因素。

$$\text{EV} = \sum_{t=1}^{n} \frac{\text{UFCF}_t + \text{ITS}_t}{(1+k_u)^t} + \frac{\text{TV}}{(1+k_{\text{txa}})^n}$$

式中，UFCF_t 为公司第 t 年的无杠杆自由现金流；k_{txa} 为利息税盾对应成本；k_u 为无负债的权益成本；ITS_t 为公司第 t 年的利息税盾。

（7）市盈率（P/E）倍数法

股权价值 = 净利润 × 市盈率倍数

每股价值 = 每股收益 × 市盈率倍数

应用：当公司的收益或预期收益为负值时无法使用，受预期增长率和风险的影响。

（8）市净率（P/B）倍数法

股权价值 = 净资产 × 市净率倍数

每股价值 = 每股净资产 × 市净率倍数

应用：银行业估值中最常用的方法之一。

（9）企业价值倍数法

EV = 某种指标 ×（EV/某种指标倍数）

EV = EBIT ×（EV/EBIT 倍数），应用：可以剔除资本结构产生的影响。

EV = EBITDA ×（EV/EBITDA 倍数），应用：相比 EBIT 倍数法，更适用于重资产型行业。

普遍适用的指标有企业价值/营业收入，很多行业都有一些适用于自己行业的经营指标。

（10）特殊的可比指标

A/H 指标（A 股价格/H 股价格）应用：同时在香港市场和内地 A 股市场上市的公司

PEG 倍数法

PEG = 股权价值 ÷（净利润 × 盈利增长率）

　　= 每股市价 ÷（每股收益 × 盈利增长率）

　　= 市盈率 ÷ 盈利增长率

股权价值 = 净利润 × PEG × 盈利增长率

每股价值 = 每股收益 × PEG × 盈利增长率

应用：高成长型公司或可比公司的增长率与目标公司差异很大。

（11）其他估值法

账面价值法，应用：集团内部的资产重组或国有企业的改制重组。

清算价值法，应用：濒临破产或因其他原因无法继续经营的。

重置成本法，应用：企业价值底线的参考。

3. 如何确定本案例的估值模型？

自由现金流折现模型与其他估值方法相比较完善、使用最多，可以说是目前研究与分析中最基本、使用最多的一种模型，是许多研究人员与分析师最喜欢的方法，不管是资产评估机构、投资银行还是私募股权投资机构等都大力推荐，在对企业进行估值时，最先想到的应就是自由现金流折现模型。该模型表达的是企业的价值由企业将来产生的自由现金流量经一定折现率折现后的折现值来决定。企业的价值是未来一系列现金流经某贴现率调整后得到的，因此挑选适当的折现率并将企业将来产生的现金流按此折现率折现到当前时间段就能够得到企业价值。由于企业的自由现金流与折现率的预测和估算有很大的主观性，不同的人当然会得出不一样的估值结果，因此企业历史的发展状况就是我们准确估值的重要基础，同时也要考虑未来情况。客观上来说，这种估值模型还是比较科学的，因为企业或资产将来的现金流是它们价值的决定因素。对于高科技企业来说，自由现金流折现模型有相对更好的适用性，如互联网企业。因为这一类公司大多不进行分红，而是将这一部分资金用于企业未来的发展，有较高的成长性。

苏宁易购在战略转型后的几年内，已经在线上电商平台市场占有比较稳定的份额，已经步入平稳发展的时期，即可以获得正利润或者有可预期的未来盈利性，因此除了互联网企业的估值方法外，传统的估值方法依然适用。分析苏宁历年财务报表可以发现，苏宁云商自上市以来高速增长，大多年份的分红方式都采用了高送转，因为股利折现模型需要的是企业有较平稳且较小波动幅度的股利分红，然而苏宁较多的股利分红并不能掩盖因其振幅较大、比例和规模也并不平稳而难以预测股利增长速度的缺陷，所以股利折现模型在这里并不适用。整体来看，本文倾向于认为公司未来的现金流会保持在可控范围内，因此，本文将采用自由现金流折现模型。

4. 如何确定本案例营业收入的预测方法？

确定预测期的通常做法是：逐期预测现金流量，直到一个稳定增长的阶段。通常来说，在企业的估价实践中，5—10年的预测期较为普遍，但我们通过分析苏宁企业的内部环境和行业发展情况，未来市场经济将趋于平稳，零售行业市场竞争更加激烈且趋于饱和，保守估计3年预测期。在确定了预测期的基础上，一般来说，都是依据历史数据，查看企业过去的营业收入情况，采用比例预测法来预测企业未来的营业收入。

5. 如何确定本案例的自由现金流的测算？

对企业现金流的测算，只需在预测的营业收入的基础上，按照比例法预测其他主要的财务指标，并根据这些指标，预测未来的财务报表，通过财务报表测算出企业的现金流。本案例选取了现金流折现模型下的企业自由现金流量法的二阶段模型对苏宁公司进行价值评估。其自由现金流折现模型的基本公式为：自由现金流量（FCFF）=（1－税率）× 息税前利润（EBIT）+ 折旧和摊销 − 资本支出 − 营运资金增加额，其中

资本支出 = 固定资产支出 + 在建工程支出 + 无形资产支出 + 其他长期资产支出
营运资本 = 流动资产 – 无息债务

四、教学组织计划

1. 问题清单及提问顺序、资料发放顺序

本案例讨论题目依次为：

（1）简述进行企业估值的常规思路。
（2）常见的估值方法有哪些？如何选择方法来进行估值？
（3）如何确定本案例的估值模型？
（4）如何确定本案例营业收入的预测方法？
（5）如何确定本案例的自由现金流的测算？

本案例的参考资料及其索引，在讲授有关知识点之后一次性布置给学员。

2. 课时分配

（1）课后自行阅读资料：约3小时；
（2）小组讨论并提交分析报告提纲：约3小时；
（3）课堂小组代表发言、进一步讨论：约3小时；
（4）课堂讨论总结：约0.5小时。

3. 讨论方式

本案例可以采用小组式进行讨论。

4. 课堂讨论总结

课堂讨论总结的关键是：归纳发言者的主要观点；重申其重点及亮点；提醒大家对焦点问题或有争议观点进行进一步思考；建议大家对案例素材进行扩展研究和深入分析。

案例 9

光明乳业企业价值评估*

---

* 1. 本案例由广东工业大学管理学院的张军波、刘思、郭建明（广东工程职业技术学院）、吴双共同撰写，作者拥有著作权中的署名权、修改权、改编权。
2. 本案例授权广东工业大学产教融合 MPAcc 教学智库实验平台使用，广东工业大学产教融合 MPAcc 教学智库实验平台享有复制权、修改权、发表权、发行权、信息网络传播权、改编权、汇编权和翻译权。
3. 由于企业保密的要求，在本案例中对有关名称、数据等做了必要的掩饰性处理。
4. 本案例只供课堂讨论之用，并无意暗示或说明某种管理行为是否有效。

[案例封面]

专业领域：财务管理
适用课程：财务管理理论与实务
选用课程：企业估值、管理会计
编写目的：我国的资本市场也在不断地发展和完善。随之而来对企业价值评估的应用也越来越频繁，范围也越来越广，比如设立公司、企业进行改制、股票发行上市 IPO、企业兼并、股权转让、融资、法律诉讼、破产清算等方面都需要对企业公允价值进行评估。科学客观地评估企业的价值，是我国理论界和学术界特别关注的一个课题，也是实务操作的一个难点。基于此案例，学员可以进一步思考企业估值应当采用怎样的方式方法，以及如何使估值结果更为准确。
知 识 点：公司估值；自由现金流模型；修正平均市盈率法
关 键 词：光明乳业；FCFF；折现率；市盈率
中文摘要：我国经济发展突飞猛进，GDP 总量现已跃居全球第二。与此同时，企业估值也成为新的研究热点。目前，我国学术界和研究界对价值评估的相关理论进行了长期的研究，并借鉴西方成熟的理论，现在已经形成相对完整的理论体系，在实践操作中得到了认可并被广泛应用。目前，自由现金折现模型是世界上企业价值评估领域最先进的理论之一，在实际操作中使用最广泛、最健全的指标也是自由现金流量模型。因此，美国证监会要求所有的上市公司在其公司的财务报表中必须披露这一指标。本文研究企业价值评估理论的发展历程，具体阐述企业价值评估的种类以及优缺点，并将自由现金流量模型和修正平均市盈率法应用到实际的企业——光明乳业进行科学客观评估。

[案例正文]

一、引言

随着我国金融体系的渐渐成熟,在金融全球化的大前提下,证券市场在我国发生了明显的变化,一些合格的机构投资者成为股票市场的主要力量,如海外投资者、社保基金等,这些机构的入市转变了投资的价值观和理念,特别是 2015 年 6 月沪深两市 A 股出现的系统风险(去杠杆化)充分暴露了投机性的投资方式的问题后,投资者的投资观念转向了以基本面分析为主的价值投资方式,从而逐渐抛弃了原先的投机观念和投资方式。

从整体上看,目前 A 股的整体估值水平已经下降到合理的程度,相当一部分公司已经进入合理的投资区域,具有良好的投资价值,而有些公司的估值仍然居高不下,泡沫化严重,隐藏着巨大的投资风险。

企业价值具体来说是企业的内在价值或投资价值,换种说法就是企业目前的获利能力和未来获利能力之和。简单来讲,就是企业现在的市场价值加上企业产生的未来收益根据含有风险的折现率计算的现值之和。

企业虽然不是一般意义上的商品,但也可以被买卖。要交易就一定要对企业进行市场评估,通过评估来确定企业到底值多少钱。对企业价值起决定性因素的并不是企业当前可以获得多少利润,而是企业未来可以获得多少利润。所以,企业的价值并不是将企业账目上各项资产的账面价值进行简单的加和,而是企业全部财产的投资价值,它反映了企业在未来的时间所拥有的盈利能力。

二、公司基本信息

光明乳业股份有限公司,成立于 1996 年,是由国资、社会公众资本组成的产权多元化股份制上市公司,从事乳和乳制品的开发、生产和销售,奶牛的饲养、培育,物流配送,营养保健食品开发、生产和销售等业务,是目前国内最大规模的乳制品生产、销售企业之一。

光明乳业业务渊源始于 1911 年,经过 100 多年的不断发展,逐步确立以各类乳制品的开发、生产和销售为主营业务,是中国领先的高端乳品引领者。公司拥有世界一流的乳品研究院、乳品加工设备以及先进的乳品加工工艺,主营产品包括新鲜牛奶、新鲜酸奶、乳酸菌饮品、常温牛奶、常温酸奶、奶粉、奶酪、黄油等多个品类。

2000 年,上海光明乳业有限公司完成股份制改制,并于 2002 年成功在上海证券交易所 A 股市场(代码 600597)上市。2003 年,更名为光明乳业股份有限公司(下文简称光明乳业)。2014 年,光明乳业在华东地区市场占有率为 22%;其中上海地区占有率达到 40%,全国排名领先。新鲜牛奶市场排名第一,占全国新鲜牛奶市场份额的 51%,占华东地区市场份额的 83%;新鲜酸奶在全国市场占有率为 25%,占华东地区的 44%;常温牛奶在全国市场占有率为 1.2%,占华东地区的 5.3%,占上海地区的 15%。2014 年销售业绩首次突破双百亿,达到了 204 亿元。

三、行业分析

（一）行业概况

以生鲜牛羊乳及其制品为主要原料经过再次加工产生的产品的行业就是乳品行业。液态奶、酸奶、奶粉、奶酪是按乳制品的品质来进行的行业细分。我国的奶酪市场目前正处于萌芽状态，液态奶、酸奶、奶粉市场则相对而言较为成熟。

中国是全球奶类生产、加工和消费大国，国家统计数据显示，2014年中国的奶类产量位居世界第三，已达到3 800万吨，但人均奶类消费水平依然较低，人均奶类占有量为33公斤，仅是世界平均水平的三分之一，也不到发展中国家的二分之一。随着我国工业化和城市化水平的提升，二胎政策的放宽带来的人口增长，我国奶业还有巨大的发展空间。同时，中国也是乳制品进口大国，乳制品进口量居世界首位。

但是，由于目前国内部分消费者对国产乳品质量信心不足，以及乳品企业生产成本的不断提高，出现原奶价格波动频繁，乳品进口增加等现象，在我们乳品行业高速发展的同时，转型和升级是业界面临的问题。

据国家统计局数据显示：2015年全国共有规模以上乳品企业638家，共实现销售收入为3 329亿元，利润总额242亿元，全国液态奶产量2 521万吨，干乳制品产量262万吨。2015年，中国经济发展进入新常态，经济增长从高速转为中高速。中国乳制品业也呈现出相应的变化与趋势。

乳制品行业由粗放式增长型向集约式质量效益型过渡，中国乳制品行业目前已经形成了相对有序的竞争格局，市场集中度不断提升，品牌发展也相对稳定，中国乳制品行业将呈现长期稳步增长趋势。

（二）行业竞争性分析

1. 乳品行业三大龙头企业分析

当前，中国乳品行业有三大龙头企业，分别是：老大伊利集团、老二蒙牛集团和老三光明集团，这三家龙头企业拥有着绝对的资本优势，占据了我国国内市场80%以上的份额。三家公司均为上市公司，其中除蒙牛在港板上市外，其余两家均在沪板上市。三家公司最近几年向社会公布的财务报告显示，整体的销售业绩均呈现出上升态势。竞争已从初级的同质化产品价格竞争，逐步转向消费行为细分，开发了各种不同功能的功能奶和高端奶类。如伊利"早餐奶""金典"，蒙牛"特仑苏"，光明"优倍"等，由此来区分产品的同质化，提高产品附加值和规避价格战，在不断寻求产品的差异化和创新化。

随着人们生活水平的不断提高，对食品的安全也越发关注，乳品行业食品安全问题也是社会的一大热点和焦点。众多消费者不惜花重金购买国外品牌的乳制品的时候，国内企业可以看到进一步提高乳品生产质量和规范乳品行业市场尤为重要。为此，三大龙头企业不断在产品上推陈出新，同时也在不断地追求产品的质量，由此便产生了三巨头与国外知名乳品企业开展国际合作的局面，这也符合我国目前的国家政策，如光明乳业收购了新西兰第二大奶业巨头莱特集团。推动国际化以及加快兼并重组将是今后乳品行业发展的一大趋势。

2. 竞争区域和地域分析

全国性品牌和区域性品牌在细分市场各有优势与劣势，是由乳品的消费特性决定的。像蒙牛、伊利等全国性品牌的优势是拥有全国范围内畅通物流体系和市场营销渠道，企业充裕的资金，完整的产业布局，以及可以引导行业标准等；地方性乳业品牌大多以供应本地的新牛奶酸奶为主，一般都控制了本地奶源，通过公路铁路运输将其新鲜产品送达用户。大多数地方性品牌的销售规模在 15 亿元以下，由于其规模小以及新鲜产品的冷链物流成本高，地方性乳制品企业的盈利水平并不理想，甚至要依靠政府扶持。

（三）行业竞争格局

中国乳制品行业目前已经形成了相对有序的竞争格局，市场集中度不断提升，品牌发展也相对稳定，中国乳制品行业将呈现长期稳步增长趋势。

随着国内城市化水平和工业水平的不断提高，城乡居民生活水平也得到了大幅度提高，小城市和城镇化发展以及学生饮用奶计划等推进，国家二孩政策的开放，乳制品的需求和消费未来有明显的提升空间。据国家农业部数据显示：中国城乡居民人均奶制品消费量（含乳饮料、冰淇淋、蛋糕等食品中奶制品消费量）将继续增加，预计 2024 年将达到人均 40 公斤，国内奶制品总消费将达到 6 300 余万吨。

四、财务报表分析

在进行行业样本选择的时候，选择的对比对象是伊利股份。光明乳业和伊利股份这两家企业均属于乳制品行业，以乳制品的生产销售作为主营业务，且在 A 股上市。目前国内乳制品行业已有多家上市，因为港股上市公司在会计核算方面与 A 股存在差异，从可比性角度，不将港股上市的蒙牛乳业和现代牧业选作样本。因此在比较财务指标的时候选择了伊利股份以及乳制品行业的上市公司的行业平均数。表 9-1 罗列了部分乳制品行业上市公司，方便后文计算行业平均水平。

表 9-1 乳制品行业上市公司一览表

公司简称	股票代码	上市时间
伊利股份	600887	1996 年 3 月
天润乳业	600419	2001 年 6 月
光明乳业	600597	2002 年 8 月
三元股份	600429	2003 年 9 月
西部牧业	300106	2010 年 8 月
燕塘乳业	002732	2014 年 12 月
科迪乳业	002770	2015 年 6 月

资料来源：东方财富网。

（一）盈利能力分析

1. 销售毛利率

从表9-2看出，光明乳业的销售毛利率比较平稳，而伊利股份从2013—2017年，销售毛利率波动上升，由2013年的低于光明乳业到2017年的反超。因为销售价格在一定时间相对稳定，由此可见，光明乳业的产品成本控制总体优于伊利股份，但伊利股份也在不断优化产品成本控制，光明乳业在毛利率方面的相对优势在逐渐失去。而放眼整个乳制品行业，发现伊利股份的销售毛利率变动情况与行业平均基本一致，且无论伊利股份还是光明乳业，销售毛利率都高于行业平均值，一方面由于伊利股份和光明乳业的品牌优势，其产品售价略高于其他品牌同类产品，另一方面应得益于两家企业有效的生产成本控制。

表9-2 销售毛利率比较

公司	销售毛利率（%）				
	2013年	2014年	2015年	2016年	2017年
光明乳业	34.75	34.18	36.11	38.68	33.31
伊利股份	28.67	32.54	35.89	37.94	37.28
行业平均值	21.81	27.59	29.97	29.41	26.55

数据来源：锐思数据库。

2. 销售净利率

由表9-3可以看出，在销售毛利率一直高于伊利股份的情况下，光明乳业的销售净利率一直低于伊利股份，且从2013—2017年基本保持稳定，未出现大幅增长。而伊利股份的净利率保持着连续增长，到2016—2017年约达到光明乳业的3倍。说明在费用控制及营业外收支的管理方面，伊利股份要明显优于光明乳业。

表9-3 销售净利率比较

公司	销售净利率				
	2013年	2014年	2015年	2016年	2017年
光明乳业	2.91	2.86	2.56	3.34	3.77
伊利股份	6.70	7.65	7.71	9.40	8.88
行业平均值	8.27	4.14	4.77	3.66	-6.37

数据来源：锐思数据库。

2013年，由于天润乳业销售净利率猛增，导致行业平均销售净利率大幅上升，导致伊利股份2013年的平均销售净利率低于行业平均值，但其他年度伊利股份的平均销售净利率均高于行业平均值。而光明乳业的平均销售净利率总体低于行业平均值，可见光明乳业的费用管理存在较大问题。

3. 总资产净利率

由表9-4可以看出伊利股份的总资产净利率明显高于光明乳业，从变化趋势上看，伊利股份的总资产净利率变动趋势与销售净利率保持一致，在2013年小幅下降之后稳定上升，伊利股份的总资产净利率每年均大大高于行业平均值，而光明乳业均低于行业平均值。可见光明乳业对资产的应用效率落后，且对资产的利用率方面不够重视，导致总资产净利率横向对比落后于同行，纵向对比也较以前年度下降。

表9-4 总资产净利率比较

公司	总资产净利率（%）				
	2013年	2014年	2015年	2016年	2017年
光明乳业	4.10	4.50	3.21	4.20	5.02
伊利股份	9.74	10.55	11.74	14.44	13.56
行业平均值	5.58	6.31	6.52	6.17	6.23

数据来源：锐思数据库。

4. 市盈率

市盈率是指每股市价与每股盈利的比率，是最常用来评估股票的价格合理与否的指标。通常认为，如果一家公司股票的市盈率过高，那么该股票的价值被高估的风险较大。计算市盈率时由股价除以年度每股收益（EPS）得出。

由表9-5可以看出，光明乳业和伊利股份两家企业的市盈率波动都比较大，这可能与股市整体的波动有关。从整体来看，光明乳业的市盈率高于伊利股份，说明光明乳业的股价被高估的可能性大于伊利股份。

表9-5 市盈率比较

公司	市盈率（%）				
	2013年	2014年	2015年	2016年	2017年
光明乳业	67.27	37.15	46.82	34.37	21.97
伊利股份	23.68	42.10	21.62	18.92	19.53

数据来源：东方财富网。

前文从销售毛利率、销售净利率、总资产净利率、市盈率四个指标分析了光明乳业和伊利股份的盈利能力。光明乳业虽然销售毛利率高于伊利股份，但销售净利率和总资产净利率均低于伊利股份，可见光明乳业的总体盈利能力还是弱于伊利股份，应加强费用管理。伊利股份的市盈率低于光明乳业，更有能力为投资者带来回报。

（二）偿债能力分析

1. 短期偿债能力

由表9-6可以看出，从2013—2017年，光明乳业的流动比率明显低于伊利股份，但2014年，光明乳业的流动比率小幅下降，2016年又回升，而伊利股份的流动比率波动上升，超过了光明乳业。对比整个行业数据，光明乳业和伊利股份的流动比率在2015年以前都低于行业平均值，说明这两家公司的流动性在行业内并非很强。流动资产中包含了企业的所有短期资产，除了现金、有价证券、应收账款等，也包含了存货、待摊费用等变现时间较长的资产，在短期并不能为企业带来现金流入。流动比率高的企业如果存在存货损毁、积压、滞销等情况，其偿还短期债务的能力不一定强。速动资产则是排除了流动资产中流动性可能较差的存货项目影响,因此速动比率更能反映企业的短期偿债能力。

表 9-6 流动比率比较

公司	流动比率				
	2013 年	2014 年	2015 年	2016 年	2017 年
光明乳业	1.077 8	0.990 1	1.068 6	1.092 7	0.868 5
伊利股份	1.061 2	1.119 7	1.087 0	1.354 5	1.251 4
行业平均值	1.339 1	1.071 3	1.476 5	0.880 2	1.191 74

数据来源:锐思数据库。

由表 9-7 可以看出,光明乳业和伊利股份的速动比率变化趋势与流动比率基本保持一致,在 2013—2017 年,伊利股份速动比率上升而光明乳业速动比率下降。

表 9-7 速动比率比较

公司	速动比率				
	2013 年	2014 年	2015 年	2016 年	2017 年
光明乳业	0.825 5	0.676 9	0.806 5	0.761 8	0.669 6
伊利股份	0.823 9	0.852 7	0.830 8	1.064 4	1.056 8
行业平均值	1.010 8	0.757 0	1.184 8	0.932 3	0.917 52

数据来源:锐思数据库。

速动比率虽然排除了存货、预付账款和待摊费用等变现力相对较差的项目的影响,但是速动资产中包含的应收款项,其变现能力仍存在很大不确定性,应收款项可能存在全部或部分的回收困难,出现呆账、坏账,流动性弱,难以用于偿还短期债务。考虑到应收款项的坏账风险,在衡量短期偿债能力时引入现金比率的概念。现金比率是公司现金以及现金等价物之和与流动负债的比率,现金及现金等价物是公司流动性最强的资产,现金比率最严格地反映了企业的短期偿债能力。

综合来看,光明乳业和伊利股份的流动比率均大于或接近1,速动比率平均在 0.8 左右,短期偿债能力都较好,虽然略低于行业平均值,但考虑到两家企业商业信誉较好,有临时举债的能力,目前暂时不会出现短期借款无法偿还的局面,但仍应对公司的流动性保持关注。

2. 长期偿债能力

长期偿债能力是指企业偿还长期债务的能力。衡量企业长期偿债能力主要看企业资金结构是否合理、稳定,以及企业长期盈利能力的大小,通常可以用资产负债率来衡量评价企业的长期偿债能力。

资产负债率是指期末负债总额占资产总额的百分比。资产负债率表示了债权人所提供的资本占企业全部资本的比例,也是潜在债权人在考虑是否发放贷款时的重要指标,企业的资产负债率过高表明企业对负债过度依赖,相应的,公司的偿还债务的压力就更大,偿债能力更低。

资产负债率=总负债/总资产×100%

如表9-8所示,光明乳业和伊利股份的资产负债率都较高,说明两家企业在经营活动中都充分利用财务杠杆给公司股东带来利益。在2014—2017年期间,伊利股份的资产负债率呈下降趋势,与公司在2015年和2016年缩减债务规模相对应;而光明乳业的资产负债率从2013年起上升,超过了伊利股份,但在2016年也开始下降。同时,光明乳业和伊利股份这两家企业的资产负债率均高于行业平均值。

表9-8 资产负债率比较

公司	资产负债率(%)				
	2013年	2014年	2015年	2016年	2017年
光明乳业	56.57	59.64	65.93	60.79	59.60
伊利股份	50.38	52.34	49.17	40.82	48.80
行业平均值	44.03	51.30	47.17	45.73	49.47

数据来源:锐思数据库。

综合来看,与短期偿债能力对比,从2013—2017年平均值看,光明乳业的流动比率和速动比率均好于伊利股份,即在应收款项流动性较好的情况下,光明乳业的短期偿债能力稍强于伊利股份,但如果光明乳业应收款项流动性欠佳,则伊利股份的短期偿债能力要好于光明乳业。而从趋势来看,光明乳业的短期偿债指标在2013—2017年间波动较大,而伊利的各指标在2013年后呈上升趋势。

在长期偿债能力方面,光明乳业的资产负债率略高于伊利股份,且呈波动趋势,而伊利股份的资产负债率在五年间呈下降趋势。综合分析,伊利股份的偿债能力好于光明,但两家企业的流动性均落后于行业平均水平而负债率高于行业平均水平,应在利用财务杠杆的同时注意可能的财务风险。

(三)营运能力分析

1. 存货

存货是企业资产的重要部分,同时也占用着大量的企业资源,通常可以用存货周转率来表示存货的营运效率。存货通常被视为一种流动资产,即可以在一个会计周期内为企业带来现金流入,对企业来说这种变现的能力就是存货周转越快,存货变现能力越强,占用的资源越少。在计算存货周转率时,如用来衡量企业的营运管理能力,则用销售成本与平均存货余额之比;如用来衡量企业存货的销售获利能力,则用营业收入与存货平均余额之比。此处目的是从存货角度对企业的营运能力进行分析,因此选取的计算方法为:

存货周转率=主营业务成本/平均存货余额

由表9-9可以看出,光明乳业和伊利股份的存货周转率从2013—2017年均呈现波动下降趋势,在2016年出现回升,波动幅度较为一致,这与国内乳品市场的整体环境有关。国内乳品企业受到国外优质乳品的冲击,或多或少出现产品滞销,带来存货周转速度的变慢。但在总体下降的同时,伊利股份的存货周转率一直高于光明乳业,而光明乳业的存货周转率在2015年和2016年出现了低于行业平均值的情况,说明了伊利股份对存货的管理能力相对于光明乳业更具有优势,光明乳业需要加强存货的管理。

表9-9　存货周转率比较

公司	存货周转率				
	2013年	2014年	2015年	2016年	2017年
光明乳业	8.45	7.55	6.37	6.70	7.93
伊利股份	10.21	8.38	7.94	8.33	9.45
行业平均值	6.95	7.73	7.01	7.45	6.81

数据来源：锐思数据库。

2. 应收账款

应收账款周转率是指销售收入与应收账款平均余额之比，反映公司应收账款周转速度，应收账款周转率越高，表明公司收账速度越快，平均收账期越短，坏账风险越小，资产流动越快，偿债能力越强。

由表9-10可以看出，伊利股份的应收账款周转率在2013—2017年有所下降，但仍远远超过光明乳业及行业平均值，而光明乳业的应收账款周转率从2013—2017年变化不大，且一直低于行业平均值。可见伊利股份对应收账款的管理大大好于光明乳业。

表9-10　应收账款周转率比较

公司	应收账款周转率				
	2013年	2014年	2015年	2016年	2017年
光明乳业	12.08	13.23	11.66	12.34	12.33
伊利股份	151.83	126.50	110.33	105.41	99.46
行业平均值	40.95	38.97	34.95	32.71	33.65

数据来源：锐思数据库。

3. 总资产

资产是企业获得盈利的基础，资产的利用效率高低对企业营业效益的好坏有很大影响。资产的利用效率可以用总资产周转率指标来衡量，在计算时用营业收入除以年初和年末的资产总额的加权平均数。在销售利润率不变的情况下，总资产周转的次数越多，产生的销售利润也就越多，周转率越大，说明总资产周转越快，营运能力越强，对资产的利用率越高。

由表9-11可以看出，伊利股份的总资产周转率总体来说高于光明乳业，但光明乳业与伊利股份的总资产周转率的差距正在缩小。同时可以看到，伊利股份的总资产周转率从2013—2014年均大幅下降，可能是在规模扩大过程中没有及时调整资产管理方式，至2015—2017年开始回升。而光明乳业的总资产周转率在2015年出现了较大下降，虽然2014年总资产周转率略高于伊利，但2015—2017年的总资产周转率下降导致光明乳业的仍旧低于伊利股份。

表 9-11　总资产周转率比较

公司	总资产周转率				
	2013 年	2014 年	2015 年	2016 年	2017 年
光明乳业	1.56	1.67	1.37	1.28	1.33
伊利股份	1.81	1.49	1.51	1.53	1.54
行业平均值	1.02	1.12	0.85	0.95	0.98

数据来源：锐思数据库。

对比整个行业，光明乳业和伊利股份的总资产周转率均显著高于行业平均值，说明这两家公司的总资产管理领先于行业平均水平。

从对光明乳业和伊利股份的存货周转率、应收账款周转率和总资产周转率这三个指标的分析中可以看出，伊利股份对存货和应收账款的管理均好于光明乳业，对总资产的利用效率也高于光明乳业，在营运能力上，伊利股份领先于光明乳业。

（四）成长能力分析

1. 总资产增长率

总资产增长率是企业本年年末资产总额与年初资产总额的差额除以上年末资产总额的比率。资产对于企业至关重要，是企业生产经营的必要资源，也是企业偿债能力的保障。资产增长在很大程度上代表着企业的发展壮大。总资产增长率的提高，可以看作是企业加速扩张的信号。

由表 9-12 可以看出，在 2013—2015 年，两个企业均有一段高速增长期，但是高速增长期过后均有回落。可见光明乳业和伊利股份在高速发展后，最近两年都放慢了发展扩张的速度。

表 9-12　总资产增长率比较

公司	总资产增长率（%）				
	2013 年	2014 年	2015 年	2016 年	2017 年
光明乳业	23.86	11.37	19.90	4.10	2.85
伊利股份	65.92	20.13	0.35	-0.93	25.56

数据来源：锐思数据库。

2. 主营业务收入增长率

由表 9-13 可以看出，伊利股份的主营业务收入增长率在 2013—2016 年增长速度下降，表示企业正在从成长期的高速增长过渡到成熟期的稳定增长；光明乳业的主营业务收入增长率在 2013—2014 年一直保持 20% 上下的高速增长，但在 2015 年出现了负增长，这无疑是一个危险的信号，销售收入下降表示着公司在激烈的市场竞争中开始失去市场份额，如果不采取措施增强竞争力，挽回市场份额，企业将会走向衰落，在 2017 年光明乳业的主营业务收入增长率回升到了 7.25%，表明企业挽回市场份额的努力收到了一定的效果。

表 9-13 主营业务收入增长率比较

公司	主营业务收入增长率（%）				
	2013 年	2014 年	2015 年	2016 年	2017 年
光明乳业	18.26	26.76	-6.18	4.03	7.25
伊利股份	13.78	12.94	10.94	0.75	11.99

数据来源：锐思数据库。

通过对光明乳业和伊利股份的总资产增长率、主营业务收入增长率进行比较分析发现，虽然在 2016 年，伊利股份发展速度放缓，而光明乳业在 2015 年的下跌之后于 2016 年迅速回升，但伊利股份的成长能力总体好于光明乳业，光明乳业应及时更新产品，抓住市场，挽回市场份额，避免走向衰落，同时应加强费用管理，以保证利润的增加。

五、自由现金流模型估值

公司自由现金流量是指息税前利润（EBIT）扣除必要的税费、资本性支出和营运增加额后能够支付给公司的所有资本提供者支付的现金流。根据定义，公司的自由现金流量 FCFF = 息税前利润（EBIT）× $(1-T)$ + 折旧及摊销 - 资本支出 - 营运资本的增加额。其中，资本支出 = 固定资产支出 + 在建工程支出 + 无形资产支出 + 其他长期资产支出；营运资本 = 流动资产 - 无息债务。

（一）预测期与后续期的划分

根据光明乳业的财务报表，光明乳业 2013—2017 年的销售收入增长率高于宏观经济增长率，按照经济学的理论，增长率高于宏观经济增长率的行业会在 3 年到 10 年恢复到宏观经济增长率。在实务中，通常的详细预测期为 5—7 年，预测期的时间长短取决于企业增长的不稳定时期的时间长短。也就是企业增长的不稳定时期越长，其预测期就越长；企业增长的不稳定时期越短，对于其的预测期也会随之缩短。鉴于目前宏观经济已经处于相对平稳的阶段，本文将 3 年作为现金流量模型的预测期，也就是说在 3 年之后就是光明乳业的永续增长期，即模型中的 $n=3$。根据竞争均衡理论，一个企业不可能永远以高于宏观经济增长的速度发展下去。如果是这样，它迟早会超过宏观经济总规模。所以通常来说，现金流量模型中的收入永续增长率会恢复到正常水平，即等于宏观经济的增长的速度。本文选取 2018 年的全球发展中国家宏观经济增长率的平均值 4.6%，即模型中的 $g=4.6\%$，也就是保守估计光明乳业的永续增长率为 4.6%。

根据财务管理的财务预测中的销售百分比法，资产、负债与销售收入之间的比例是稳定的，因此本文使用销售百分比法分别对公式中的各个因素进行预测，然后确定融资需求以及自由现金流量。

（二）预测期自由现金流量预测

1. 税后净营业利润

（1）收入预测。随着改革开放，我国的经济飞速发展，人民的生活变得富裕，对生活品质的要求越来越高，对乳制品的需求也在不断增加。在经历 2008 年的三聚氰胺事件之后，虽然消费者对我国乳制品丧失了信心，导致整个乳制品行业的销售大幅度下跌。但是随着我国食品安全法的出台，乳制品行业自身对于质量的重视，提高了产品质量的标准，消费者恢复了对乳制品的信心，迎来了我国乳制品行业的春天，自从 2008 年之后一直保持较高的销售收入增长率。最近几年，随着光明乳业一直不断地扩展市场，其占有量也达到饱和。而且我国市场中存在着乳制品行业的两巨头蒙牛乳业和伊利乳业，还有虎视眈眈的外国乳业品牌来华抢占市场份额。同时根据竞争均衡理论，企业的销售率会恢复到正常水平。

2018 年全球发展中国家的宏观经济增长率为 4.6%，本文预计光明乳业 2020 年及以后各年按照 4.6% 的比例持续增长。光明乳业 2013—2017 年的销售收入及其增长率见表 9 - 14。

表 9 - 14 光明乳业 2013—2017 年销售收入及销售收入增长率

年份	2013	2014	2015	2016	2017
销售收入（亿元）	162.9	206.5	193.7	202.1	216.7
销售收入增长率（%）	18.26	26.76	-6.18	4.30	7.25

数据来源：光明乳业报表。

2018—2020 年光明乳业的销售收入增长率的速度会逐渐回落正常水平，即宏观经济增长速度，直至 2020 年下降到 4.6%，并在以后保持 4.6% 的增长率，具体预测见表 9 - 15。

表 9 - 15 光明乳业未来 3 年销售收入及销售收入增长率预测

年份	2018	2019	2020
销售收入增长率（%）	6.37	5.48	4.60
销售收入（亿元）	230.50	245.17	256.45

（2）销售成本预测。光明乳业的历年的销售成本以及销售成本占收入比，见表 9 - 16。

表 9 - 16 光明乳业 2013—2017 年销售成本及销售成本占收入比

年份	2013	2014	2015	2016	2017
销售成本（亿元）	106.3	135.9	123.8	123.9	144.5
销售成本占收入比（%）	65.25	65.81	63.91	61.31	66.68

据 2013—2017 年的销售成本可以看出，光明乳业的成本基本稳定。因此本文将光明乳业 2013—2017 年成本占比的平均值 64.59% 作为今后的成本占比，对光明乳业未来 3 年的销售成本进行预测。根据销售百分比法，销售成本与销售收入之间存在稳定的比例关系，得到未来 3 年光明乳业的销售成本，见表 9 - 17。

表 9-17　光明乳业 2018—2020 年销售成本预测

年份	2018	2019	2020
销售收入（亿元）	230.50	245.17	256.45
销售成本占收入比（%）	64.59	64.59	64.59
销售成本（亿元）	148.89	158.36	165.65

（3）销售费用与管理费用预测。销售费用方面，光明乳业近年来力推一些高端的新产品：如莫斯利安常温酸奶，同时光明公司在不断地向市场投放新的产品，满足不同消费者群体的需求，扩大市场占有率。这样就导致了销售费用的增长，与此同时销售费用占比在逐年下降，说明前期的产品推广已获得了一定的成功，光明乳业的产品已经逐渐被消费者接受并认可。因此本文预测，光明的销售费用占比会下降至 20% 并维持在这一水平，主要原因是光明乳业已经完成大部分产品的前期宣传，销售费用会慢慢下降并维持在一个稳定的水平。管理费用方面，本文预测 2017 年之后的管理费用占比为以前年度的平均值 3.24%，具体计算见表 9-18、表 9-19。

表 9-18　光明乳业 2013—2017 年销售费用、管理费用

年份	2013	2014	2015	2016	2017
销售费用（亿元）	44.1	54.71	53.92	56.19	51.64
销售费用占比（%）	27.07	26.49	27.84	27.80	23.83
管理费用（亿元）	4.842	5.846	6.825	7.717	6.644
管理费用占比（%）	2.97	2.83	3.52	3.82	3.07

数据来源：光明乳业报表。

表 9-19　光明乳业 2018—2020 年销售费用、管理费用

年份	2018	2019	2020
销售收入（亿元）	230.50	245.17	256.45
销售费用占比（%）	22.55	21.27	19.99
销售费用（亿元）	51.98	52.15	51.26
管理费用占比（%）	3.24	3.24	3.24
管理费用（亿元）	7.47	7.95	8.31

（4）营业税金及附加。由于本文选取的单位为亿元，且光明乳业的营业税金及附加较小，所以在计算息税前利润时将营业税金及附加忽略不计。目前，本文已经预测出了光明乳业未来 3 年的销售收入、销售成本、销售费用、管理费用，由此计算得出光明乳业 2018—2020 年息税前利润的预测值，见表 9-20。

表 9-20　光明乳业 2018—2020 年的 EBIT

年　份	2018	2019	2020
销售收入（亿元）	230.50	245.17	256.45
减：销售成本（亿元）	148.89	158.36	165.65
减：管理费用（亿元）	7.47	7.95	8.31
减：销售费用（亿元）	51.98	52.15	51.26
等于：息税前利润（EBIT）（亿元）	22.16	26.71	31.22

（5）税后净营业利润。我国目前企业所得税税率为 25%。虽然光明乳业有部分产品是可以减税免税的，但是为保守起见，本文在计算光明乳业 2018—2020 年公司所得税时，仍将 25% 作为其所得税率。2018—2020 年的税后净利润预测见表 9-21。

表 9-21　光明乳业 2018—2020 年税后净利润预测

年　份	2018	2019	2020
息税前利润（EBIT）（亿元）	22.16	26.71	31.22
减：EBIT 所得税（亿元）	5.54	6.68	7.81
等于：息前税后利润（亿元）	16.62	20.03	23.42

2. 折旧与摊销

根据表 9-22 可知，2013—2017 年的折旧与摊销占比呈逐年上升的趋势，由年报可知，2013—2017 年，光明乳业的固定资产从 33.71 亿元涨至 60.54 亿元，所以本文预计在 2018—2020 年光明乳业的折旧占比将以每年 0.48% 的速度增长。根据销售百分比法，销售费用、管理费用与销售收入之间存在稳定的比例关系，得到 2018—2020 年光明乳业的销售收入、折旧与摊销，见表 9-23。

表 9-22　光明乳业 2013—2017 年固定资产占比及折旧

年　份	2013	2014	2015	2016	2017
折旧与摊销（亿元）	3.25	4.06	5.38	7.3	8.47
折旧与摊销占比（%）	2.00	1.97	2.78	3.61	3.91

表 9-23　光明乳业未来 3 年折旧与摊销

年　份	2018	2019	2020
销售收入（亿元）	230.50	245.17	256.45
折旧与摊销占比（%）	4.39	4.87	5.34
折旧与摊销（亿元）	10.11	11.93	13.70

3. 资本支出

资本支出 = 经营性长期资产支出的增加额 - 经营性长期负债的增加额，企业经营性长期资产 = 长期投资 + 固定资产 + 无形资产 + 其他无形资产，光明乳业 2013—2017 年经营性长期资产具体计算过程见表9-24。

表9-24 光明乳业2013—2017年经营性长期资产　　　　　单位：亿元

年 份	2013	2014	2015	2016	2017
长期股权投资	0.17	0.16	0.67	0.67	0.72
加：固定资产	33.71	43.97	53.64	60.36	60.54
加：在建工程	6.73	8.08	5.61	2.89	3.27
加：无形资产	2.82	3.12	3.01	3.44	3.72
加：商誉	2.59	2.46	2.32	2.47	2.56
加：递延所得税资产	3.44	3.73	3.1	4.3	5.07
等于：经营性长期资产	49.46	61.52	68.35	74.13	75.88
经营性长期资产占比	30.36%	29.79%	35.29%	36.68%	35.02%

根据光明乳业2013—2017年经营性长期资产可以看出，其经营性长期资产比较稳定，为了使结果更加准确，本文将光明乳业2008—2017年10年间的经营性长期资产占比平均值30.58%作为2018—2020年的经营性长期资产占比值。根据销售百分比法，经营性长期资产与销售收入之间存在稳定的比例关系，得到2018—2020年光明乳业的经营性长期资产，见表9-25。

表9-25 光明乳业2018—2020年经营性长期资产

年 份	2018	2019	2020
销售收入（亿元）	230.50	245.17	256.45
经营性长期资产占比（%）	30.58	30.58	30.58
经营性长期资产（亿元）	70.49	74.98	78.43

根据光明乳业的年报，其专项应付款和其他长期负债均为零，所以本文计算该企业经营性长期负债的数值时，并未将其列入其中。具体计算过程见表9-26。

表9-26 光明乳业2013—2017年经营性长期负债　　　　　单位：亿元

年 份	2013	2014	2015	2016	2017
长期付款	3.36	8.59	10.89	4.15	3.97
加：递延所得税负债	0.98	0.94	0.95	1.19	1.31
等于：经营性长期负债	4.34	9.53	11.84	5.34	5.28
经营性长期负债占比	2.66%	4.62%	6.11%	2.64%	2.44%

由于光明乳业2013—2017年经营性长期负债占比变动趋势没有明显的规律，因此本文直接取光明乳业2013—2017年的平均值3.69%作为2018—2020年的经营性长期负债占比。由此，本文可以预测出光明乳业2018—2020年的净经营性长期负债，见表9-27。

表 9-27 光明乳业 2018—2020 年经营性长期负债

年 份	2018	2019	2020
销售收入（亿元）	230.50	245.17	256.45
经营性长期负债占比（%）	3.69	3.69	3.69
经营性长期负债（亿元）	8.51	9.06	9.47

资本支出 = 净经营性长期资产增加额 + 折旧与摊销

根据上述公式，得出光明乳业 2018—2020 年的资本支出额，见表 9-28。

表 9-28 光明乳业 2018—2020 年资本支出　　　　　　　　　单位：亿元

年 份	2018	2019	2020
经营性长期资产	70.49	74.98	78.43
减：经营性长期负债	8.51	9.06	9.47
等于：净经营性长期资产	61.98	65.92	68.96
净经营性长期资产增加额	-13.90	3.95	3.03
加：折旧与摊销	10.11	11.93	13.70
等于：资本支出	-3.79	15.87	16.74

4. 营运资本增加

营运资本 = 经营性流动资产 - 经营性流动负债

光明乳业的经营流动资产具体计算过程如表 9-29 所示。

表 9-29 光明乳业 2013—2017 年经营流动资产　　　　　　　　　单位：亿元

年 份	2013	2014	2015	2016	2017
货币资金	26.00	20.37	33.20	33.66	34.09
加：应收票据	0.02	0.06	0.00	0.00	0.00
加：应收账款	13.86	17.10	16.29	16.47	18.69
加：其他应收款	0.79	0.82	1.24	1.83	1.77
加：预付账款	6.03	3.99	4.53	3.49	3.69
加：存货	15.01	20.75	18.53	18.49	17.98
等于：经营流动资产	61.71	63.09	73.79	73.94	76.22
经营流动资产占比	37.88%	30.55%	38.09%	36.59%	35.17%

光明乳业的经营流动负债具体计算过程如表9-30所示。

表9-30 光明乳业2013—2017年经营流动负债　　　　　　　　　单位：亿元

年　份	2013	2014	2015	2016	2017
应付票据	0.00	0.00	0.00	0.00	0.00
加：应付账款	19.99	20.76	22.73	18.53	21.46
加：预收账款	7.49	5.07	5.79	11.18	5.44
加：应付职工薪酬	1.83	2.08	2.04	2.50	2.89
加：应交税费	2.89	2.77	2.07	4.85	4.26
加：其他应付款	15.09	16.67	20.79	23.21	24.77
等于：经营流动负债	47.28	47.34	53.41	60.26	58.81
经营流动负债占比	29.03%	22.93%	27.57%	29.82%	27.14%

由表9-30得，光明乳业2013—2017年经营流动负债所占的比重没有固定的变化趋势，大体都在30%左右。因此本文将光明乳业2018—2020年的经营流动负债占比取历史经营流动负债占比的平均值35.66%。与此同时，光明乳业的经营流动负债占比同样没有固定的增长或是减少，因此本文将光明乳业2018—2020年经营流动负债的占比值取历史上经营流动负债占比的平均值27.30%，并据此计算出2018—2020年的经营营运资本增加额，具体计算过程见表9-31。

表9-31 光明乳业2018—2020年运营资本增加额预测

年　份	2018	2019	2020
销售收入（亿元）	230.50	245.17	256.45
经营流动资产占比（%）	35.66	35.66	35.66
经营流动资产（亿元）	82.19	87.42	91.44
经营流动负债占比	27.30%	27.30%	27.30%
经营流动负债（亿元）	62.92	66.92	70.00
经营营运资本（亿元）	19.27	20.50	21.44
营运资本增加额（亿元）	1.86	1.23	0.94

5. 自由现金流量的计算

自由现金流量 =（税后净金营利润 + 折旧及摊销）-（资本支出 + 营运资本增加）

本文得出光明乳业2018—2020年中的自由现金流量值，计算过程如表9-32所示。

表9-32 光明乳业2018—2020年自由现金流　　　　　　　单位：亿元

年份	2018	2019	2020
销售收入	230.50	245.17	256.45
减：营业成本	148.89	158.36	165.65
减：销售费用	51.98	52.15	51.26
减：管理费用	7.47	7.95	8.31
税前经营净利润	22.16	26.71	31.22
税后净经营利润	16.62	20.03	23.42
加：折旧与摊销	10.11	11.93	13.70
减：资本支出	-3.79	15.87	16.74
减：营运资本增加	1.86	1.23	0.94
等于：自由现金流量	28.66	14.86	19.44

（三）FCFF模型的价值评估

1. 折现率的估计

本文中将加权平均资本成本（WACC）作为现金流量模型中的折现率。下面估算2018—2020年的资本结构、债务资本成本以及股权资本成本，并最终计算得出光明乳业2018—2020年的加权平均资本成本。

（1）资本结构

①预测筹资需求。

净经营资产＝经营运营资本＋净经营长期资产

光明乳业2018—2020年的筹资需要，即光明乳业2018—2020年的净经营资产。根据表9-28、表9-31得出表9-33。

表9-33 未来3年预测筹资需求

年份	2018	2019	2020
经营运营资本（亿元）	19.27	20.50	21.44
加：净经营长期资产（亿元）	70.49	74.98	78.43
等于：净经营资产（亿元）	89.76	95.48	99.87

②预测债务筹资额。根据销售百分比法，公司的债务筹资与收入成稳定的百分比关系，由此得出光明乳业2018—2020年的借款额，见表9-34。

表9-34 光明乳业2013—2017年借款总额及占比

年份	2013	2014	2015	2016	2017
短期借款（亿元）	9.50	18.14	14.41	11.53	30.97
长期借款（亿元）	3.36	8.59	10.89	4.15	3.97
借款总额（亿元）	12.86	26.73	25.30	15.68	34.94
借款额占比（%）	7.89	12.94	13.06	7.76	16.13

本文直接取光明乳业2013—2017年借款总额占比的平均值11.56%作为未来的借款占比，由此得出光明乳业2018—2020年的债务筹资额，见表9-35。

表9-35 光明乳业2018—2020年借款额

年份	2018	2019	2020
借款额占比（%）	11.56	11.56	11.56
借款总额（亿元）	26.64	28.33	29.64

③权益筹资金额。前面已经预测出了光明乳业2018—2020年的债务筹资金额，现在用总的筹资需求（见表9-34）减去债务筹资金额（见表9-35）得出光明乳业2018—2020年的权益筹资额，具体计算过程见表9-36。

表9-36 光明乳业2018—2020年的权益筹资额　　　　　　　　　单位：亿元

年份	2018	2019	2020
净经营资产总计	89.76	95.48	99.87
减：债务筹资额	26.64	28.33	29.64
等于：权益筹资额	63.13	67.15	70.23

④资本结构。根据光明乳业2018—2020年的债务筹资额和权益筹资额（见表9-36），可以得出光明乳业2018—2020年的资本结构，见表9-37。

表9-37 光明乳业2018—2020年的资本结构

年份	2018	2019	2020
净经营资产（亿元）	89.76	95.48	99.87
债务筹资额（亿元）	26.64	28.33	29.64
权益筹资额（亿元）	63.13	67.15	70.23
债务资本占比（%）	29.67	29.67	29.67
权益资本占比（%）	70.33	70.33	70.33

(2) 债务资本成本（或债务资本成本率）

目前，光明乳业的发展前景较好，公司资产负债率、产权比率都处在合理的范围区间，举债能力较强，公司的偿债能力高、有保证，贷款安全。因此本文选取2017年末中国人民银行3—5年贷款利率4.75%作为其债务筹资成本，为此光明乳业的税后债务成本 = 4.75% × (1 - 25%) = 3.56%。

(3) 股权资本成本（或股权资本成本率）

股权资本成本 = 无风险利率 + 市场风险溢价

其公式为：股权资本成本率 = 无风险收益率 + β × (市场收益率 - 无风险收益率)

①无风险利率的估计。无风险利率一般是指政府发行的债券利息，它可分为长期和短期两种。在实际操作中，最常见的做法是选用10年期的政府债券作为无风险的代表，2018年4月，根据财政部官网发布的公告，此次发行的两期电子式国债均为固定利率、固定期限品种，最大发行总额400亿元。其中，第一期期限3年，票面年利率4.0%，最大发行额200亿元；第二期期限5年，票面年利率4.27%，最大发行额200亿元。因此，本文选取2018年4月发行的5年期财政部债券利率4.27%作为无风险利率，故 R_f = 4.27%。

②市场风险溢价的估计。在时间跨度上，本文选取了近五年的数据。由于光明乳业在上海证券交易所挂牌交易，因此本文选取了2013—2017年的上证月末收盘指数代表市场收益值，取平均值作为每年的市场收益值，具体计算见表9-38。

表9-38 2013—2017年市场收益及市场年收益率 单位：万元

年 份	2013	2014	2015	2016	2017
1月市场收益	2 385.42	2 033.08	3 210.36	2 737.60	3 159.17
2月市场收益	2 365.59	2 056.30	3 310.30	2 687.98	3 241.73
3月市场收益	2 236.62	2 033.31	3 747.90	3 003.92	3 221.63
4月市场收益	2 177.91	2 026.36	4 441.65	2 938.32	3 154.66
5月市场收益	2 300.59	2 039.21	4 611.74	2 916.62	3 117.18
6月市场收益	1 979.21	2 048.33	4 277.22	2 929.61	3 192.43
7月市场收益	1 993.80	2 201.56	3 663.73	2 979.34	3 273.03
8月市场收益	2 098.38	2 217.20	3 205.99	3 085.49	3 360.81
9月市场收益	2 174.67	2 363.87	3 052.78	3 004.70	3 348.94
10月市场收益	2 141.61	2 420.18	3 382.56	3 100.49	3 393.34
11月市场收益	2 220.50	2 682.83	3 445.41	3 250.03	3 317.19
12月市场收益	2 115.98	3 234.68	3 539.18	3 103.64	3 307.17
年市场收益	2182.52	2279.74	3657.40	2978.15	3257.27
年市场收益率	-1.29%	4.45%	60.43%	-18.57%	9.37%

数据来源：东方财富网。

计算权益市场平均收益率时，为了更合理地预测风险溢价，按照本文平均数算法，得出权益市场平均收益率 R_m =10.88%，市场风险溢价 $(R_m - R_f)$ =6.61%。

③β 值的计算。为了简化计算，本文结合整个乳制品行业总体的风险水平，系数取值为 1.62 作为光明乳业 β 系数值的评估值。因此，光明乳业的股权资本成本率=14.98%。

根据光明乳业 2018—2020 年的动态资本结构（见表 9-38）以及其对应年份债务资本成本和权益资本成本，通过计算得出光明乳业的未来 3 年加权平均资本成本，结果如表 9-39 所示。

加权平均成本 = 债务资本成本 × 债务资本占比 + 权益资本成本 × 权益资本占比

表 9-39　光明乳业 2018—2020 年的折现率

年份	债务资本成本率（%）	债务资本占比（%）	权益资本成本率（%）	权益资本占比（%）	折现率（%）
2018—2020	3.56	29.67	14.98	70.33	11.59

2. 光明乳业最终评估价值的确定

我们选取 2017 年 12 月 31 日作为评估时点对光明乳业进行企业价值评估。光明乳业的整体价值等于其预测期价值加后续期价值。

预测期价值为预测期自由现金流量折现值之和，即

$$预测期价值 = \sum \frac{FCFF_t}{(1 + WACC)^t}$$

测算结果如表 9-40 所示。

表 9-40　整体价值估算

预测期价值（亿元）	后续期价值（亿元）	后续期现值（亿元）	整体价值（亿元）
62.24	290.92	324.63	386.87

六、修正平均市盈率法

在接下来的章节，本文选用修正平均市盈率法对光明乳业进行估值。修正平均市盈率法需要可比企业应当是多个比率类似的企业。修正平均市盈率法的优点在于计算市盈率的数据容易取得，并且计算简单；市盈率把价格和收益联系起来，直观地反映投入和产出的关系；市盈率涵盖了风险补偿率、增长率、股利支付率的影响，具有很高的综合性。修正平均市盈率法的具体计算方法如图 9-1 所示。

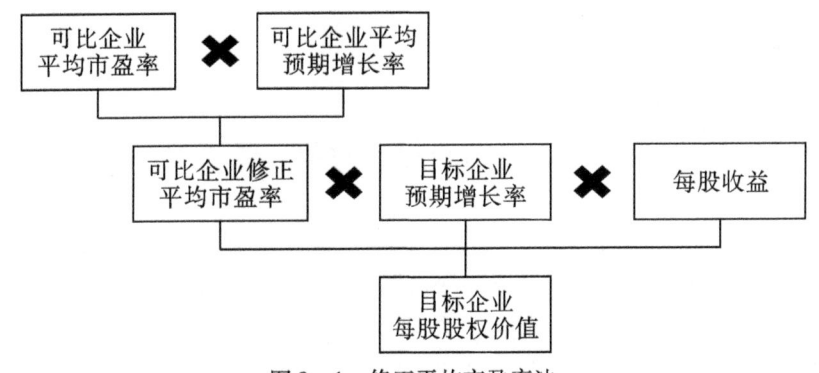

图 9-1 修正平均市盈率法

具体测算如表 9-41 所示。

表 9-41 修正平均市盈率法估值

可比企业平均市盈率	51.03	可比企业平均预期增长率	3.80%		
可比企业修正平均市盈率	1 342.895	目标企业预期增长率	4.60%	每股收益（元/股）	0.5
目标企业每股股权价值（元/股）	30.89				
股数（亿股）	12.24	估值（亿元）	378.05		

其中选取了东方财富网对食品饮料行业估算的平均市盈率、平均预期增长率和每股收益，目标企业预期增长率选取了 2018 年的全球发展中国家宏观经济增长率的平均值 4.6%，最终得到了修正平均市盈率法的估值结果。

七、两次价值评估的比较与分析

使用自由现金流量折现模型，光明乳业价值为 386.87 亿元，而使用改进后的修正平均市盈率法，光明乳业价值为 378.05 亿元。由此可以得出估值的结果有一定的参考意义。这是因为两种估值的模型出发点不同，用绝对估值法和相对估值法一起进行估值，可以使得评估的结果更加客观科学。因此，本文认为，可用两种估值方法矫正公司价值的评估结果，绝对估值法和相对估值法相结合可以使估值更加科学，也可以使评估结果更加准确。

八、问题讨论

（1）企业估值有什么具体的方法？请用绝对估值法和相对估值法分别说明。
（2）一般对于什么公司会选用自由现金流（FCFF）模型？
（3）如何估算企业预期增长率？
（4）如何测算被估值企业的自由现金流？
（5）什么是修正平均市盈率法？

[案例说明书]

一、教学目的与用途、适用的课程、对象，教学目标

（1）面对经济全球化趋势和激烈的市场竞争，"公司价值最大化"已成为公司财务管理的主要战略目标。随着我国市场经济的深入发展和产权市场、资本市场的日趋成熟，公司估值的理论和方法在企业改制、企业并购、风险投资、资本市场融资、企业经营管理等方面也得到了广泛应用，并成为投资决策的一种重要支撑工具。本案例拟针对公司估值的基本方法进行总结和讨论，同时选择合适的案例企业，对其公司估值进行全面的案例研究，以期深化公司估值理论和方法的应用。

（2）本案例主要适用于企业估值、财务管理等课程，也可用于其他工商管理类别的课程教学和管理培训。

（3）教学目标：以具体企业为案例，详细地解释了如何运用绝对估值法和相对估值法对上市公司进行估值。为同类企业价值评估提出一些可供借鉴的解决思路和具体方法。以课堂讲授理论知识和主题案例为主，同时采取课下阅读、课堂讨论、撰写综合案例分析报告或课程论文等方式，使学员能够巩固和深化所学的知识。

二、需要学员识别的关键要点

企业价值评估工具的综合运用；自由现金流（FCFF）模型的具体测算过程；修正平均市盈率法的具体测算过程；两种估值方法的优势；结合理论判断应如何进行企业估值。

三、分析思路

目前我国企业价值评估的理论界和学术界关于自由现金流量的相关文献资料已不少，也形成了相对完整的理论体系，但是对于使用自由现金流量折现模型对企业进行价值评估的案例研究仍然少见。本文根据现阶段我国资本市场的基本情况，以现在现金流量折现模型估值法作为基础，力图将现有的现金流量折现模型进行改进，并构建一种有更加先进合理科学客观的企业价值评估方法，进而通过实际的企业来验证其适用性和可靠性，并在分析的同时发现其中的不足之处。

分析的主要思路：

（1）提出问题——如何对目标企业进行估值，在学员回忆估值方法的基本理论与方法的基础上，引入问题的分析层面。

（2）分析问题——针对目标企业的具体情况，选用合适的估值方式。

（3）解决问题——选取两种估值方式，相互验证。

四、理论依据与分析

1. 公司估值

公司估值,又名企业估值、企业价值评估等。公司估值是指着眼于上市或非上市公司本身,对其内在价值进行评估。一般来讲,公司的资产及获利能力决定于其内在价值。

公司估值是投融资、交易的前提。一家投资机构将一笔资金注入企业,应该占有的权益首先取决于企业的价值。而一家企业值多少钱?这是一个非常专业、非常复杂的问题。

2. 公司估值的意义

公司估值有利于我们对公司或其业务的内在价值进行正确评价,从而确立对各种交易进行订价的基础。同时,公司估值是投资银行进行勤勉尽责调查(due diligence)的重要部分,有利于问题出现时投资银行的免责。对投资管理机构而言,在财务模型的基础上进行公司估值不仅是一种重要的研究方法,而且是从业人员的一种基本技能。它可以帮助我们:将对行业和公司的认识转化为具体的投资建议;预测公司的策略及其实施对公司价值的影响;深入了解影响公司价值的各种变量之间的相互关系;判断公司的资本性交易对其价值的影响;强调发展数量化的研究能力。

3. 公司估值方法

公司估值的主要方法有绝对估值法和相对估值法。

(1) 绝对估值模型

绝对估值模型采用的估值方法是折现的方法,其基本观点是上市公司目前价值是其未来现金流量的现值,绝对估值模型以企业未来的赢利情况为基础,对未来现金流进行合理预期,然后再将预期的现金流用一定的折现率进行折现,从而得出企业的目前价值,再估计出股票价值,绝对估值模型主要包括股利贴现模型(DDM)、自由现金流贴现模型(DCF)。

①股利折现模型(dividend discount model, DDM)。股利折现模型的观点是上市公司的股票价值应该等于公开在持续经营期间向股东发放的预期现金股利按一定的折现率折现从而得出的现值之和。根据不同上市公司现金股利发放的区别,可分为零增长型、固定增长型和多阶段增长型三种股利折现模型。

股利折现模型设定清晰,易于计算和使用。但是由于 DDM 法有假定条件,所以存在一些缺点:第一,依 DDM 模型,上市公司发放的现金股利越高,则计算得出股票的内在价值越高,但实际情况可能是处于成长期且有潜力较大的公司并不倾向于派发较多现金股利,因为这样不利于企业的长远发展;第二,在我国股票市场,存在很多上市公司连续多年都不派发股利的现象,但并不是因为上市公司的经营状况不好,所以对这类上市公司的股票价值的估计,使用 DDM 模型是无法进行估计的;第三,DDM 估值法,要预测上市公司未来经营阶段各期股利发放的具体情况,对于目前股利发放较为明晰和稳定的上市公司而言,预测未来股利的发放情况较为可靠,但对于我国多数上市公司而言,目前的股利发放没有规律可言,导致预测未来股利发放是一件难度很大的工作,这也是 DDM 模型不能广泛适用的重要原因。

②自由现金流贴现模型(discounted cash flow, DCF)。DCF 估计法以公司的财务数据

作为基础，对公司未来一定时间内的自由现金流量进行预测，再选取一定的折现率对公司未来自由现金流量进行折现，从而求得现值和，进一步得出公司目前的价值。再将估计公司目前的价值减去债券价值后得到公司权益价值，最后用当前权益价值除以总股本数可以得出每股股票价值。

DCF法的优点在于未来现金流的预测都是根据自身财务报表中的历史数据推导出的，并相比于DDM估值法，用自由现金流取代现金股利进行分析可以避免上市公司股利发放的弊端。

DCF法的缺点在于：第一，对于企业未来自由现金流的预测有一定难度，对于经营状况稳定的企业而言，未来自由现金流较好预测。但对于处于高速扩张中的企业以及周期性较强的企业，未来自由现金流的预测是十分困难的，从而导致企业价值评估的不准确。第二，折现率的计算较为困难，在计算折现率的过程中，相应参数的选取具有很大的主观性，不同估值者使用同种估值模型可能估计的结果截然不同。

（2）相对估值模型

相对估值法的估值过程可以分为以下几步，首先选取与被估值公司类似的可比公司，计算选取可比公司的价格乘数的平均值，再将该平均值与被估值公司的相应指标进行计算，从而得出估计值，相对估值法运用中的关键问题是可比公司的选取问题，如何选取与被估计公司具有相似的经营状况和主营业务等相关指标的可比公司是重点，对估计结果的准确性有较大影响，价格乘数是指普通股股票的市场价格与一些基础变量（如每股收益、每股净资产等）的比率，相对估值法的主要模型有市盈率模型、市净率模型、市销率模型等。其中市盈率是指股票市价与每股收益的比率；市净率是指股票市价与普通股股东每股净资产的比率；市销率是指股票市价与每股销售额的比率。

五、背景信息

自1978年改革开放以来，我国的经济增长突飞猛进，我国的GDP总量现已跃居全球第二。随之而来对企业价值评估的应用也越来越频繁，范围也越来越广。科学客观地评估企业的价值，是我国理论界和学术界特别关注的一个课题，也是实务操作的一个难点。相对于西方发达国家，我们的相关理论发展比较缓慢。

20年代80年代末，我国的企业价值评估开始发展，到目前为止我国学术界和研究界对价值评估的相关理论进行了长期的研究，并借鉴西方的先进理论，已经基本形成了相对完整的理论体系，进而应用到实际操作中，并取得一定的成绩。但在中国企业价值评估的发展过程中，应用的只是西方发达国家的基础理论，实质的、精髓的先进理念并没有得到彻底执行。进行企业价值评估，大多数的时候仍会采用成本法，即直接简单地将每一个会计科目的账面价值进行加和。与此同时，在对企业价值评估中使用自由现金流量模型案例更是少之又少。如今，随着我国会计准则与国际接轨、公允价值的推行、资本市场也越来越开放和完善，将自由现金流量模型应用到企业价值评估实际操作中就成了一项重要的课题。

六、教学组织计划

（一）问题清单及提问顺序、资料发放顺序

本案例讨论题目依次为：
(1) 企业估值有什么具体的方法？请用绝对估值法和相对估值法分别说明。
(2) 一般对于什么公司会选用自由现金流（FCFF）模型？
(3) 如何估算企业预期增长率？
(4) 如何测算被估值企业的自由现金流？
(5) 什么是修正平均市盈率法？

本案例的参考资料及其索引，在讲授有关知识点之后一次性布置给学员。

（二）课堂计划

本案例可以作为专门的案例讨论课来进行。如下是按照时间进度提供的课堂计划建议，仅供参考。整个案例课的课堂时间控制在80—90分钟。

1. 课前计划

至少需要提前1周发放案例相关资料，提出启发思考题，请学员在课前完成阅读和初步思考。

2. 课中计划

(1) 简要的课堂前言，明确主题（2—5分钟）。
(2) 案例总体介绍，并提出启发思考题。站在公正客观的角度讲述案例，指出案例分析的一些线索（5—10分钟）。
(3) 分组讨论。将学生进行分组，每组5~8人，告知发言要求。注意时间控制，要求在指定时间内各组必须就需要回答的问题达成一致意见（30分钟）。
(4) 小组发言。每组派代表展示讨论结果，展示过程中可以由其他小组成员进行提问（每组5分钟，控制在30分钟）。
(5) 引导全班进一步讨论，并进行案例归纳总结，就学生讨论情况进行点评（10—15分钟）。

3. 课后计划

请学员结合课堂讨论，进一步对所学的知识进行总结提炼和拓展。如有必要，请学生采用报告形式给出更加具体的解决方案，包括具体的职责分工等，为后续章节内容做好铺垫。

案例 10

基于企业自由现金流量模型（FCFF）的美的集团估值分析[*]

---

[*] 1. 本案例由广东工业大学管理学院的张军波、刘思、郭建明（广东工程职业技术学院）、陈静、陈璞共同撰写，作者拥有著作权中的署名权、修改权、改编权。

2. 本案例授权广东工业大学产教融合 MPAcc 教学智库实验平台使用，广东工业大学产教融合 MPAcc 教学智库实验平台享有复制权、修改权、发表权、发行权、信息网络传播权、改编权、汇编权和翻译权。

3. 由于企业保密的要求，在本案例中对有关名称、数据等做了必要的掩饰性处理。

4. 本案例只供课堂讨论之用，并无意暗示或说明某种管理行为是否有效。

[案例封面]

专业领域： 财务管理

适用课程： 高级财务管理理论与实务

选用课程： 财务报表分析，企业价值评估

编写目的： 本案例旨在引导学员进一步熟悉企业价值评估的方法并学会运用恰当的估值模型进行企业估值分析。通过本案例的讨论学习，学员要讨论回答以下问题：企业价值评估的内涵、目的和方法；现金流量折现模型（DCF）的分类；确定本案例的估值模型、营业收入预测方法、企业自由现金流量（FCFF）测算、加权平均资本成本（WACC）测算的依据。

知 识 点： 企业价值评估的目的和方法；企业估值模型的确定及其运用

关 键 词： 企业价值评估；"二阶段"法；企业自由现金流量模型

中文摘要： 随着我国资本市场迅速发展，涉及企业价值评估的重组、并购事件越来越普遍，我国也开始重视价值评估及其管理。对上市公司企业价值进行评估，既能加强从战略的角度审视企业资产、环境适应能力，又能从财务的角度对企业的战略决策提供科学、客观的依据。因此，企业价值评估具有重要意义。本案例将以美的集团为例进行论述。首先根据美的集团自身的发展状况结合其所处的行业环境，选取二阶段企业自由现金流量模型（FCFF）对其进行估值。然后运用资本资产定价模型（CAPM）估算股权资本成本，并以该折现率对企业的每股股权价值进行估算。接着，通过分析企业内在价值和市场价值两者之间的关系，在价值投资和企业管理决策的过程中，为股票投资者和企业管理层提供重要的决策依据，也进一步说明自由现金流量模型（FCFF）对我国上市公司估值领域的适用性。企业价值评估是财务管理课程的重要内容，通过对本案例的学习，学生将进一步理解和掌握运用恰当的估值模型进行企业估值分析。同时，这也为我国上市公司的价值评估提供借鉴和参考。

[案例正文]

一、引言

企业价值评估是一种经济评估和分析方法,它是把一个企业作为一个有机整体,依据其整体获利能力,并充分考虑影响企业获利能力诸因素,对其整体资产公允市场价值进行的综合性评估。

美的集团于1968年成立于中国广东。2017年,美的集团(简称美的)定位为"全球领先的消费电器、暖通空调、机器人及自动化系统、智能供应链(物流)的科技集团",坚定不移地推行自主研发,以创新作为牵引力,实现自我突破和飞跃式发展。迄今已在世界范围内拥有约200家子公司、60多个海外分支机构及12个战略业务单位,同时为德国库卡集团最主要股东。2016年7月20日,美的集团以221.73亿美元的营业收入首次进入《财富》世界500强名单,位列第481位。2017年5月25日,福布斯2017全球企业2 000强榜单正式出炉,美的位列335名。2017天猫双十一"亿元俱乐部"榜单显示,美的位列第二名。同时,2017年,美的营业收入2 419亿元,净利润186亿元。

那么美的集团的企业的公平市场价值到底如何呢?如何确定本案例的估值模型?如何确定本案例的营业收入的预测方法?如何确定本案例的企业自由现金流量(FCFF)的测算?如何确定本案例的加权平均资本成本(WACC)的测算?本案例根据过去五年的财务报表资料,采用企业自由现金流量模型(FCFF)估算其市场价值,对我国上市公司的价值评估具有一定的指导作用,以此来引导股票投资者和企业管理层做出正确的价值投资和企业管理决策。

二、美的集团基本情况介绍

(一)公司简介

美的集团(股票代码为000333)于1968年成立于中国广东,是一家消费电器、暖通空调、机器人与自动化系统、智能供应链(物流)的科技集团。美的专注于持续的技术革新,以提升产品及服务质量,致力创造美好生活,每年为全球约3亿用户及各领域的重要客户与战略合作伙伴提供满意的产品和服务。过去的2017年,美的取得的成绩令人瞩目,实现收入2 419.19亿元,增长51.35%,实现归母公司净利润172.84亿元,增长17.71%,据2017年《财富》世界五百强榜单,美的排名第450位,较去年上升31位;据福布斯2017全球企业2 000强榜单,美的位列335名,较去年上升67名;据全球最大的传播服务集团WPP发布的"2018年BrandZ™最具价值中国品牌100强"年度排名,美的上升至榜单第26位,连续三年成为榜单中排名最高的家电品牌;在中央电视台特别推出"国家品牌计划"中,美的再次入选国家品牌计划TOP10,并连续两年入选CCTV中国十佳上市公司。公司与控股股东之间的产权及控制关系如图10-1所示。

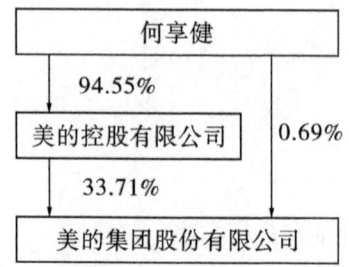

图 10-1 公司与控股股东之间的产权及控制关系图

数据来源：根据 2017 年美的集团年报整理。

（二）主要业务介绍

美的集团 2013—2017 年主营业务收入及增长情况如表 10-1 所示。

表 10-1 美的集团 2013—2017 年主营业务收入及增长情况　　　单位：百万元

年份		2013	2014	2015	2016	2017
暖通空调	收入	62 177.70	72 704.84	64 491.95	68 726.35	95 352.45
	增速	20.82%	16.93%	-11.30%	6.57%	38.74%
消费电器	收入	44 028.32	52 407.31	58 886.05	76 539.89	98 748.02
	增速	16.09%	19.03%	12.36%	29.98%	29.02%
机器人及自动化系统	收入	—	—	—	—	27 037.06
	增速	—	—	—	—	—
其他	收入	6 190.56	5 949.89	5 186.60	1 907.75	2 352.38
	增速	-7.59%	-3.89%	-12.83%	-63.22%	23.31%
合计：主营业务收入	收入	112 396.58	131 062.05	128 564.60	147 173.98	223 489.91
	增速	16.97%	16.61%	-1.91%	14.47%	51.85%

数据来源：笔者根据 2013—2017 年美的集团年报整理。

（三）SWOT 分析

1. 优势（Strength）

（1）全产业链优势。美的是全产业链、全产品线的家电及暖通空调系统企业，以行业领先的压缩机、电控、磁控管等核心部件研发制造技术为支撑，结合强大的物流及服务能力，形成了包括关键部件与整机研发、制造和销售为一体的完整产业链。面向家电智能化发展趋势，家电间的兼容、配合及互动变得越来越重要，拥有全品类的家电产品线的美的在构建统一、兼容的智慧家居平台，向用户提供一体化的家庭解决方案方面已具备领先优势。

(2) 品牌优势。于1968年成立于中国广东的美的集团是主要产品品类皆占据领导地位的全球家电行业龙头企业。美的是国内家喻户晓的领先家电及暖通空调系统品牌，各主要产品品类均居行业领导地位，一方面让美的能够提供全面且具竞争力的产品组合，另一方面也为美的在品牌效应、规模议价、用户需求挖掘及研发投入多方面实现内部协同效应。

(3) 规模优势。一系列全球资源并购整合及新产业拓展的有效完成，进一步奠定了美的全球运营的坚实基础及美的在机器人与智能自动化领域的领先能力，同时，美的通过全球领先的生产规模及经验、多样化的产品覆盖以及遍布世界各大区的生产基地，造就了集团在正在崛起的海外新兴市场中迅速扩张的能力，强化了海外成熟市场竞争的基础。美的在多个产品类别皆是全球规模最大的制造商或品牌商之一，领先的生产规模让美的可以在全球市场中实现海外市场竞争对手难以媲美及难以复制的效率及成本优势。

(4) 渠道优势。凭借着多年发展与布局，美的已形成了全方位、立体式市场覆盖。在成熟的一、二级市场，美的与大型家电连锁卖场一直保持着良好的合作关系；在广阔的三、四级市场，美的以旗舰店、专卖店、传统渠道和新兴渠道为有效补充，渠道网点已实现一、二级市场全覆盖，三、四级市场覆盖率达95%以上，同时公司品牌优势、产品优势、线下渠道优势及物流布局优势，也为美的快速拓展电商业务与渠道提供了有力保障。美的已是中国家电全网销售规模最大的公司，2017年，全网线上零售超过400亿元，线上收入占比达到内销的30%左右。

(5) 技术优势。美的一直倡导"智慧家居+智能制造"为核心的"双智"战略，美的已持续对人工智能、芯片、传感器、大数据、云计算等新兴技术领域进行了研究与投入，建立了家电行业规模最大的人工智能团队，致力于以大数据和AI为驱动，赋予产品、机器、流程、系统以感知、认知、理解和决策的能力，最大限度消除人机交互的多余载体，打造以"没有交互"为目标的真正智能家电新品。

2. 劣势（weakness）

(1) 美的集团产品线过多，规模过大，但单品类市场占有率难以做到最好。

(2) 美的集团市场整合不够，资源投入分散，缺乏协同。厂商长期战略稳定的合作关系有待提高；海外销售虽然积累了一定的经验，但自主海外营销能力和品牌推广能力亟待培养。

(3) 现有市场行业内竞争加剧，同时美的集团企业太大，管理难度加大，跨国经营风险也在增加。

3. 机会（opportunity）

(1) 消费升级，消费者更倾向于智能化、节能化的产品，对于研发实力强的美的来说是一个机会。此外，我国"十三五"规划明确，到2020年我国要实现全面建成小康社会的目标，国内生产总值和城乡居民人均收入实现翻番。同时，随着"一带一路"国家战略建设步入快车道、供给侧结构性改革效果不断显现、城镇化水平逐年提高、居民消费升级加快等利好因素的叠加，都给家电行业传递了积极的信号。

(2) 在风起云涌的互联网营销时代背景下，电商逐渐成为主流渠道。而美的在电商体系建设上面有一定的优势，可以在互联网上加大自己的投入，通过线上的发展来弥补线下的饱和。

（3）随着生活水平的提高和可支配收入的增加，人们对家电的消费欲望也随之增加，再加上科技的进步，一些高科技的家电产品正在涌入寻常百姓家。未来一段时间内智能家居的需求量将显著提升，并且在尚未饱和的三、四线市场对传统家电的需求也正随着生活水平的提高而不断攀升。

4. 威胁（threat）

（1）随着中国加入 WTO，中国与世界的贸易往来越来越频繁，当前中国作为世界第一大贸易体，在外资引进问题上一直采取积极开放的态度。在这种情况下，一大批实力雄厚的国际家电零售企业进入中国，对原本就薄利多销的中国家电产业造成了冲击。

（2）在 2016 战略发布会上，京东家电部门负责人表示京东家电将以加盟模式布局农村市场并开设实体专卖店。京东等电商将其触角伸及村镇，预计可以实现其家电渠道的进一步下沉，而美的等传统家电零售商将受到市场份额被分割的威胁。

三、家电行业介绍

图 10-2~图 10-5 分别是 2013—2017 年国内生产总值及其增长速度图、2013—2017 年全国居民人均可支配收入及其增长速度图、2017 年家电行业核心产品销售额及增速情况图、2013—2017 年我国家电行业市场规模及增长趋势。我们可通过数据的变化对家电行业进行分析。

随着中国经济的发展和人民消费水平的提高，带动了人们对家电的消费潮。全球市场方面，虽然 2008 年金融危机使得全球家电销售额下滑，但 2009 年以来随着经济复苏，全球家电市场呈现良好的恢复和发展趋势。从家电行业的总体市场发展格局看，欧美地区销量增速放缓，新兴市场增速要明显好于其他地区，其中亚太地区是规模最大且增速最快的地区之一。根据机电商会研究，全球白色家用电器生产的集中度较高，主要生产厂商包括格力、美的、海尔、伊莱克斯、惠而浦、LG、三星、松下、西门子等，上述企业占据了全球白色家电（空调、洗衣机、冰箱、洗碗机、微波炉等）市场份额的 50% 以上。

从国内市场看，"十一五""十二五"期间，我国家电工业既经历了全球经济快速增长带来的国内外市场需求旺盛的繁荣发展时期，也经历了金融危机对行业发展的巨大冲击。2017 年，得益于宏观经济平稳运行、产业结构与消费升级、新兴品类市场爆发等多方面积极因素的集中释放，家电企业持续发力供给侧结构性改革，加强技术创新和产品结构调整，紧抓消费与产品结构升级机遇，面对原料成本上升及地产调控等压力，主要运行指标均实现了稳定增长。同时，进入 2017 年，家电行业的线上销售仍然维持了较高速度的增长，2017 年，我国 B2C 家电网购市场（含移动终端）规模达 4 906 亿元，同比增长 27.6%；家电业网购渗透率再创历史新高，达 26.5%，其中传统大家电空调、冰箱、洗衣机的线上销售同比增长约 70%。网购市场高端化升级显现，国产品牌开始占据主导位置。

得益于我国经济强劲增长的大环境以及"家电节能补贴""家电以旧换新""家电下

乡"等多项拉动内需政策的有力支持，我国家电工业实现了快速、稳步的增长，在全球家电行业的地位持续提升。目前，我国家电工业的生产规模已居世界首位，是具有较强国际竞争力的产业之一。

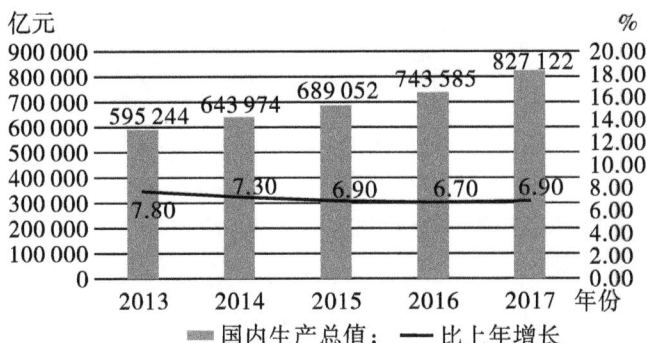

图 10-2　2013—2017 年国内生产总值及其增长速度

数据来源：国家统计局公报。

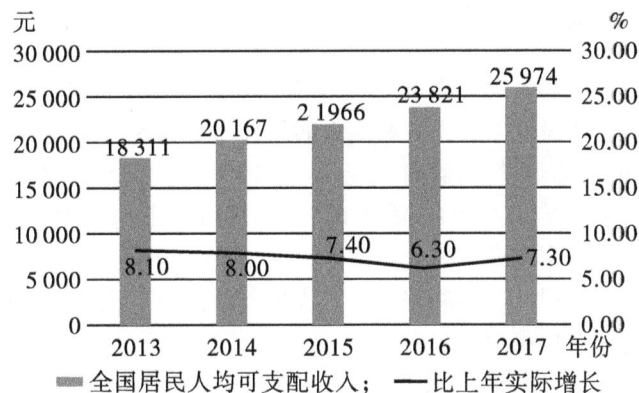

图 10-3　2013—2017 年全国居民人均可支配收入及其增长速度

数据来源：国家统计局公报。

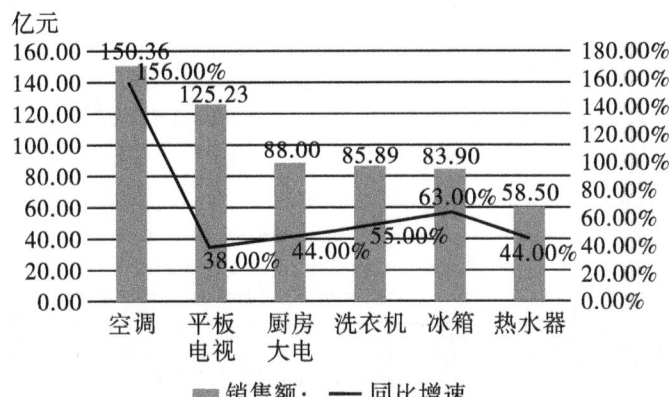

图 10-4　2017 年家电行业核心产品销售额及增速情况

数据来源：中商产业研究院整理。

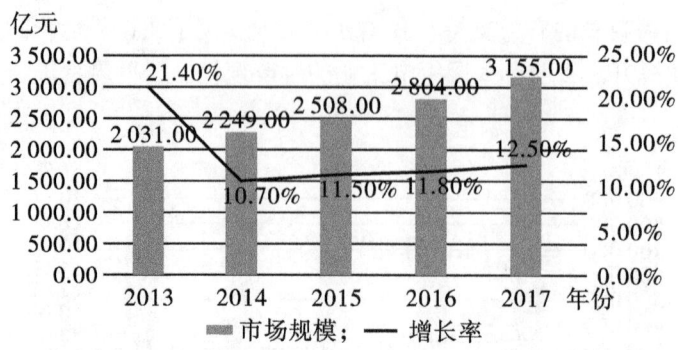

图 10-5 2013—2017 年我国家电行业市场规模及增长趋势

数据来源：中国产业信息网。

四、美的集团财务状况分析

（一）盈利能力分析

本案例采用销售净利率、销售毛利率、净资产收益率和总资产利润率作为评价指标。表 10-2 和图 10-6 分别为美的集团盈利能力的指标变动情况以及美的集团与行业内其他公司的比较分析。可以看出，美的集团的盈利能力在 2013—2014 年呈上升趋势，在 2014—2017 年保持相对稳定。并且根据图 10-2，可以看出与其他家电行业上市公司相比，美的集团的销售毛利率和净资产收益率在行业中均处于较高水平，而总资产利润率和销售净利率略低于其他公司，这说明美的在扩大销售的同时，成本费用的控制欠佳，公司应该注意改进经营管理，提高盈利水平。

表 10-2 美的集团 2013—2017 年盈利能力指标

年份	2013	2014	2015	2016	2017
销售毛利率（%）	23.28	25.41	25.84	27.31	25.03
总资产利润率（%）	8.56	9.68	10.57	9.30	7.50
销售净利率（%）	6.86	8.22	9.84	9.97	7.73
净资产收益率（%）	16.19	26.61	25.83	24.02	23.44

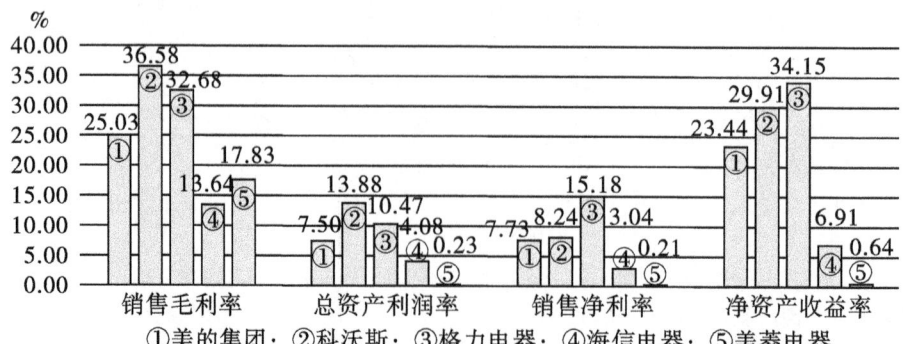

图 10-6 2017 年家电行业上市公司盈利能力分析

(二) 偿债能力分析

1. 短期偿债能力

本案例采用流动比率和速动比率对美的集团短期偿债能力进行分析。表10-3和图10-7分别为美的集团短期偿债能力的指标变动情况以及美的集团与行业内其他公司的比较分析。可以看出，美的集团的流动比率逐年上升，但距标准值2还有一定的差距，即美的集团以流动资产偿还流动负债有一定的压力。速动比率在2015—2017年超过一般标准值1，说明美的集团以速动资产偿还流动负债能力虽较薄弱，但正在努力变强。

表10-3 美的集团2013—2017年短期偿债能力指标

年份	2013	2014	2015	2016	2017
流动比率	1.15	1.18	1.30	1.35	1.43
速动比率	0.88	0.98	1.15	1.18	1.18

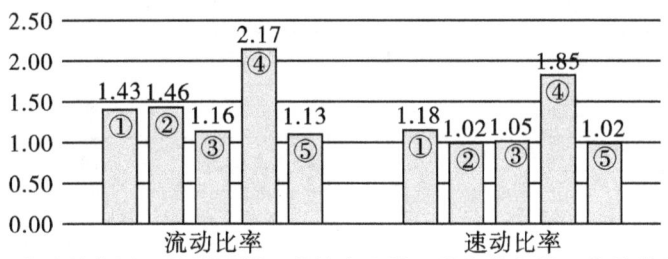

①美的集团；②科沃斯；③格力电器；④海信电器；⑤美菱电器

图10-7 2017年家电行业上市公司短期偿债能力分析

2. 长期偿债能力

对长期偿债能力的分析也是对公司资本结构的分析，本案例采用资产负债率和产权比率这两个指标进行分析。表10-4是美的集团资产负债率和产权比率的指标变动情况。资产负债率表示公司总资产中有多少是通过负债筹集的，该指标是评价公司负债水平的综合指标，同时也是一项衡量公司利用债权人资金进行经营活动能力的指标，也反映着债权人发放贷款的安全程度。产权比率表明由债权人提供的和由投资者提供的资金来源的相对关系，反映企业基本财务结构是否稳定。产权比率越低表明企业自有资本占总资产的比重越大，长期偿债能力越强。可以看出，美的集团的产权比率比资产负债率的变化幅度大，比值先急速降低然后又有提高，说明美的集团有一定的财务风险，偿还长期债务的能力在减弱。

表10-4 美的集团2013—2017年长期偿债能力指标

年份	2013	2014	2015	2016	2017
资产负债率（%）	59.69	61.98	56.51	59.57	66.58
产权比率（%）	146.77	159.98	128.67	132.56	183.39

（三）营运能力分析

企业资产运营能力主要由资产的周转速度、应用状况和经营管理水平等多种指标体现。本案例采用存货周转率、应收账款周转率、流动资产周转率、固定资产周转率和总资产周转率作为评价指标。表10-5和图10-8分别为美的集团营运能力的指标变动情况以及美的集团与行业内其他上市公司的比较分析。可以看出，美的集团的存货周转率逐年提高，在2017年有轻微下降，说明五年中美的集团在改善产品销售不畅、存货积压方面有了一定的成效。应收账款周转率在2014年上升之后，在2014—2016年大幅下降，又在2017年有一定的回升，可见美的集团的应收账款变现速度及收账效率虽然在降低，但是2017年又有了新的改善。流动资产周转率变化不是很大，但是也呈降低态势，可见美的集团流动资产周转缓慢，流动资金的利用效果不强，公司应该加强对流动资金的利用率。美的集团的固定资产周转率在2016—2017年有较大幅度的提高，说明美的在逐年提高其固定资产利用率。由于总资产周转率速度受流动资产周转率影响，因此两者态势基本一样。

表10-5 美的集团2013—2017年营运能力指标

年份	2013	2014	2015	2016	2017
存货周转率（次）	6.50	6.99	8.06	8.87	8.01
应收账款周转率（次）	13.60	16.39	14.03	13.35	15.54
流动资产周转率（次）	2.00	1.87	1.54	1.49	1.66
固定资产周转率（次）	6.07	7.24	7.23	7.99	11.02
总资产周转率（次）	1.31	1.30	1.11	1.06	1.15

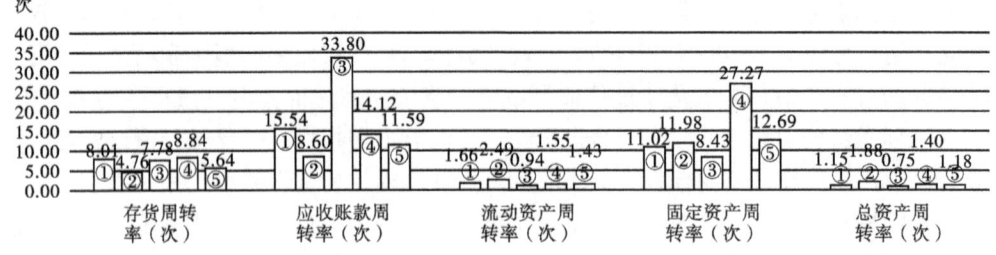

①美的集团；②科沃斯；③格力电器；④海信电器；⑤美菱电器

图10-8 2017年家电行业上市公司营运能力分析

（四）成长能力分析

发展能力是指企业在保证生存的基础上，不断将自身的规模扩大。本案例采用主营业务收入增长率、净利润增长率、净资产增长率和总资产增长率作为评价指标。表10-6和图10-9分别为美的集团成长能力的指标变动情况以及美的集团与行业内其他上市公司的比较分析。综合来看，美的集团的成长能力处于行业中上等水平。

表 10-6 美的集团 2013—2017 年成长能力指标

年份	2013	2014	2015	2016	2017
主营业务收入增长率（%）	17.91	17.11	-2.28	14.88	51.35
净利润增长率（%）	35.12	40.36	16.99	16.42	17.33
净资产增长率（%）	17.84	17.02	22.52	23.10	20.22
总资产增长率（%）	10.50	24.08	7.11	32.41	45.43

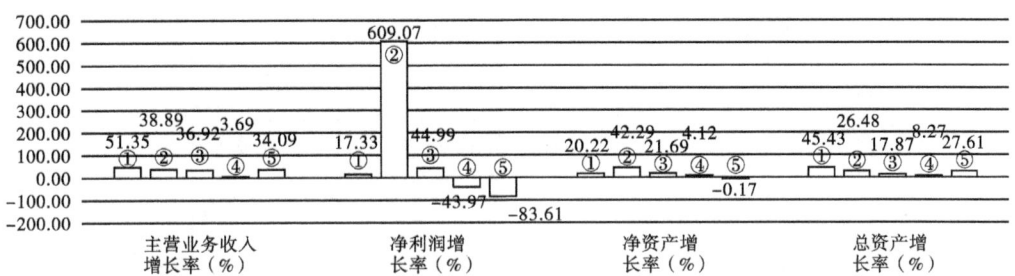

①美的集团；②科沃斯；③格力电器；④海信电器；⑤美菱电器

图 10-9 2017 年家电行业上市公司成长能力分析

五、美的集团估值分析

（一）模型介绍

企业自由现金流量模型（FCFF）是运用现金流量折现模型（DCF）的基本原理，以企业未来产生的实体现金流量（FCFF）按照加权平均资本成本（WACC）折现后的现值作为企业公平市场价值进行估值。

本案例根据美的集团自身的发展状况结合其所处的行业环境，选取二阶段企业自由现金流量模型（FCFF）对其进行估值。

二阶段企业自由现金流量模型（FCFF）是将企业未来的自由现金流量预测分为两个阶段：第一个阶段是高速增长阶段，企业未来的自由现金流量以较高的增长率增长；第二个阶段是永续增长阶段，企业未来的自由现金流量以一个较低的增长率永续增长。计算公式为：

$$V = \sum_{t=1}^{t=n} \frac{\text{FCFF}_t}{(1+\text{WACC})^t} + \frac{\text{FCFE}_{n+1}}{(\text{WACC}-g)(1+\text{WACC})^n}$$

式中，V 为企业实体价值；FCFF_t 为第 t 年预测的自由现金流量；WACC 为加权平均资本成本；g 为永续增长率。

（二）评估程序

各项目之间的关系如图 10-10 所示。

1. $V = \sum_{t=1}^{t=n} \dfrac{\text{FCFF}_t}{(1+\text{WACC})^t}$

式中，V 为企业实体价值；$FCFF_t$ 为第 t 年预测的自由现金流量；WACC 为加权平均资本成本。

2. 实体现金流量（FCFF）＝税后经营净利润（NOPAT）－净经营资产增加（ΔNOA）

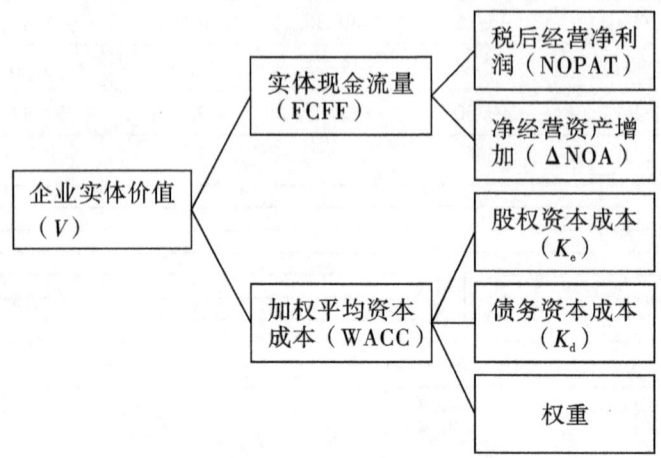

图 10-10　企业股权价值评估程序

(三) 实体现金流量（FCFF）的估算

1. 报表调整

报表的调整主要是对资产负债表的调整。调整的目的主要是区分经营活动和金融活动。调整后的管理用资产负债表详见后面附录，重要项目列示如表 10-7 所示。

表 10-7　美的集团 2013—2017 年重要的管理用资产负债表项目

时间	2013.12.31	2014.12.31	2015.12.31	2016.12.31	2017.12.31
净经营资产（千元）	49 095 182.68	50 967 622.75	57 459 195.00	73 885 769.00	121 390 355.00
净负债（千元）	10 014 620.40	5 236 167.51	1 427 573.00	4 909 073.00	38 465 184.00
股东权益（千元）	39 080 562.28	45 731 455.24	56 031 622.00	68 976 696.00	82 925 171.00

2. 财务报表项目的预测

本案例采用销售百分比法，即假设各项经营资产、经营负债、成本费用与营业收入存在稳定的百分比关系，以此来预测未来的财务报表项目。

由于预测期限越长，不确定因素越多，预测的准确度越低。因此本案例选取 7 年为详细预测期，即 2018—2024 年。

如表 10-8 和表 10-9 所示，本案例取 2013—2017 年营业收入增长率的平均值 19.88% 作为预测期营业收入增长率。取 2013—2017 年营业成本、税金及附加、销售费用、管理费用、资产减值损失、投资收益、营业外收入、营业外支出和净经营资产占营业收入的比重的平均值，分别为 74.53%、0.60%、10.67%、5.66%、0.14%、0.89%、1.02%、0.25% 和 42.79% 来计算预测期营业成本、税金及附加、销售费用、管理费用、资产减值损失、投资收益、营业外收入、营业外支出和净经营资产项目，计算结果如表 10-10 所示。

表 10-8 美的集团 2013—2017 年营业收入情况

年 份	2013	2014	2015	2016	2017
营业收入（千元）	121 265 180.02	142 310 967.00	139 347 124.00	159 841 701.00	241 918 896.00
增长率（%）	18.06	17.36	-2.08	14.71	51.35
平均值（%）			19.88		

表 10-9 美的集团 2013—2017 年各主要指标占营业收入比重

年 份	2013	2014	2015	2016	2017	平均值
营业成本/营业收入（%）	76.71	74.54	74.08	72.61	74.70	74.53
税金及附加/营业收入（%）	0.50	0.57	0.65	0.67	0.59	0.60
销售费用/营业收入（%）	10.25	10.35	10.62	11.06	11.05	10.67
管理费用/营业收入（%）	5.55	5.27	5.34	6.02	6.11	5.66
资产减值损失（经）/营业收入（%）	0.10	0.25	0.00	0.24	0.11	0.14
投资收益（经）/营业收入（%）	0.82	0.79	1.24	0.89	0.71	0.89
营业外收入/营业收入（%）	0.83	0.74	1.23	1.03	1.28	1.02
营业外支出/营业收入（%）	0.26	0.36	0.41	0.10	0.10	0.25
净经营资产/营业收入（%）	40.49	35.81	41.23	46.22	50.18	42.79

表 10-10 美的集团预测期各项主要指标的预测　　　　　　单位：千元

项目	预测年份						
	2018	2019	2020	2021	2022	2023	2024
营业收入	290 008 150.29	347 656 709.02	416 764 795.09	499 610 362.51	598 924 182.83	717 979 857.29	860 701 721.94
营业成本	216 134 745.59	259 098 560.79	310 602 832.60	372 345 254.74	446 360 992.80	535 089 767.79	641 456 274.64
税金及附加	1 731 481.82	2 075 670.18	2 488 277.19	2 982 903.26	3 575 852.37	4 286 669.41	5 138 784.48
销售费用	30 937 507.31	37 087 343.81	44 459 660.47	53 297 465.01	63 892 070.85	76 592 699.42	91 817 991.28
管理费用	16 408 986.71	19 670 806.87	23 581 019.97	28 268 515.17	33 887 802.61	40 624 106.33	48 699 469.65
资产减值损失（经）	405 413.03	486 002.06	582 610.79	698 423.65	837 258.08	837 258.08	837 258.08
投资收益（经）	2 587 348.74	3 101 668.51	3 718 226.07	4 457 344.52	5 343 386.82	5 343 386.82	5 343 386.82
营业外收入	2 964 158.16	3 553 381.07	4 259 731.21	5 106 491.43	6 121 572.80	7 338 434.63	8 797 187.35
营业外支出	719 129.56	862 079.96	1 033 446.42	1 238 877.53	1 485 144.76	1 780 365.61	2 134 271.22
净经营资产	124 087 005.42	148 753 336.40	178 322 903.47	213 770 384.39	256 264 205.85	307 205 057.36	368 272 061.09

通过对美的集团 2013—2017 年利润表的分析，本案例选取 2013—2017 年所得税税率的平均值 16.00% 作为预测期的所得税税率，如表 10-11 所示。得到的美的集团预测期实

体现金流量估算如表 10-12 所示。

表 10-11 美的集团 2013—2017 年所得税税率

年份	2013	2014	2015	2016	2017
利润总额（千元）	10 011 772	13 990 685	16 051 354	18 914 603	21 854 774
所得税费用（千元）	1 714 276	2 344 356	2 426 699	3 052 691	3 243 584
所得税税率	17%	17%	15%	16%	15%
平均值	16.00%				

表 10-12 美的集团预测期实体现金流量估算表　　单位：千元

项目	预测年份						
	2018	2019	2020	2021	2022	2023	2024
营业收入（含集团金融业务）	290 008 150.29	347 656 709.02	416 764 795.09	499 610 362.51	598 924 182.83	717 979 857.29	860 701 721.94
减：营业成本（含集团金融业务）	216 134 745.59	259 098 560.79	310 602 832.60	372 345 254.74	446 360 992.80	535 089 767.79	641 456 274.64
税金及附加	1 731 481.82	2 075 670.18	2 488 277.19	2 982 903.26	3 575 852.37	4 286 669.41	5 138 784.48
销售费用	30 937 507.31	37 087 343.81	44 459 660.47	53 297 465.01	63 892 070.85	76 592 699.42	91 817 991.28
管理费用	16 408 986.71	19 670 806.87	23 581 019.97	28 268 515.17	33 887 802.61	40 624 106.33	48 699 469.65
资产减值损失（经）	405 413.03	486 002.06	582 610.79	698 423.65	837 258.08	1 003 690.38	1 203 206.51
加：投资收益（经）	2 587 348.74	3 101 668.51	3 718 226.07	4 457 344.52	5 343 386.82	6 405 558.86	7 678 872.16
营业外收入	2 964 158.16	3 553 381.07	4 259 731.21	5 106 491.43	6 121 572.80	7 338 434.63	8 797 187.35
减：营业外支出	719 129.56	862 079.96	1 033 446.42	1 238 877.53	1 485 144.76	1 780 365.61	2 134 271.22
税前经营利润	29 222 393.17	35 031 294.92	41 994 904.94	50 342 759.10	60 350 020.97	72 346 551.85	86 727 783.68
减：经营利润所得税	4 674 318.29	5 603 491.18	6 717 367.43	8 052 662.84	9 653 391.67	11 572 317.45	13 872 692.18
税后经营净利润（NOPAT）	24 548 074.89	29 427 803.73	35 277 537.51	42 290 096.26	50 696 629.31	60 774 234.40	72 855 091.50
减：净经营资产增加（ΔNOA）	2 696 650.42	24 666 330.97	29 569 567.07	35 447 480.92	42 493 821.46	50 940 851.52	61 067 003.72
实体现金流量	21 851 424.46	4 761 472.76	5 707 970.44	6 842 615.34	8 202 807.85	9 833 382.88	11 788 087.78

(四) 加权平均资本成本 (WACC) 的估算

1. 股权资本成本 (K_e) 的估算

本案例采用资本资产定价模型 (CAPM) 来估算股权资本成本。根据资本资产定价模型 (CAPM),股权资本成本 (K_e) 可以写成无风险利率 (R_f) 和 β 值的函数:

$$K_e = R_f + \beta \times (R_m - R_f)$$

式中,K_e 为股权资本成本;R_f 为无风险利率;R_m 为股票市场平均收益率;β 为系统风险系数。

(1) 无风险利率 (R_f) 的确定。从绝对意义上来说,资本市场上任何资产的收益率都存在一定的不确定性,但是对于一些标准差很小的投资可以近似认为是无风险的。在资本资产定价模型 (CAPM) 理论中,因为政府违约的可能性微乎其微,所以通常使用同期限的国债利率作为无风险利率 (R_f)。本案例采用 2017 年 10 月 10 日发售的 5 年期的国债利率 4.22% 作为无风险利率 (R_f)(数据来源:中华人民共和国财政部财库〔2017〕166号)。

(2) 股票市场平均收益率 (R_m) 的确定。本案例采用 2008—2017 年共 10 年的沪深 300 指数数据测算出的收益率的几何平均值作为股票市场平均收益率 (R_m)。

根据表 10-13,我们测算出股票市场的平均收益率 R_m 为 9.25% (((4030.85/1817.72)^(1/9))-1)。由此得市场风险溢价 ($R_m - R_f$) 为 5.03% (9.25% -4.22%)。

表 10-13 2008—2017 年沪深 300 指数一览表

序号	年份	沪深 300 指数
1	2008	1 817.72
2	2009	3 575.68
3	2010	3 128.26
4	2011	2 345.74
5	2012	2 522.95
6	2013	2 330.03
7	2014	3 533.71
8	2015	3 731.01
9	2016	3 310.08
10	2017	4 030.85

数据来源:网易财经。

(3) 系统风险系数 (β) 的确定。β 值是资本资产定价模型 (CAPM) 中测量系统风险指标的一个乘数因子,是公式中唯一与企业有关的参数。不管无风险利率和风险溢价如何确定,每个企业都对应各自的风险参数 β 值。本案例运用回归直线法计算 β 值。回归直线法是利用个股股票收益率与整个股票市场的平均收益率的线性关系,利用回归直线方程求斜率,得到个股股票 β 值的方法。计算公式为:

$$y = a + bx$$

式中，y 为个股股票收益率；x 为股票市场平均收益率；a 为回归直线的截距；b 为回归直线的斜率（即为 β 值）。

本案例选取 2013 年 9 月至 2018 年 5 月的沪深 300 指数和美的集团的收盘价数据（表 10－14），分别计算美的集团月收益率（y）与沪深 300 指数的月收益率（x），并利用其进行回归分析，得出美的集团的 β 值为 0.90，回归分析如图 10－11 所示。

表 10－14　2013 年 9 月—2018 年 5 月沪深 300 指数和美的集团的收盘价

日期	沪深 300 收盘价	沪深 300 月收益率	美的集团收盘价	美的集团月收益率
2013 年 9 月	2 409.04		43.24	
2013 年 10 月	2 373.72	－0.014 7	48.4	0.119 3
2013 年 11 月	2 438.94	0.027 5	47.91	－0.010 1
2013 年 12 月	2 330.03	－0.044 7	50	0.043 6
2014 年 1 月	2 202.45	－0.054 8	46.86	－0.062 8
2014 年 2 月	2 154.11	－0.021 9	38.94	－0.169 0
2014 年 3 月	2 146.3	－0.003 6	45.08	0.157 7
2014 年 4 月	2 158.66	0.005 8	17.27	－0.616 9
2014 年 5 月	2 169.35	0.005 0	17.42	0.008 7
2014 年 6 月	2 165.12	－0.001 9	19.32	0.109 1
2014 年 7 月	2 350.25	0.085 5	21.38	0.106 6
2014 年 8 月	2 365.36	0.006 4	22.66	0.059 9
2014 年 9 月	2 450.99	0.036 2	19.89	－0.122 2
2014 年 10 月	2 468.93	0.007 3	20.14	0.012 6
2014 年 11 月	2 808.82	0.137 7	22.11	0.097 8
2014 年 12 月	3 533.7	0.258 1	27.44	0.241 1
2015 年 1 月	3 481.8	－0.014 7	29.9	0.089 7
2015 年 2 月	3 566.3	0.024 3	31.46	0.052 2
2015 年 3 月	4 051.2	0.136 0	32.95	0.047 4
2015 年 4 月	4 749.89	0.172 5	36.97	0.122 0
2015 年 5 月	4 840.83	0.019 1	37	0.000 8
2015 年 6 月	4 473	－0.076 0	37.28	0.007 6
2015 年 7 月	3 816.7	－0.146 7	33.15	－0.110 8
2015 年 8 月	3 366.54	－0.117 9	28.79	－0.131 5
2015 年 9 月	3 202.95	－0.048 6	25.23	－0.123 7
2015 年 10 月	3 534.08	0.103 4	28.01	0.110 2

续上表

日期	沪深 300 收盘价	沪深 300 月收益率	美的集团收盘价	美的集团月收益率
2015 年 11 月	3 566.41	0.009 1	26.83	-0.042 1
2015 年 12 月	3 731.01	0.046 2	32.82	0.223 3
2016 年 1 月	2 946.09	-0.210 4	27.31	-0.167 9
2016 年 2 月	2 877.47	-0.023 3	26.07	-0.045 4
2016 年 3 月	3 218.09	0.118 4	30.85	0.183 4
2016 年 4 月	3 156.74	-0.019 1	32.1	0.040 5
2016 年 5 月	3 169.56	0.004 1	21.35	-0.334 9
2016 年 6 月	3 153.92	-0.004 9	23.72	0.111 0
2016 年 7 月	3 203.93	0.015 9	28.2	0.188 9
2016 年 8 月	3 327.79	0.038 7	27.4	-0.028 4
2016 年 9 月	3 253.28	-0.022 4	27.01	-0.014 2
2016 年 10 月	3 340.13	0.026 7	26.76	-0.009 3
2016 年 11 月	3 538	0.059 2	30.28	0.131 5
2016 年 12 月	3 310.08	-0.064 4	28.17	-0.069 7
2017 年 1 月	3 387.96	0.023 5	29.9	0.061 4
2017 年 2 月	3 452.81	0.019 1	31.86	0.065 6
2017 年 3 月	3 456.05	0.000 9	33.3	0.045 2
2017 年 4 月	3 439.75	-0.004 7	33.66	0.010 8
2017 年 5 月	3 492.88	0.015 4	36.12	0.073 1
2017 年 6 月	3 666.8	0.049 8	43.04	0.191 6
2017 年 7 月	3 737.87	0.019 4	41.2	-0.042 8
2017 年 8 月	3 822.09	0.022 5	41	-0.004 9
2017 年 9 月	3 836.5	0.003 8	44.19	0.077 8
2017 年 10 月	4 006.72	0.044 4	51	0.154 1
2017 年 11 月	4 006.1	-0.000 2	51.18	0.003 5
2017 年 12 月	4 030.85	0.006 2	55.43	0.083 0
2018 年 1 月	4 275.9	0.060 8	59.82	0.079 2
2018 年 2 月	4 023.64	-0.059 0	54.95	-0.081 4
2018 年 3 月	3 898.5	-0.031 1	54.53	-0.007 6
2018 年 4 月	3 756.88	-0.036 3	51.68	-0.052 3
2018 年 5 月	3 802.38	0.012 1	52.91	0.023 8

数据来源：凤凰财经。

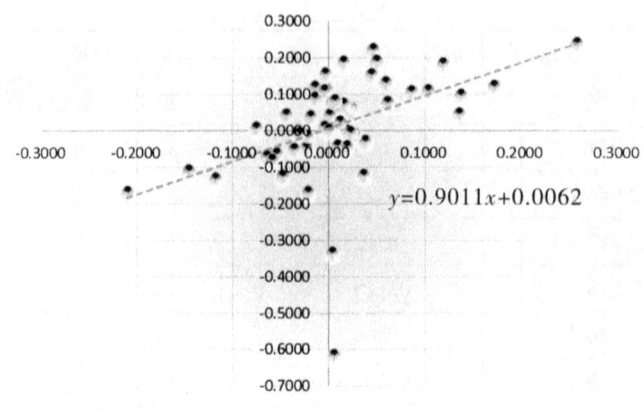

图 10-11 回归分析

数据来源：凤凰财经。

(4) 股权资本成本 (K_e) 的估算

由表 10-15 计算得美的集团未来股权资本成本为 8.75% (4.22% + 0.90 × 5.03%)。

表 10-15 股权资本成本 (K_e) 估算表

项目	取值	数据来源
无风险利率 (R_f)	4.22%	2017 年 10 月 10 日发售的 5 年期的国债利率
市场风险溢价 ($R_m - R_f$)	5.03%	2008—2017 年共 10 年的沪深 300 指数数据测算出的收益率的几何平均值与 2017 年 10 月 10 日发售的 5 年期的国债利率的差额
系统风险系数 (β)	0.90	回归直线法
股权资本成本 (K_e)	8.75%	$K_e = R_f + \beta \times (R_m - R_f)$

2. 债务资本成本 (K_d) 的估算

债券资本成本指的是长期负债的资本成本，由长期借款成本和债券成本组成。本案例采用中国人民银行公布的 5 年以上的金融机构人民币贷款基准利率 4.9% 作为长期借款成本；采用本集团于 2016 年 6 月 3 日发行三年期债券的固定票面利率 2.375% 作为债券成本，并按照 2017 年长期负债比重加权平均计算得美的集团债务资本成本为 4.42%。

3. 加权平均资本成本 (WACC) 的估算

加权平均资本成本的计算公式为：

$$\text{WACC} = K_e \times \frac{E}{D+E} + K_d \times \frac{D}{D+E} \times (1-T)$$

式中，WACC 为加权平均资本成本；K_e 为股权资本成本；$E/(D+E)$ 为股东权益占长期资本比重；K_d 为债务资本成本；$D/(D+E)$ 为长期负债占长期资本比重；T 为所得税税率。

根据 2013—2017 年长期负债占长期资本的比重取平均值，得未来长期负债占长期资本比重为 8.63%。则未来股东权益占长期资本比重为 91.37%。则美的集团未来加权平均资本成本为 8.32% (8.75% × 91.37% + 4.42% × 8.63% × 84%)。

六、美的集团的连续价值评估

由于企业发展到一定阶段后可能会受到行业增长空间的限制,或者企业自身发展的瓶颈,企业自由现金流量的增长率将逐步放慢,加上通货膨胀等因素的影响,本案例预测美的集团在 2024 年后达到稳定状态,企业自由现金流量以 6% 的增长率(g)永续增长,则美的集团的连续价值为:

$$\frac{\text{FCFF}_g}{\text{WACC}-g} = 11\,788\,087.78 \times 1.05 / (8.32\% - 6\%) = 538\,593\,665.68(千元)$$

由美的集团企业价值估算表(表 10-16)可知,美的集团的每股价值为 48.98 元。

表 10-16　美的集团企业价值估算表

年份	实体现金流量(千元)	加权平均资本成本(WACC)	实体价值(千元)	净债务价值(千元)	股权价值(千元)	股数(千股)	每股价值(元)
2017	—	—	359 840 993.51	38 465 184.00	321 375 809.51	6 561 053.00	48.98
2018	21 851 424.46	8.32%	20 173 028.49	—	—	—	—
2019	4 761 472.76	8.32%	4 058 111.74	—	—	—	—
2020	5 707 970.44	8.32%	4 491 131.40	—	—	—	—
2021	6 842 615.34	8.32%	4 970 356.29	—	—	—	—
2022	8 202 807.85	8.32%	5 500 716.74	—	—	—	—
2023	9 833 382.88	8.32%	6 087 669.15	—	—	—	—
2024	11 788 087.78	8.32%	6 737 252.15	—	—	—	—
连续价值	538 593 665.68	8.32%	307 822 727.55	—	—	—	—

七、结论

美的集团在 2017 年 12 月 29 日的收盘价为 55.43 元,与本案例中估算的价值 48.98 元有一定的差距。由于我国资本市场尚未成熟,且股票价格受宏观经济环境、行业发展环境等诸多因素的共同影响,市场价值往往与其内在价值存在一定的差距,因此股票投资者和企业管理层在做价值投资和企业管理决策时,应该更多地关注企业的内在价值。本案例采用的二阶段企业自由现金流量模型(FCFF)的计算过程和参数的选取方法能较好地评估企业价值,对我国上市公司的估值领域具有一定的实践指导意义。

八、参考资料

本案例除了前面正文中注明的备注资料和数据来源外,还参考了以下有关参考资料:

[1] 周江,刘策. 美的集团竞争战略浅析 [J]. 时代金融,2018 (1).
[2] 王美芬,于海琳. 美的集团未来发展之路探析 [J]. 商业研究,2018 (9).
[3] 杨利红,李广静,贺淑红. 上市公司财务指标与股票价格相关关系研究——以家电行业为例 [J]. 公司治理,2018 (5).
[4] 张桂杰. 公司自由现金流量法估算企业价值——以青岛啤酒为例 [J]. Commercial Accounting, 2015 (15).
[5] 孙博文. 基于现金流折现的企业价值评估——以青岛海尔为例 [J]. 企业论坛.
[6] 刘凯夺. 基于自由现金流量折现模型的企业价值评估——以华润三九为例 [J]. 财会研究.
[7] 季斌. 基于自由现金流量折现模型的上市公司价值评估——以贵州茅台为例 [J]. 财会通讯,2012 (9).
[8] 孙艳华. 自由现金流折现模型在企业价值评估中的运用研究——以 CM 为例 [J]. 经贸实践.
[9] 普华永道中天会计师事务所(特殊普通合伙). 美的集团股份有限公司 2013—2017 年年度报告. 美的集团股份有限公司 2014—2018 年版.

九、讨论题目

本案例讨论题目依次为:
(1) 企业价值评估的内涵、目的和方法是什么?
(2) 现金流量折现模型 (DCF) 的分类有哪些?
(3) 如何确定本案例的估值模型?
(4) 如何确定本案例的营业收入的预测方法?
(5) 如何确定本案例的企业自由现金流量 (FCFF) 的测算?
(6) 如何确定本案例的加权平均资本成本 (WACC) 的测算?

十、附录

美的集团 2013—2017 年管理用资产负债表　　　　　　　单位:千元

项目	2013.12.31	2014.12.31	2015.12.31	2016.12.31	2017.12.31
货币资金	18 243 599.50	9 609 320.27	16 972 829.00	27 169 118.00	48 274 200.00
应收票据	14 150 532.20	17 097 233.37	12 889 151.00	7 427 488.00	10 854 226.00
应收账款	7 928 438.25	9 362 102.75	10 371 718.00	13 454 511.00	17 528 717.00
预付款项	2 432 420.54	1 414 470.45	988 625.00	1 587 366.00	1 672 248.00

续上表

项目	2013.12.31	2014.12.31	2015.12.31	2016.12.31	2017.12.31
发放贷款和垫款	5 100 085.71	5 940 800.47	6 608 705.00	10 273 397.00	12 178 953.00
应收股利	25 863.84	45 943.22	—	—	—
其他应收款	1 025 395.19	1 180 767.53	1 101 339.00	1 140 133.00	2 657 568.00
存货	15 197 723.84	15 020 030.26	10 448 937.00	15 626 897.00	29 444 166.00
其他流动资产	463 107.71	26 593 892.46	33 827 580.00	43 529 597.00	46 847 271.00
经营性流动资产合计	64 567 166.78	86 264 560.78	93 208 884.00	120 208 507.00	169 457 349.00
应付票据	6 308 478.45	12 648 496.99	17 078 520.00	18 484 939.00	25 207 785.00
应付账款	17 508 099.66	20 137 454.46	17 448 684.00	25 356 960.00	35 144 777.00
预收款项	4 983 346.26	3 992 540.46	5 616 361.00	10 252 375.00	17 409 063.00
应付职工薪酬	1 968 837.73	2 199 776.95	2 229 332.00	3 154 387.00	5 247 500.00
应交税费	1 028 015.10	3 280 150.71	1 607 181.00	2 364 446.00	3 544 154.00
其他应付款	1 487 781.02	1 223 548.76	1 139 306.00	1 571 422.00	3 170 405.00
其他流动负债	12 608 380.03	22 778 936.05	22 098 177.00	24 562 970.00	26 257 990.00
经营性流动负债合计	45 892 938.25	66 260 904.38	67 217 561.00	85 747 499.00	115 981 674.00
经营营运资本合计	18 674 228.53	20 003 656.40	25 991 323.00	34 461 008.00	53 475 675.00
长期应收款	—	—	—	33 868.00	362 248.00
长期股权投资	912 427.64	951 874.39	2 888 274.00	2 211 732.00	2 633 698.00
投资性房地产	205 834.70	171 634.90	150 803.00	494 122.00	420 802.00
固定资产	19 572 161.32	19 521 814.06	18 729 881.00	21 056 791.00	22 600 724.00
在建工程	612 601.28	661 882.29	954 761.00	580 729.00	879 576.00
无形资产	3 325 738.40	3 431 958.12	3 392 402.00	6 868 538.00	15 167 036.00
商誉	2 931 003.59	2 931 791.41	2 393 066.00	5 730 995.00	28 903 785.00
长期待摊费用	647 882.34	758 576.10	781 359.00	625 971.00	859 106.00
递延所得税资产	2 567 204.45	3 779 987.55	2 223 999.00	3 030 383.00	4 023 334.00
其他非流动资产	—	—	669 730.00	4 158 530.00	614 822.00
经营性长期资产合计	30 774 853.72	32 209 518.82	32 184 275.00	44 791 659.00	76 465 131.00
长期应付款	—	—	—	366 881.00	248 036.00
专项应付款	52 073.96	851 825.49	500.00	2 405.00	2 500.00
预计负债	33 466.19	25 573.83	38 893.00	325 217.00	330 736.00
递延收益	144 561.80	342 235.91	479 352.00	502 316.00	536 443.00
长期应付职工薪酬	—	—	—	1 449 954.00	2 465 854.00

续上表

项目	2013.12.31	2014.12.31	2015.12.31	2016.12.31	2017.12.31
递延所得税负债	123 797.62	25 917.24	40 464.00	1 831 973.00	3 972 823.00
其他非流动负债	—	—	157 194.00	888 152.00	994 059.00
经营性长期负债合计	353 899.57	1 245 552.47	716 403.00	5 366 898.00	8 550 451.00
净经营性长期资产合计	30 420 954.15	30 963 966.35	31 467 872.00	39 424 761.00	67 914 680.00
净经营资产总计	49 095 182.68	50 967 622.75	57 459 195.00	73 885 769.00	121 390 355.00
短期借款	8 872 173.98	6 070 879.03	3 920 933.00	3 024 426.00	2 584 102.00
向中央银行借款	89 708.03	—	—	—	—
吸收存款及同业存放	61.00	7 493.81	52 000.00	36 708.00	108 926.00
衍生金融负债	11 260.18	74 960.70	33 377.00	89 838.00	90 432.00
卖出回购金融资产款	—	—	651 784.00	—	—
应付利息	69 823.87	22 912.17	9 343.00	21 343.00	94 801.00
应付股利	94 046.21	93 799.03	118 851.00	105 641.00	95 317.00
一年内到期的非流动负债	1 617 370.17	611 900.00	—	158 545.00	136 605.00
长期借款	711 464.64	19 205.03	90 061.00	2 254 348.00	32 986 325.00
应付债券	152 716.59	153 026.30	—	4 818 769.00	4 553 054.00
金融负债合计	11 618 624.67	7 054 176.07	4 876 349.00	10 509 618.00	40 649 562.00
衍生金融资产	759 565.22	162 513.84	158 822.00	412 813.00	353 327.00
可供出售金融资产	844 439.05	1 655 494.72	3 289 954.00	5 187 732.00	1 831 051.00
金融资产合计	1 604 004.27	1 818 008.56	3 448 776.00	5 600 545.00	2 184 378.00
净负债合计	10 014 620.40	5 236 167.51	1 427 573.00	4 909 073.00	38 465 184.00
股东权益	39 080 562.28	45 731 455.24	56 031 622.00	68 976 696.00	82 925 171.00
净负债及股东权益总计	49 095 182.68	50 967 622.75	57 459 195.00	73 885 769.00	121 390 355.00

[案例说明书]

一、本案例要解决的关键问题

本案例旨在引导学员进一步熟悉企业价值评估的方法并学会运用恰当的估值模型进行企业估值分析。通过本案例的讨论学习,学员要讨论回答以下问题:企业价值评估的内涵、目的和方法;现金流量折现模型(DCF)的分类;确定本案例的估值模型、营业收入预测方法、企业自由现金流量(FCFF)测算、加权平均资本成本(WACC)测算的依据。

二、案例讨论的准备工作

(一) 理论背景

企业价值评估是指把一个企业作为一个有机整体,依据其整体获利能力,并充分考虑影响企业获利能力诸因素,对其整体资产公允市场价值进行的综合性评估。企业价值评估是一种经济评估和分析方法,继20世纪50年代金融创新在英美国家产生,进入70年代后,经济活动与金融活动联系日益紧密,在经济金融化趋势下,企业价值评估成为企业理财不可或缺的一项重要工作。80年代以来,经济金融化不断发展和深入,西方工业发达国家的许多优秀企业已经进入了财务导向时期,企业价值理论成为企业管理理论的核心内容。随着我国资本市场迅速发展,涉及企业价值评估的重组、并购事件越来越普遍,我国也开始重视价值评估及其管理。对上市公司企业价值进行评估,既能加强从战略的角度审视企业资产、环境适应能力,又能从财务的角度对企业的战略决策提供科学、客观的依据具有重要意义。

作为整体资产的企业往往并不是所有单项资产的简单累加,而是在一定组织管理下按照生产经营中经济与技术逻辑关系形成的资产有机结合体。价值评估对企业并购的意义主要体现在三个方面:

(1) 从并购程序看,一般分为目标选择与评估、准备计划、分开或协议并购实施三个阶段,其中目标选择与评估是并购活动的首要环节,而目标评估的核心内容是价值评估,这是决定并购活动是否可行的先决条件。

(2) 从并购动机上看,并购企业一般是为获得管理、经营、财务上的协同效应,实现战略目标等,但在理论上只要价格合理,交易是可以达成的,因此双方对标的的价值评估是决定是否成交的基础,也是谈判的焦点。

(3) 但由于对双方信息掌握不充分,或者主观认识上存在偏差,因此,在并购过程中,需要对并购企业自身、目标企业及并购后的联合企业进行价值评估,三者既各自独立,又相互联系,缺一不可,共同构成了并购中的企业价值评估,对并购决策的成功起着至关重要的作用。

(二) 行业背景

家电行业与美的集团相关背景请于案例正文中查阅。

三、案例分析要点

1. 企业价值评估的内涵、目的和方法是什么？

企业价值评估是指把一个企业作为一个有机整体，依据其整体获利能力，并充分考虑影响企业获利能力诸因素，对其整体资产公允市场价值进行综合性评估。

企业价值评估是为企业的交易（全部股权的交易、部分股权的交易等）提供价值参考，因此其价值类型在一般情况下应该是市场价值（交换价值），而不应该是其他价值（非市场价值）。当然企业价值评估还有其他目的，有可能需要评估其他价值，如清算价值、控股权溢价等。

企业价值评估方法主要有：成本法、收益法、市场法和期权评估法等四种。

成本法主要包括账面价值法、重置成本法和清算价值法三类。账面价值法是以资产的历史成本为依据，不考虑资产的市价和资产的未来收益情况，根据会计核算中账面记载的净资产价值总和确定企业价值的方法。用账面价值法进行企业价值评估，没有考虑账外资产以及通货膨胀和过时贬值等因素，从而不能正确反映企业的真实价值。重置成本法是在现时条件下通过确定被评估企业各单项资产全新状态的重置成本，减去其实体性贬值、功能性贬值和经济性贬值来估算被评估企业各单项资产的重估价值，以各单项资产评估价值之和再减去负债后的差额作为被评估企业价值的方法。但重置成本法忽略了员工的智力资本价值、经营效率、管理水平、商誉等无形资产对企业价值的影响。清算价值法是在企业作为一个整体已经失去增值能力而无法持续经营下去的情况下的一种估价方法，在企业出现财务危机而破产或停业清算时，将企业中的实物资产逐个分离而单独出售得到的收入即为清算价值，它既没有考虑员工的智力资本、经营效率、管理水平、商誉等无形资产的价值，也没有考虑体统整体价值，因此，它反映的是一个企业的最低价值。

收益法是企业预期的未来收益通过反映企业风险程度的折现率折现来计算其价值的方法，主要有现金流量折现法和经济附加值法。采用现金流量折现法进行企业价值评估的基本原理是一个企业的价值应该等于该企业在未来所产生的全部现金流量的现值的总和。

市场法是指将被评估企业与参考企业的股东、证券等权益性资产进行比较，以确定被评估企业价值的评估方法。市场法主要包括价格比率法、股票与债权法等。其中价格比率法主要有市盈率法（PE）、市净率法（PB）、市销率法（PS）和 Tobin's Q 值法等。在用市场法评估企业价值时，最关键的问题是选择可比企业和可比指标。对于可比企业的选择标准，首先要选择同行业的企业，同时还要求是生产同一产品的市场地位类似的企业。其次，要考虑企业的资产结构和财务指标。可比指标应选择与企业价值直接相关并且可观测的变量。在产权交易和证券市场相对规范的市场经济发达的国家，市场法是评估企业价值的重要方法。但在产权市场尚不发达、企业交易案例难以收集的情况下，存在着可比企业选择上的难度，即便选择了非常相似的企业，由于市场的多样性，其发展的背景、内在质量也存在着相当大的差别。因此市场法通常作为一种单纯的计算技术对其他方法起补充作用。

期权估价法，是指充分考虑企业在未来经营中存在的投资机会或拥有的选择权的价值，进而评估企业价值的一种方法。随着信息技术及相关产业的迅猛发展，企业在经营中面临越来越多的不确定性和风险,也面临大量的投资机会和发展机会,在此背景下出现的期权估价理论给企业价值评估提供了一种新思路,在此理论指导下建立起来的期权估价方法也为企业估价提供了一种有意义的工具。与传统估价方法相比,期权估价法考虑并计算未来机会及选择权的价值,从而拓宽投资决策的思路,使企业估价更为科学合理。但期权估价法在实际应用过程中还受到许多条件的制约。该模型是对现实问题的简化和抽象,是对现实状况尽可能相对的模拟,但很难做到与实际情况完全一致。此外,任何一种期权定价模型,在实际运用中都是复杂和烦琐的。

2. 现金流量折现模型(DCF)的分类有哪些?

根据企业收益的具体形式,现金流量折现模型(DCF)可以分为三类:股利现金流量折现模型(DDM)、股权现金流量折现模型(FCFE)和自由现金流量模型(FCFF)。

股利现金流折现模型(DDM)是指投资者购买股票,通常预期获得持有股票期间的现金分红、持有期末卖出时的预期价格这两种现金流,二者的现值之和决定了目前该股票的市场价值。股利现金流折现模型一般适用于有稳定股利政策的公司。

股权现金流量折现模型(FCFE)认为公司的权益价值加上公司的债权价值才是公司的整体价值。其根据企业存续周期内增长率的不同,又分为永续增长FCFE模型、两阶段FCFE模型和三阶段FCFE模型。

企业自由现金流量模型(FCFF)是运用现金流量折现模型(DCF)的基本原理,以企业未来产生的实体现金流量(FCFF)按照加权平均资本成本(WACC)折现后的现值作为企业公平市场价值进行估值。目前企业自由现金流模型(FCFF)主要有一阶段折现模型、二阶段折现模型和三阶段折现模型。

3. 如何确定本案例的估值模型?

企业价值评估,是将企业看作一个整体去考查它的获利能力,对整体资产的公允价值进行一项综合性的考查与评估。而企业价值评估模型的确定是企业价值评估的核心问题,也构成了企业价值评估的基本框架,直接影响到价值评估的结果。对于估值模型的确定,学员可以从行业特征、公司年报以及有关资料对被评估企业进行分析评价,进而得出该企业是否符合模型的使用条件。

对于本案例来讲,美的集团定位于"全球领先的消费电器、暖通空调、机器人及自动化系统、智能供应链(物流)的科技集团",迄今已在世界范围内拥有约200家子公司、60多个海外分支机构及12个战略业务单位,同时为德国库卡集团最主要股东,属于成熟期企业。同时根据美的公司现如今的发展状况,也可以对其未来经营情况进行合理估计。一般来说,处于成长期或成熟期的企业以及未来经营情况可以准确估计的企业用现金流量折现模型进行估值是较为合理的。

因此,基于上述情况,本案例选用现金流量折现模型(DCF)中的企业自由现金流量模型(FCFF)对美的集团进行价值评估。

4. 如何确定本案例的营业收入的预测方法?

在对企业的营业收入进行预测时,需要把握的总体原则是根据企业的实际情况,选用合理的方法进行预测。一般情况下,我们要先对预测期进行确定,在确定了预测期的基础上,依据行业发展状况以及公司年报数据等资料确定合适的营业收入预测方法。对于本案例来讲,我们根据美的集团的实际情况采用5年作为详细预测期,在预测期确定的基础上,根据家电行业发展状况以及美的集团经营现状采用比例预测法来预测企业未来的营业收入。

5. 如何确定本案例的企业自由现金流量(FCFF)的测算?

自由现金流量通常可分为整体自由现金流量和股权自由现金流量。整体自由现金流量是指企业扣除了所有经营支出、投资需要和税收之后,在清偿债务之前的剩余现金流量;股权自由现金流量是指扣除所有开支、税收支付、投资需要以及还本付息支出之后的剩余现金流量。整体自由现金流量用于计算企业整体价值,包括股权价值和债务价值;股权自由现金流量用于计算企业的股权价值。本案例依据所选择的模型来确定自由现金流的测算方法。

根据美的集团自身的发展状况结合其所处的行业环境,本案例选用收益法(现金流量折现模型(DCF))中的企业自由现金流量模型(FCFF)的二阶段模型对美的集团进行价值评估。因此,其自由现金流量的计算公式为:自由现金流量(FCFF)=(税后净利润+利息费用+非现金支出)-营运资本追加-资本性支出。

6. 如何确定本案例的加权平均资本成本(WACC)的测算?

本案例选用了收益法(现金流量折现模型(DCF))中的自由现金流量模型(FCFF)的二阶段模型对美的集团进行价值评估。有关加权平均资本成本(WACC)的计算,主要是确定股权资本成本(K_e)和债务资本成本(K_d)的计算方法。在确定股权资本成本时,有资本资产定价模型、股利增长模型和债券加风险溢价法三种模型可供选择,本案例使用最广泛的就是资本资产定价模型(CAPM)。而债务资本成本(K_d)指的是长期负债的资本成本,由长期借款成本和债券成本组成。本案例采用中国人民银行公布的 5 年以上的金融机构人民币贷款基准利率 4.9% 作为长期借款成本;采用本集团于 2016 年 6 月 3 日发行三年期债券的固定票面利率 2.375% 作为债券成本。

四、教学组织计划

1. 问题清单及提问顺序、资料发放顺序

本案例讨论题目依次为:

(1) 企业价值评估的内涵、目的和方法是什么?

(2) 现金流量折现模型(DCF)的分类有哪些?

(3) 如何确定本案例的估值模型?

(4) 如何确定本案例的营业收入的预测方法?

(5) 如何确定本案例的企业自由现金流量(DCFF)的测算?

(6) 如何确定本案例的加权平均资本成本(WACC)的测算?

本案例的资料可提前发放给学生,使学生能够提前了解案例情况,并查找资料,了解相关理论背景和行业背景,为课堂讨论做好准备。

2. 课时分配

本案例可以作为专门的案例讨论课来进行。如下是安排时间进度提供的课堂计划建议,仅供参考。

本案例的课堂时间控制在 180 分钟以内。首先由教师通过对案例的回顾将案例的背景、所涉及的基础知识与案例中涉及的重要问题做简要介绍和讲解，然后基于思考题开展小组讨论，最后请同学们对案例进行归纳总结，教师对案例所涉及的问题进行进一步的延伸和拓展。具体安排如下：

（1）学员根据思考题课前阅读案例材料并查阅相关书籍。
（2）教师案例回顾：约0.5小时；
（3）小组讨论并提交分析报告提纲：约1小时；
（4）课堂小组代表发言，归纳总结呈现观点：约1小时；
（5）教师点评：约0.5小时；
（6）课后学习小组采用书面报告的形式提交最终的分析报告结果。

3. 讨论方式

建议采用分小组的形式进行讨论，先给所有学员一定的自行准备时间，然后在课堂上针对每个问题分别进行小组讨论。具体做法如下：

（1）学员自行准备。在正式开始集中讨论前一到两周，就要把案例材料分发给学员。让学员有充分的时间阅读案例材料、查阅相关资料、搜集必要信息，并积极的思索，初步形成关于案例中所提问题的分析解决方案。

（2）小组讨论。在课堂上将学员划分为由3~6人组成的几个小组。小组成员要多样化，这样他们在准备和讨论时，表达不同意见的机会就多些，学员对案例的理解也就更深刻。各个学习小组的讨论地点应该彼此分开。小组应以他们自己有效的方式组织活动，教师不应该进行干涉。

（3）小组代表发言。各个小组派出自己的代表，发表本小组对于案例的分析和处理意见。发言时间一般应该控制在10分钟以内，发言完毕之后发言人要接受其他小组成员的询问并做出解释，此时本小组的其他成员可以代替发言人回答问题。

（4）教师点评。在小组讨论和小组代表发言后，教师可以归纳出几个意见比较集中的问题和同学们提出的解决方案，对这些问题和解决方案进行重点点评，并对案例所涉及的问题进行进一步的延伸和拓展。

（5）请学习小组课后以书面报告形式写出最终的分析报告作为小组课后作业，这样学员能够有更进一步的讨论，对案例本身以及涉及的相关问题有一个更加深刻的认识。

4. 课堂讨论总结

课堂讨论总结的关键是：归纳发言者的主要观点；重申其重点及亮点；提醒大家对焦点问题或有争议观点进行进一步思考；建议大家对案例素材进行扩展研究和深入分析。

案例 11

格力电器企业估值案例分析[*]

---

[*] 1. 本案例由广东工业大学管理学院的温宇冬、袁桥瑜、叶柳茜、吴家宜、关鹤等共同撰写,作者拥有著作权中的署名权、修改权、改编权。
2. 本案例授权广东工业大学产教融合 MPAcc 教学智库实验平台使用,广东工业大学产教融合 MPAcc 教学智库实验平台享有复制权、修改权、发表权、发行权、信息网络传播权、改编权、汇编权和翻译权。
3. 由于企业保密的要求,在本案例中对有关名称、数据等做了必要的掩饰性处理。
4. 本案例只供课堂讨论之用,并无意暗示或说明某种管理行为是否有效。

[案例封面]

专业领域：财务管理
适用课程：财务管理理论与实务
选用课程：资产评估，财务报表分析
编写目的：本案例旨在引导学员通过详细的数据收集和分析预测，量化地评估企业价值，揭示企业的潜力和可能存在的风险，学员可依据其拥有或占有的全部资产状况和整体获利能力，充分考虑影响格力电器获利能力的各种因素，结合格力电器所处的宏观环境及行业背景，对格力电器整体公允市场价值进行综合性评估，分析格力电器是沿着什么样的趋势发生价值变化。通过价值评估过程向学员展示一种分析、判断中国上市公司价值的有实际可操作性的方法和步骤。
知 识 点：股利折现模型（DDM）；股利自由现金流量模型（FCFE）；自由现金流量模型（FCFF）
关 键 词：格力电器；价值评估；自由现金流量模型
中文摘要：珠海格力电器股份有限公司（简称格力）是一家多元化的全球型工业集团，主营家用空调、中央空调、智能装备、生活电器、空气能热水器、手机、冰箱等产品。2005年至今，格力电器家用空调产销量连续12年领跑全球，2006年荣获"世界名牌"称号。2016年格力电器实现营业总收入1 101.13亿元，净利润154.21亿元，纳税130.75亿元，连续15年位居中国家电行业纳税第一，累计纳税达到814.13亿元。本案例选取格力电器作为分析对象，采用基本面分析方法，分别从宏观环境、行业、公司三个方面对企业进行分析和评估，目的是揭示格力电器真正的投资价值，以此作为投资依据，进行投资决策。

[案例正文]

一、宏观分析

回顾2017年,我国国民经济稳中向好,稳定性、协调性和可持续性明显增强,消费和投资共同支撑中国经济平稳健康发展。其实,2008年以来这一轮经济增长,我国从2008年四季度开始实施刺激政策,推出4万亿元经济计划,实施积极的货币政策,一直到2010年下半年。从2009年一季度(Q1)开始,经济快速回升,经济增速恢复到10%左右的水平,并在2010年一季度达到12%的季度高点,物价也明显走高。从2010年下半年到2011年年中,我国货币政策开始了紧缩,加了5次利息,提高了12次准备金利率。经济增速从2011年一季度的10%逐步回落,到2012年降到8%以下,尽管2012年我国又两次小幅降低利率和存准率水平,但经济增长速度仍一路下滑,工业品价格从2012年3月开始出现了连续54个月的负增长,而CPI基本上维持在1.4%~2.6%的水平。如图11-1所示,这几年,GDP增速在6.7%左右,CPI在2%左右。预计我国的潜在增长水平已经降到6.7%左右,还在以每年0.1%~0.2%的速度下降。

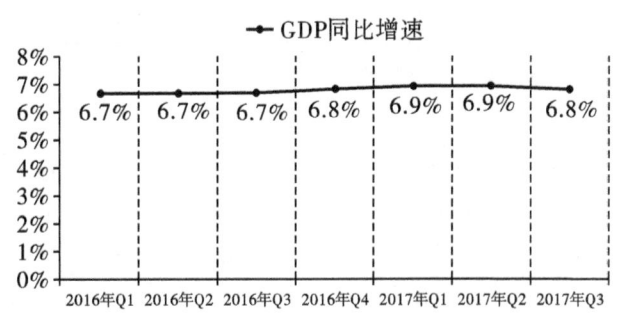

图11-1 2016—2017年各季度中GDP增速情况

数据来源:国家统计局中商产业研究院整理。

值得关注的是,除了GDP增速外,一些反映经济活力的关键指标好于预期,前三季度为完成全年"6.5%左右"的发展目标奠定了坚实基础。

1. 消费:同比增长10.2%

近年来,消费已经超过投资,成为拉动我国经济增长的第一动力。如表11-1所示,全年社会消费品零售总额366 262亿元,比上年增长10.2%,增速比上年回落0.2个百分点。据统计局相关数据,全年全国网上零售额71 751亿元,比上年增长32.2%,增速比上年加快6.0个百分点。其中,实物商品网上零售额54 806亿元,增长28.0%,占社会消费品零售总额的比重为15.0%,比上年提高2.4个百分点;非实物商品网上零售额16 945亿元,增长48.1%。市场销售较快平稳增长,消费升级态势明显。

表 11-1　2017 年 1—12 月中国社会消费品零售额及同比增速

时间	社会消费品零售总额			
	当月值（亿元）	同比增长（%）	累计值（亿元）	同比增长（%）
1—2 月	—	—	57 960	9.5%
1—3 月	27 864	10.9%	85 823	10.0%
1—4 月	27 278	10.7%	113 102	10.2%
1—5 月	29 459	10.7%	142 561	10.3%
1—6 月	29 808	11.0%	172 369	10.4%
1—7 月	29 610	10.4%	201 978	10.4%
1—8 月	30 330	10.1%	232 308	10.4%
1—9 月	30 870	10.3%	263 178	10.4%
1—10 月	34 241	10.0%	297 419	10.3%
1—11 月	34 108	10.2%	331 528	10.3%
1—12 月	34 734	9.4%	366 262	10.2%

数据来源：国家统计局中商产业研究院整理。

2. 外贸：进出口快速增长

2017 年 1—11 月，全球经济温和增长，国内经济稳中有升，推动中国外贸进出口持续向好。如图 11-2 所示，据统计局相关数据，1—11 月份，进出口总额 251 369 亿元，同比增长 12.6%。其中，出口 138 509 亿元，增长 11.6%；进口 112 860 亿元，增长 20.9%。1—11 月份，一般贸易进出口增长 18.1%，占进出口总额的 56.4%，比上年同期提高 1.2%。机电产品出口增长 12.6%，占出口总额的 58.1%，比上年同期提高 0.5%。

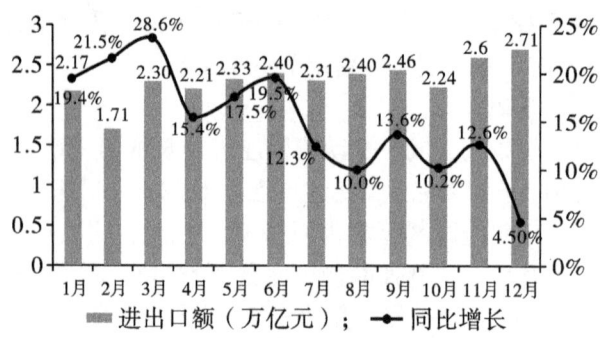

图 11-2　2017 年 1—12 月中国海关进出口数据统计情况

数据来源：国家统计局中商产业研究院整理。

3. PMI：整个季度保持上升

中国制造业采购经理指数（PMI）涵盖了企业采购、生产、流通等各个环节，是国际上通用的监测宏观经济走势的先行性指数之一。2017 年 12 月份，中国制造业采购经理指数（PMI）为 51.6%，虽比上月回落 0.2%，但仍达到年均值水平，制造业保持稳步增长的发展态势。如图 11-3 所示，2017 年全国制造业采购经理指数保持在 50 上方。

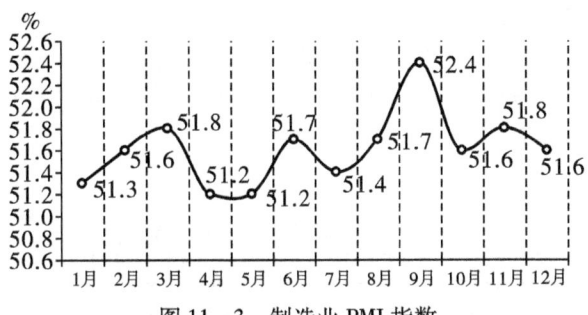

图 11-3 制造业 PMI 指数

数据来源：国家统计局中商产业研究院整理。

4. 物价：CPI 下降，PPI 保持上涨

如图 11-4 所示，2017 年 11 月全国居民消费价格同比上涨 1.7%。据统计局相关数据，城市上涨 1.8%，农村上涨 1.5%；食品价格下降 1.1%，非食品价格上涨 2.5%；消费品价格上涨 0.9%，服务价格上涨 3.1%。1—11 月，全国居民消费价格总水平比上一年同期上涨 1.5%。11 月全国居民消费价格环比持平。其中，城市和农村均持平；食品价格下降 0.5%，非食品价格上涨 0.1%；消费品价格上涨 0.1%，服务价格下降 0.1%。

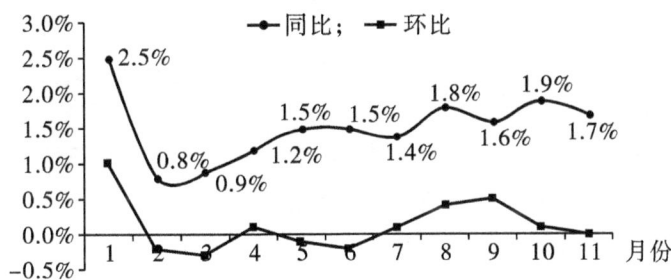

图 11-4 2017 年各月份居民消费价格指数涨跌情况

数据来源：国家统计局中商产业研究院整理。

二、行业分析

我国家用空调行业经历了"限制发展—国有垄断—无序竞争—品牌集中"几个阶段的发展，现在处于品牌集中阶段。近十年来，我国家用空调器产业发展迅猛，家用空调器行业的工业总产值和销售收入都经历了持续增长，形成了珠江三角洲、长江三角洲、环渤海湾三大空调生产基地。目前，我国已成为全球家用空调器主要生产基地，产能约占全球 85%。

根据中国统计局的空调器产销量数据统计，在中国过去的 15 年中房间空气调节器（空调）的销量以相对稳定的速度上升。2001 年空调销量为 2 262.2 万台，之后这个数据迅速上升，到 2007 年空调的年销售量已达 8 816.7 万台。受 2008 年金融危机和相关政策

的影响，之后两年空调销量有所下滑，从2010年开始空调总销量整体呈上升趋势，波动幅度变大，到2015年销量达到14 856.1万台。

由图11-5可以看出，从2011年到2015年空调销量上升速度很慢。根据统计局最新数据，2015年产销率只有95%，明显低于往年99%的平均水平，是15年来的最低水平，这说明2015年空调生产过多；2016年第一季度产销率达到102%，可能说明生产商正降低生产，等待承销商消化库存。

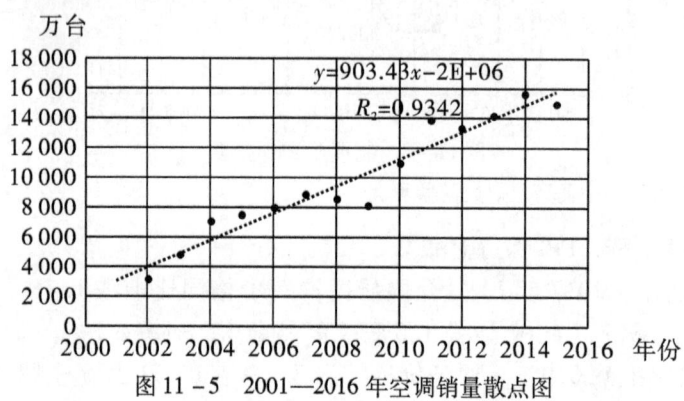

图11-5　2001—2016年空调销量散点图

数据来源：中国统计局。

空调市场的增长和我国宏观经济发展（GDP增长）趋势大致吻合，对经济周期比较敏感。可以初步推断，总体房间空气调机器市场仍然呈稳步扩大趋势，但是在未来数年增长速度会比较慢。

从国内外消费市场来看，情况也是如此。我国城镇居民家庭人均年可支配收入逐年增加，消费者购买力提升，对于空调等大件家电的消费需求也随之扩张，家用空调在城市的保有量仍有较大的提升空间。随着我国城镇化进程的加快，农村新增需求将有爆发性增长，空调仍然是白色家电行业中发展潜力最大的产品。

此外，智能、节能、低碳、环保、新技术空调等概念的兴起则对空调产品的性能、能耗提出了更高的要求。家电产品的能效等级已经成为消费者在选购家电时的一项重要关注点，而空调作为冬夏季使用频率高，并且耗电量较高的产品，消费者对其能效即性价比关注度比较高。

（一）2017年Q3中国空调市场品牌结构

1. 2017年Q3中国空调市场品牌关注比例分布

在2017年Q3中国空调市场品牌关注比例最受关注的十大品牌中，各品牌受关注比例完全符合我们对其的预期。如图11-6所示，格力以雄厚的技术基础、良好的品控和较早起步带来的稳定消费者群体，在2017年Q3中以38%的关注度无人可及，稳坐关注榜第一位置。美的和海尔，这两家中国顶级老牌家电厂商，分别以17%和11%的比例位列第二名、第三名。

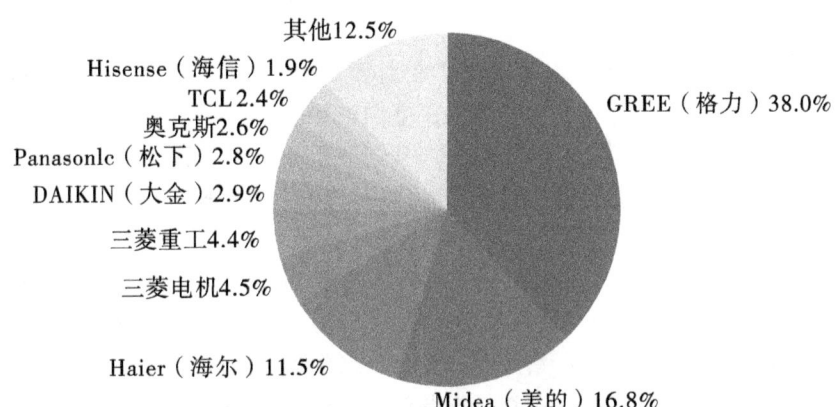

图 11-6 2017 年 Q3 中国空调市场品牌关注比例分布

数据来源：互联网消费调研中心。

2. 2017 年 Q3 中国空调市场品牌关注比例变动分布

近些年伴随着中国家电的繁荣发展，家电市场的竞争开始呈现白热化，各家电厂商的消费者关注度每个月都可能产生较大的变动。通过 ZDC2017 年 Q3 的调研数据显示，目前中国空调市场品牌关注比例变动主要集中在日系品牌和中国次一级空调厂商，而前三名的格力、美的、海尔排名非常稳定。

Q3 季度的 7、8 月可以说是全年中最热的时候，空调市场的火爆程度也是全年最高的，在这一时期，空调厂商也会通过大量的活动去宣传，以获得更多的销量。如表 11-2 所示，格力作为中国空调市场中的榜首，在 Q3 季度的三个月中并没有较大的变化。

表 11-2 2017 年 Q3 中国空调市场品牌关注比例变动

排名	2017 年 7 月		2017 年 8 月		2017 年 9 月	
	品牌	关注比例	品牌	关注比例	品牌	关注比例
1	GREE（格力）	37.20%	GREE（格力）	38.90%	GREE（格力）	38.60%
2	Midea（美的）	17.10%	Midea（美的）	16.40%	Midea（美的）	16.50%
3	Haier（海尔）	12.00%	Haier（海尔）	11.00%	Haier（海尔）	10.60%
4	三菱电机	5.00%	Panasonic（松下）	4.10%	三菱重工	4.60%
5	DAIKIN（大金）	4.70%	三菱重工	3.70%	DAIKIN（大金）	3.30%
6	Panasonic（松下）	2.90%	奥克斯	3.10%	三菱电机	3.10%
7	三菱重工	2.70%	DAIKIN（大金）	3.10%	Panasonic（松下）	2.80%
8	Hisense（海信）	2.40%	三菱电机	2.60%	奥克斯	2.60%
9	奥克斯	2.20%	TCL	2.40%	Hisense（海信）	2.00%
10	长虹	2.10%	Hisense（海信）	1.90%	TCL	1.90%
	其他	11.60%	其他	12.90%	其他	14.10%

数据来源：互联网消费调研中心。

3. 2017 年上半年空调销量

2017 上半年,白电行业表现较为突出。受益于 2016 年去库存为市场补货释放空间、高温天气以及三、四级市场转暖等利好因素,空调市场表现靓丽。据业内人士预测,2017 年制冷空调产业总体会保持稳定增长的势头,从细分行业来看,无论从内销或出口,家用空调、商用冷柜、空气源热泵、多联机等产品将保持较高的增速,其中,空调产销将上升到 1.2 亿台以上的新台阶。

据中商产业研究院发布的《2017—2022 年中国空调行业市场规模及需求分析报告》数据统计显示:2017 上半年,空调累计销量为 7 922 万台,同比增长 36.7%;累计内销量为 4 327 万台,同比增长 65.2%;累计出口量为 3 596 万台,同比增长 13.2%,空调产业创下新的增长记录,格力、美的、海尔是空调业的三巨头,如表 11-3 所示,三家企业共分割了空调市场 61.90% 的份额,而六家包括志高、海信、长虹等在内的企业,占了空调市场 20.30% 的份额。

表 11-3 2017 年空调销售数据   单位:万台

日期	格力	美的	海尔	志高	海信	科龙	TCL	长虹	春兰
2017 年 1 月	283	245	95	44	8	38	60	26	1
2017 年 2 月	290	288	86	43	18	38	64	25	1
2017 年 3 月	427	379	126	69	34	61	94	48	4
2017 年 4 月	450	326	115	72	44	64	81	42	3
2017 年 5 月	445	348	125	67	43	66	102	59	2
2017 年 6 月	410	346	115	53	44	36	98	53	5
2017 年 7 月	2 305	1 932	661.8	347.9	191.64	301.76	498	253.2	15.05
合计:万台	29.13%	24.41%	8.36%	4.39%	2.42%	3.81%	6.29%	3.20%	1.19%
占总销量的比重	61.90%			20.30%					

数据来源:中商产业研究院。

4. 空调行业预期

智能、节能、低碳、环保、新技术空调等概念是未来空调市场的主旋律。由于消费者对低碳、环保、节能空调的市场需求不断增加,原有的二级及以下能效产品已经基本退出市场,取而代之的将是性价比更优的变频节能空调。空调行业的更新换代促使空调风叶的产品升级,带来了更多的产品需求。同时,空调整机厂对关键零部件专业化外协加工比例不断提高,有利于空调风叶、风机厂商发展。

节能环保是家电行业未来发展的主要方向。空调行业节能环保的主要措施在于变频空调的普及和新冷媒的应用,这些都将增加空调的更新需求,从而增加空调风叶的增长需求。

模块化是家电制造的一个方向。随着消费者个性化的需求不断增加,产品型号、零部件数量日益庞大,只有实现模块化设计和生产,才能为企业节省成本,实现规模量产。模块化既是标准化的高级表现,也是推动技术创新和产品创新的重要方式,模块化在降低成本提高质量的同时,还实现了产品的通用性和标准性。

行业集中度进一步增加。空调风叶行业经过多年的充分竞争,品牌集中度越来越高。随着市场竞争的不断成熟,行业格局日趋稳定。这种竞争格局和市场分布受空调整机厂影响较大。家用空调市场集中度非常高,前五名品牌市场占有率超过70%,格力依靠扎实的技术、良好的口碑和做工,仍将在很长一段时间稳坐空调第一的交椅。

三、企业分析

1. 公司概况

珠海格力电器股份有限公司于1989年12月13日成立,是全球最大的集研发、生产、销售、服务于一体的专业化空调企业,2009年销售收入426.37亿元,连续9年上榜美国《财富》杂志"中国上市公司100强"。格力电器旗下的"格力"品牌空调,是中国空调业唯一的"世界名牌"产品,业务遍及全球100多个国家和地区。

2006—2015年,格力空调连续10年全球销量领先。该企业是珠海市人民政府国有资产监督管理委员会管理旗下的一家大型国有控股股份制企业。2016年8月,珠海格力电器股份有限公司在"2016中国企业500强"中排名第154位。格力空调的发展历程如图11-7所示。

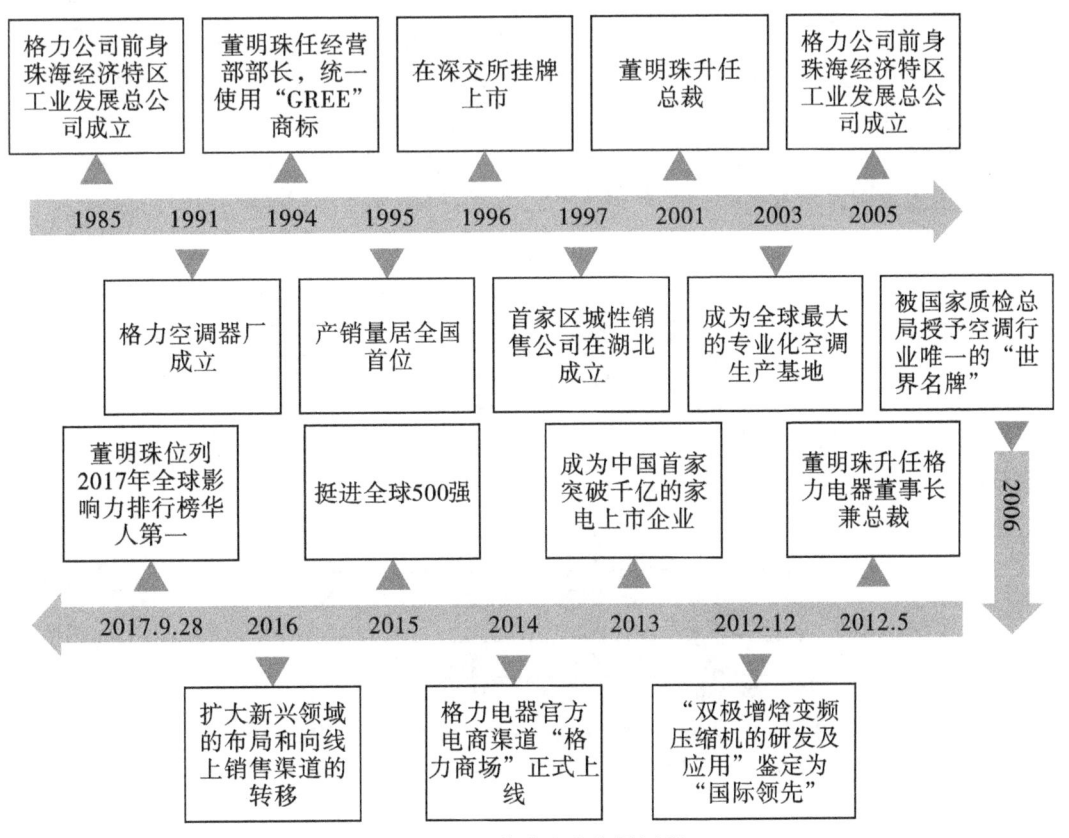

图11-7 格力企业发展历程

2. 市场与竞争对手

国内市场是格力主要的盈利市场，对比其国内外毛利率，可以发现格力在国外市场面临的竞争异常激烈，超过国内。格力不得不降低价格，促进消费以打开国外市场。如表11-4所示，根据其2016年年度报告，格力在国外市场的毛利率为17.15%，国内为41.21%。而格力的净利润率为14.33%。考虑到关税等因素，外销的成本是高于内销的，由此可以判断格力在外销市场基本不盈利，甚至处于倒贴钱的情况。这是典型的接近完全市场竞争的表现。但并不是说格力不能在国外市场盈利，只是在现阶段，格力仍然坚持把价格降到最低来开拓国外市场。

表11-4 格力电器2016年销售收入成本分析

地区名称	营业收入（元）	营业成本（元）	利润（元）	占总利润的比例（%）	毛利率（%）
内销	76 937 875 361.69	45 233 448 281.99	31 704 427 079.70	91.92	41.21
外销	16 249 905 240.71	13 463 046 491.93	2 786 858 748.78	8.08	17.15
合计	93 187 780 602.4	58 696 494 773.9	34 491 285 828.48	—	—

数据来源：格力电器2016年年度报告。

由于国外市场影响因素较多，例如汇率、补贴政策、文化等，其国外销售业务不确定性非常高。2005年由于政府的退税政策，格力外销额一度超过了销售额的50%，而近几年格力的外销额没有发生明显的改变，2012年约为90亿元，2014年、2015年保持在130亿元左右，2016年保持在160亿元左右，占总营业额的10%~20%，在短期的未来也不会有明显的增加。

而在国内，格力面临的最主要的竞争对手是美的和海尔。由图11-8、图11-9可知，2016年白色家电中，格力电器的空调销售毛利率及空调净利润排在第一，美的第二。

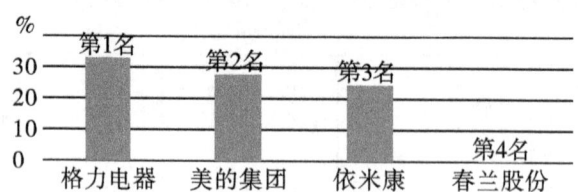

图11-8 2016年家用电器——白色家电——空调销售毛利率

数据来源：同花顺财经网站。

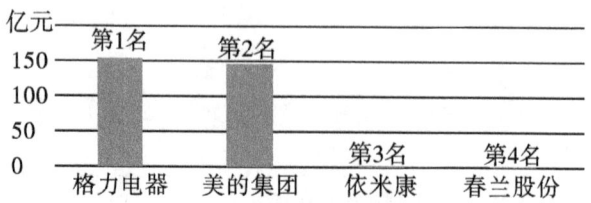

图11-9 2016年家用电器——白色家电——空调净利润

注：当前行业中超过30%的个股发布了最新一期报告时进行数据统计。新股因未公布季报而不加入排名。

数据来源：同花顺财经网站。

在空调业市场份额上，格力的占比最大，美的第二，而海尔占比则明显小于前两者，同时格力的毛利率明显高于同行公司，这说明格力空调有相对强大的盈利能力。因为格力的核心研发能力强，无需高价购进空调核心配件，格力电器营业成本占营业收入的比例逐年降低。

四、财务分析

（一）资产负债表分析

表11-5是2012—2016年格力电器资产负债简表，图11-10是2012—2016年格力电器资产结构变化。从表11-5及图11-10可以看出，2012年以来，格力电器的总资产增长速度很快，2016年底的总资产规模为1 823.7亿元，是2012年底总资产的1.69倍。从资产结构来看，尽管从2012—2015年，总资产中流动资产的比例呈现持续下降趋势，但在2016年总资产中流动资产的比例仍然达到78.36%。

表11-5　2012—2016年格力电器资产负债简表

年份	2012	2013	2014	2015	2016
流动资产（亿元）	851.26	1 037.50	1 201.43	1 209.49	1 429.11
非流动资产（亿元）	224.79	299.70	360.87	407.49	394.59
流动资产占总资产比率（%）	79.11	77.59	76.90	74.80	78.36
资产总计（亿元）	1 076.05	1 337.19	1 562.31	1 616.98	1 823.70
流动负债（亿元）	788.69	965.08	1 083.89	1 126.25	1 268.76
非流动负债（亿元）	12.62	18.37	27.11	5.06	5.70
负债合计（亿元）	801.30	983.46	1 110.99	1 131.31	1 274.46
股东权益合计（亿元）	274.75	353.74	451.31	485.67	549.24
负债与股东权益合计（亿元）	1 076.05	1 337.19	1 562.31	1 616.98	1 823.70

数据来源：作者根据格力电器年度报告整理。

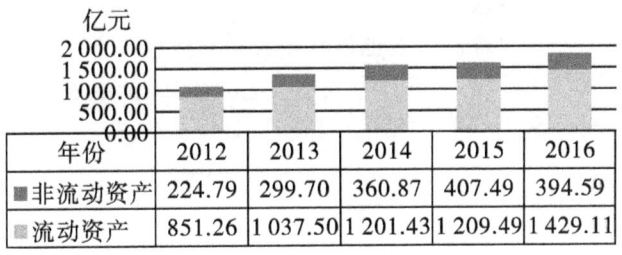

图11-10　2012—2016年格力电器资产结构变化

从表 11-6 可以看出，格力电器流动资产中货币资金和应收票据所占比例逐年上升，在 2016 年达到 87.87%，表明格力电器强大的盈利能力为公司的持续健康发展积累了巨额的可支配现金。

表 11-6 2012—2016 年格力电器货币资金和应收票据变动表

年份	2012	2013	2014	2015	2016
货币资金（亿元）	289.44	385.42	545.46	888.20	956.13
应收票据（亿元）	342.92	462.97	504.81	148.80	299.63
合计（亿元）	632.36	848.39	1 050.26	1 037.00	1 255.76
占流动资产比例（%）	74.29	81.77	87.42	85.74	87.87

从图 11-11 可以看出，格力电器的负债总额从 2012 年以来不断上升，从负债结构看，负债总额中流动负债占了绝大多数，自 2012 年以来流动负债在负债总额中占比均超过 96%。据统计：流动负债中占比较高的两项负债分别为应付账款和其他流动负债，其他流动负债中经销商的销售返利占比超过 90%，这样格力电器保持运营来自供应商和经销商的大量无息资金。

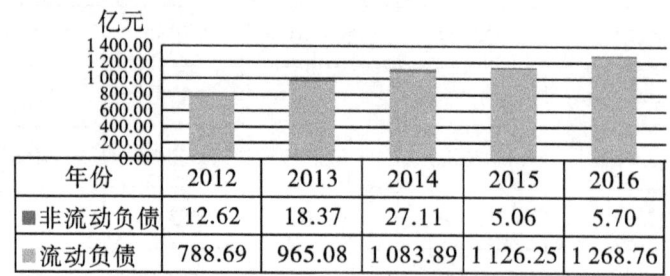

图 11-11 2012—2016 年格力电器负债结构变化

（二）综合损益表分析

由表 11-7 和图 11-12 可知，2012 年以来格力电器的营业收入与净利润连续增长，2012—2016 年期间，公司的营业收入保持高速增长势头，年平均增长率为 27%，增长幅度超过行业平均增幅，营业收入的可持续增长是公司竞争优势在财务方面的表现。其中，宏观经济不景气，GDP 增速放缓，行业持续低迷是 2015 年公司营业收入下滑的重要原因，除宏观经济与行业原因外，大打价格战也是导致公司营业收入下滑的重要原因，而这也直接导致了其销售毛利率同比下滑了 5 个百分点。格力空调价格战开始于 2014 年下半年，2015 年价格还在进一步下调，公司内销出厂单价同比下降约 20%。

表 11-7　2012—2016 年格力电器利润表简表

利润表	2016.12.31	2015.12.31	2014.12.31	2013.12.31	2012.12.31
营业收入（亿元）	1 083	977	1 378	1 200	993
营业成本（亿元）	729	660	880	804	732
销售费用（亿元）	165	155	289	225	146
财务费用（亿元）	-48.5	-19.3	-9.42	-1.33	-4.61
管理费用（亿元）	54.9	50.5	48.2	50.9	40.6
资产减值损失（亿元）	-99.2	0.863 2	3.98	1.92	0.655 4
投资收益（亿元）	-22.2	0.966 5	7.24	7.17	-0.204 9
营业利润（亿元）	175	135	161	123	80.3
利润总额（亿元）	185	149	168	129	87.6
所得税（亿元）	30.1	22.9	25.0	19.6	13.2
归属母公司所有者净利润（亿元）	154	125	142	109	73.8

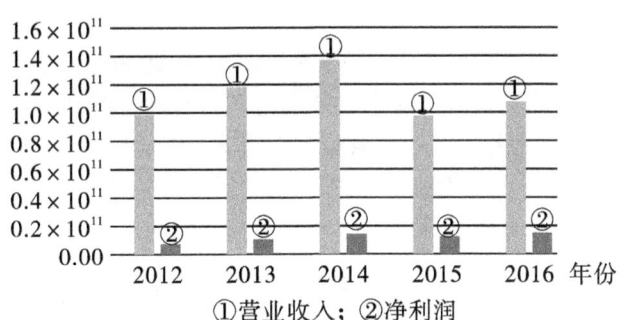

图 11-12　2012—2016 年格力电器营业收入与净利润变动

（三）现金流量表分析

从表 11-8 和图 11-13 可以看出，从 2012 年以来，公司经营活动现金流量净额基本保持稳定的正向状态，2015 年公司经营活动现金流量净额大幅增加，因为 2015 年是格力电器的发展转型年，格力以空调产业为支柱产业，在这个基础上大力发展新能源、生活电器、工业制品、模具、手机、自动化设备等新兴产业。而现金净增加额为正，也充分说明了公司有足够的现金，增强了公司的现金支付实力。

表 11-8 2012—2016 年格力电器现金流量

年份	2012	2013	2014	2015	2016
一、经营活动产生的现金流量净额（亿元）	184	130	189	444	149
二、投资活动产生的现金流量净额（亿元）	-42.1	-21.9	-28.6	-47	-192
三、筹资活动产生的现金流量净额（亿元）	8.15	-24.2	-18.6	-76	-57
四、汇率变动对现金及现金等价物的影响	—	—	—	—	—
五、现金及现金等价物净增加额（亿元）	213.7	292.6	435	773	713

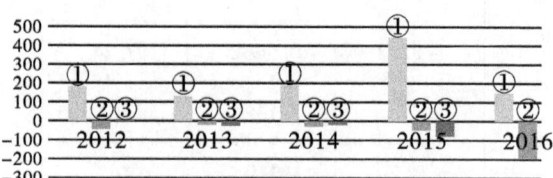

①经营活动产生的现金流量净额；
②投资活动产生的现金流量净额；
③筹资活动产生的现金流量金额

图 11-13 2012—2016 年格力电器现金流量变化

（四）盈利能力分析

从表 11-9 和图 11-14 可知，资产收益率从 2012 年起一直处于上升趋势，净利润不断增加，说明公司的经营状况良好，未来发展潜力大，有极大的获利空间。而净资产收益率在 2015 年略有下降，这是由于该年宏观经济处于整体下行趋势，GDP 增速放缓，行业持续低迷，国内国外空调销售都面临很大压力，导致 2015 年的空调行业整体业绩下滑，而其余年份净资产收益率都在 30% 左右，高于行业平均水平。

表 11-9 2012—2016 年格力公司盈利能力指标

年份	2012	2013	2014	2015	2016
销售毛利率（%）	27.26	34.09	39.11	32.46	32.70
销售净利率（%）	7.43	9.16	10.28	12.91	14.33
资产收益率（%）	7	8	9	7.94	9.02
净资产收益率（%）	30	31	32	27.31	30.41

数据来源：作者根据格力电器年度报告整理。

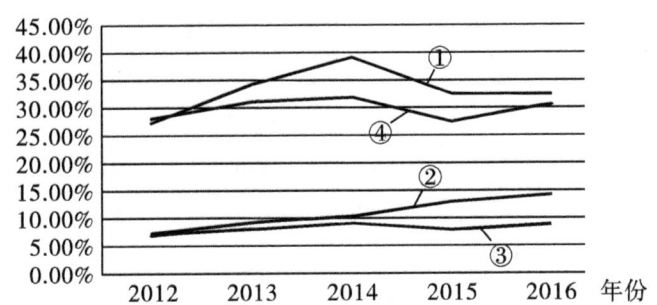

①销售毛利率；②销售净利率；③资产收益率；④净资产收益率

图 11-14　2012—2016 年盈利指标变化分析

图 11-15 是格力电器 2012—2016 年产品销售毛利率变动趋势，可以看出，空调的毛利率在提高。毛利率提高主要有四个原因：一是智能电器的快速发展，家用空调产品结构优化；二是高毛利率的商用空调占比提高；三是内销占比提高，市场占有率提高；四是原材料价格的下降。

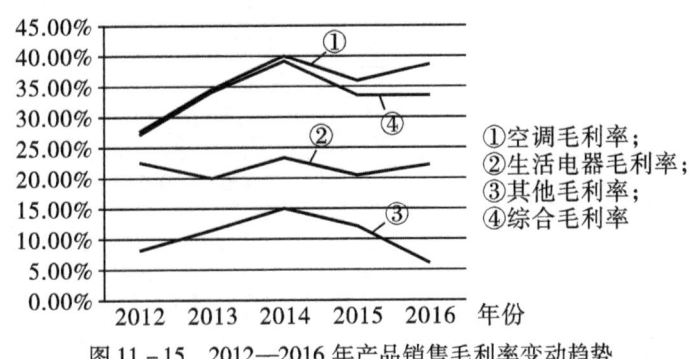

①空调毛利率；
②生活电器毛利率；
③其他毛利率；
④综合毛利率

图 11-15　2012—2016 年产品销售毛利率变动趋势

五、损益表预测

(一) 预估计和数据选择

通过前文可以了解和分析格力电器的基本情况和财务数据，为接下来的收入和盈利预测提供一定假设基础，并根据实际情况计算算术平均值、回归分析或使用平滑法预测等。2008 年金融危机以前，空调业保持增长的态势，而在此之后，中国空调业在之后的短短八年内经历了三次下行，但也经历了 2009—2011 年的快速发展阶段，但 2015 年，空调行业遭遇了近年来最为艰难的一年，国内国外销售都面临很大压力，由此可以看出采用 2011—2016 年六个样本点进行预测是比较合理的。表 11-10 是 2011—2016 年格力电器损益表。

表 11-10 2011—2016 年格力电器损益表

年份	2016	2015	2014	2013	2012	2011
营业收入（亿元）	1 083	977	1 378	1 200	993	832
营业成本（亿元）	729	660	880	804	732	681
营业税金及附加（亿元）	14.3	7.52	13.6	9.56	5.90	4.98
期间费用（亿元）	171	186	328	275	182	104
销售费用（亿元）	165	155	289	225	146	80.5
管理费用（亿元）	54.9	50.5	48.2	50.9	40.6	27.8
财务费用（亿元）	-48.5	-19.3	-9.42	-1.33	-4.61	-4.53
资产减值损失（亿元）	-0.009 92	0.863 2	3.98	1.92	0.655 4	-0.205 9
其他经营收益（亿元）	—	—	—	—	—	—
公允价值变动损益（亿元）	10.9	-10.1	-13.8	9.91	2.47	-0.575 1
投资收益（亿元）	-22.2	0.966 5	7.24	7.17	-0.204 9	0.910 9
营业利润（亿元）	175	135	161	123	80.3	45.4
加：营业外收入（亿元）	11.0	14.0	7.06	6.84	7.60	18.5
补贴收入（亿元）	—	—	—	—	—	—
减：营业外支出（亿元）	0.207 4	0.110 5	0.428 6	0.552 9	0.239 8	0.595 3
利润总额（亿元）	185	149	168	129	87.6	63.3
减：所得税（亿元）	30.1	22.9	25.0	19.6	13.2	10.3
净利润（亿元）	155	126	143	109	74.5	53.0

数据来源：同花顺财经网站。

（二）营业收入和其他业务利润的预测

近年来，随着居民消费水平的提高与消费观念升级，空调业务迅速增长，空调的销售额也稳步上升。格力电器的主营业务是空调制造和销售，其他业务的利润占比较少。格力电器的营业收入单一，主要取决于其销售额。2015 年以来空调行业持续加大降低库存的力度，空调企业端出货量增速持续低于终端销售量，随着空调行业此轮去库存化措施的结束，空调业务将重新进入增长阶段。格力电器作为行业领头羊，利用公司积累的基数优势，在空调需求逐步饱和后，利用产业转型升级的机会进入其他领域（如自动化）开辟新的利润增长点。因此营业收入、销售收入可以采用对时间线性回归分析进行预测（表 11-11 和表 11-12）。

表 11-11 营业收入 Y_1

$Y_1 = a_1 + b_1 x$	系数	标准误差	t 统计量	P 值
a_1	-876 783 001.9	945 616 330.6	-0.927 207 974	0.406 299 991
b_1	440 868.5714	469 637.9391	0.938 741 389	0.401 012 509

表 11-12 销售收入 Y_2

$Y_2 = a_2 + b_2 x$	系数	标准误差	t 统计量	P 值
a_2	-795 508 892.4	936 334 594.7	-0.849 598 954	0.443 408 172
b_2	400 425.714 3	465 028.188 7	0.861 078 369	0.437 750 86

其他业务利润因为其数值较小,趋势变化不明显,所以采用平均值做预测。

(三) 营业成本和销售费用的预测

营业成本主要是产品成本和可摊间接成本,而销售费用包括运输费、保险费等。图 11-16 是近年营业成本、销售费用和销售收入的变化折线图,可以看出营业成本,销售费用和销售收入之间有正向相关的关系。

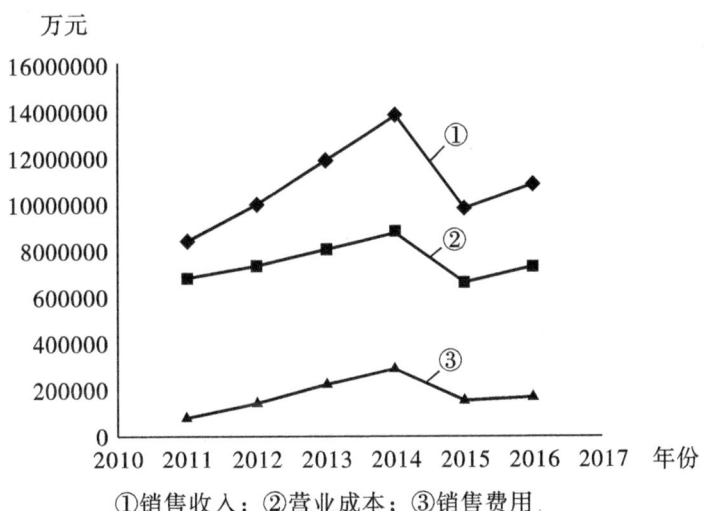

①销售收入;②营业成本;③销售费用

图 11-16 营业成本、销售费用和销售收入的变化折线图

数据来源:作者根据格力电器年度报告整理。

综上,以营业成本和销售费用为因变量,营业收入为自变量进行回归。回归结果如表 11-13 和表 11-14 所示。

表 11-13 营业成本 Y_3

$Y_3 = a_3 + b_3 x$	系数	标准误差	t 统计量	P 值
a_3	-49 168 911.92	438 798 551.6	-0.112 053 496	0.916 178 99
b_3	28 133.275 14	217 928.181 7	0.129 094 25	0.903 514 004

表 11-14 销售费用 Y_4

$Y_4 = a_4 + b_4 x$	系数	标准误差	t 统计量	P 值
a_4	-292 523 738.7	356 812 777.1	-0.819 824 17	0.458 355 668
b_4	146 159.121 7	177 210.155 8	0.824 778 473	0.455 841 086

用表 11-11 营业收入 Y_1 中所得到的方程预测营业收入，再用表 11-13 营业成本和表 11-14 销售费用 Y_4 中的两个方程预测营业成本与销售费用，结果如表 11-15 所示。

表 11-15 营业收入、营业成本、销售费用预测表

年份	主营业务收入（万元）	主营业务成本（万元）	销售费用（万元）
2011	8 315 500.00	6 813 211.53	805 040.82
2012	9 931 600.00	7 320 307.74	1 462 622.85
2013	11 862 800.00	8 038 593.98	2 250 893.17
2014	13 775 000.00	8 802 212.77	2 888 999.57
2015	9 774 500.00	6 601 735.37	1 550 634.17
2016	10 830 300.00	7 288 564.12	1 647 726.60
2017	9 747 219.05	7 407 104.40	1 402 255.06
2018	10 147 644.76	7 435 237.67	1 548 414.18
2019	10 548 070.48	7 463 370.95	1 694 573.30
2020	10 948 496.19	7 491 504.22	1 840 732.42
2021	11 348 921.90	7 519 637.50	1 986 891.55
2022	11 749 347.62	7 547 770.77	2 133 050.67

（四）投资收入、管理费用、财务费用、资产减值损失的预测

管理费用中有比较多的固定费用，是企业管理部门为组织和管理企业的生产经营活动而发生的各项费用，例如管理部门的职工工资、福利费、办公费、差旅费等。由图 11-17 可以看出，2012 年后管理费用比较稳定，有上升的态势，但这可能是由于目前通货膨胀和全国劳动力价格上涨等因素影响的，加之管理费用比重不多，没必要做复杂的线性回归，可以采用四年期平滑法来估算管理费用；资产减值损失有关资产价值的重新评估，主观性较强，因此取这几年数据的平均值作预测值；投资收入占比重极低并且投资具有很大不确定性，视为 0。

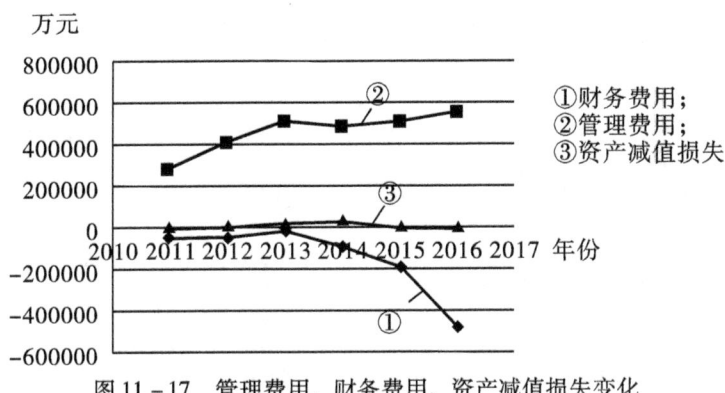

图 11-17 管理费用、财务费用、资产减值损失变化

(五) 营业税金及附加的预测

由于营业税金及附加在公司营业收入中所占比例较低,所以根据过去 6 年的平均值作为今后的计算比例,结果如表 11-16 所示。

表 11-16 营业税金及附加预测

年份	2016	2015	2014	2013	2012	2011	前六年平均
营业收入(亿元)	1 083	977	1 378	1 200	993	832	1 077.17
营业税金及附加(亿元)	14.3	7.52	13.6	9.56	5.9	4.98	9.31
营业税金及附加占营业收入比例(%)	1.32	0.77	0.99	0.80	0.59	0.60	0.84

(六) 营业外收入、营业外支出、所得税的预测

营业外收入、营业外支出影响较小,因此均取六年平均值作为今后的预测值,营业外收入为 108282.65 万元,营业外支出为 3 557.52 万元。

格力电器公司享受高新技术企业税收优惠政策,目前使用的所得税税率为 15%,其各地的子公司因受不同地区和政策的影响所得税率有所不同,统计 2011—2016 年前 6 年的所得税率情况可以看出格力电器每年的所得税率在 14.88% ~ 16.27% 之间波动,为均衡起见,对预测的所得税率取 6 年平均值 15.49%,结果如表 11-17 所示。

表 11-17 所得税费用预测

年份	2016	2015	2014	2013	2012	2011	前六年平均
利润总额(亿元)	185	149	168	129	87.6	63.3	130.32
所得税(亿元)	30.1	22.9	25	19.6	13.2	10.3	20.18
所得税占利润总额的比率(%)	16.27	15.37	14.88	15.19	15.07	16.27	15.49

(七) 利润表预测

根据前文数据,做出利润表预测,预测结果如表 11-18 所示。

表 11-18 利润表预测　　　　　　　　　　　　　　单位：万元

年份	2017	2018	2019	2020	2021
主营业务收入	9 747 219.05	10 147 644.76	10 548 070.48	10 948 496.19	11 348 921.90
其他业务收入	181 053.66	181 053.66	181 053.66	181 053.66	181 053.66
减：主营业务成本	7 407 104.40	7 435 237.67	7 463 370.95	7 491 504.22	7 519 637.50
毛利润	2 521 168.31	2 893 460.75	3 265 753.18	3 638 045.62	4 010 338.06
加：投资收益	0.00	0.00	0.00	0.00	0.00
减：管理费用	495 221.54	493 345.76	526 885.11	511 053.32	511 053.32
销售费用	1 402 255.06	1 548 414.18	1 694 573.30	1 840 732.42	1 986 891.55
资产减值损失	11 723.94	11 723.94	11 723.94	11 723.94	11 723.94
息税前利润	611 967.77	839 976.87	1 032 570.83	1 274 535.94	1 500 669.26
减：财务费用	-484 554.66	-484 554.66	-484 554.66	-484 554.66	-484 554.66
营业税金及附加	53 470.50	69 340.66	85 210.83	101 080.99	116 951.16
营业利润	1 043 051.94	1 255 190.86	1 431 914.66	1 658 009.60	1 868 272.76
加：营业外收入	108 282.65	108 282.65	108 282.65	108 282.65	108 282.65
减：营业外支出	3 557.52	3 557.52	3 557.52	3 557.52	3 557.52
所得税	177 790.668 1	210 650.986 9	238 025.503 5	273 047.609 7	305 617.373 2
净利润	969 986.401 9	1 149 265.003	1 298 614.287	1 489 687.12	1 667 380.517

六、格力电器价值评估分析

（一）格力电器过去 5 年销售收入、净利润、股利分析

由表 11-19 和图 11-18 可以看出，格力电器在过去 5 年销售收入、净利润和股利总体呈上涨趋势。虽然格力电器在 2014—2015 年销售收入有所下降，但在 2016 年又回升。净利润和销售收入变动一致，在 2015 年出现下降，但很快在 2016 年回升了。从 2012—2016 年，股利一直保持增长的态势，在 2015 年和 2016 年均达到 90.24 亿元。

表 11-19 格力电器 2012—2016 年销售收入、净利润、股利情况

年份	2012	2013	2014	2015	2016
销售收入（亿元）	993.16	1 186.28	1 377.5	977.45	1 083.03
净利润（亿元）	74.46	109.35	142.53	126.24	155.25
股利（亿元）	15.04	30.08	45.12	90.24	90.24

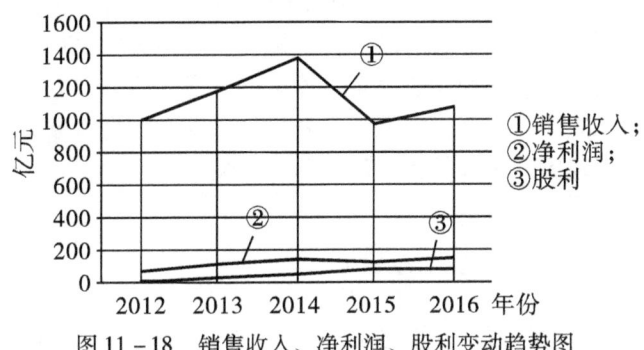

图 11-18 销售收入、净利润、股利变动趋势图

（二）格力电器过去 5 年每股收益

从 2012 年到 2014 年，格力电器的每股收益增长迅速，2014 年底每股收益达到 4.75%，是 2012 年底每股收益的 1.9 倍（图 11-19）。2015 年呈现下降趋势，主要原因是 2015 年前期的各种利好政策严重透支消费，从 2015 年 5 月份开始，家用空调行业销售持续疲软，2015 年 5—9 月份家用空调一直呈现出产销齐降的不利局面。但总体来说空调普及率还处在相对较低的水平，未来空调普及率提高的空间还很大，2016 年每股收益开始回升。

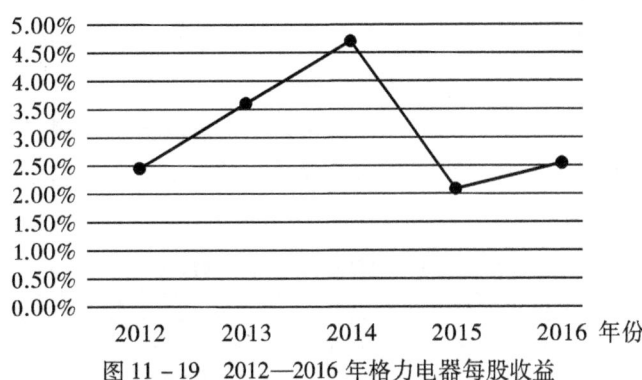

图 11-19 2012—2016 年格力电器每股收益

（三）股利折现法分析

1. 采用稳定增长模型分析的理由

（1）市场因素：格力在家用空调领域已经做到极致，最近几年在大力发展中央空调，目前在中央空调领域也打败了所有对手，市场占有率达到第一。这些业务目前每年贡献净利润 120 多亿元，且保持稳定增长势头。

(2) 技术分析：格力这些年投入大量资金研发智能装备和工业核心零部件。德国和日本的制造业为什么那么强，就是设备和核心部件的技术特别强。这一块格力已经具备了较强的实力，只是国内市场尚未成熟，而且也没找到市场突破口。

(3) 优势分析：银隆的新能源汽车核心部件和产业智能设备都从格力采购，这才有了这 200 亿元的采购合约。至此，格力的智能装备得到了大规模的应用和技术完善，为以后这些设备走向整个新能源汽车行业，乃至运用到整个制造业打好了基础，也为格力的汽车空调进入整个汽车行业做了推广。

(4) 前景分析：董明珠多次强调，收购银隆不是想造车，而是看好银隆的电池技术。格力生产的所有家电都是持续耗电的产品，所以格力一直想做家庭储能系统，真正让新能源走向千家万户，这其中最核心的问题就是电池储能技术，所以千方百计地要收购银隆。

结论：格力未来的战略一定会在智能装备和储能系统上大力发展，这两个市场的任何一个都比空调的市场规模大，未来前景如何，不言而喻。

2. 估值分析过程

(1) 计算公式：$P_0 = \dfrac{D_0(1+g)}{r_s - g} = \dfrac{D_1}{r_s - g}$

(2) 价格：采用股利折现法评估格力电器的股票价格是 36 元，当期市场价格是 41.19 元，市场价格高于我们通过股利折现法评估的价格。

(3) 分析：我们通过过去 5 年的股利增长率对未来股利进行加权平均的预测，但是格力电器在 2017 年的半年报中也出现新的"智能装备"的盈利，我们预测格力电器未来的增长率会高于预测的增长率。

(4) 结论：市场看好格力电器的前景，所以股价高于当前股票的评估价值。

（四）股权自由现金流量模型分析

1. 经营性资本增加额

计算公式：经营性流动资产 = 流动资产 − 超额现金 − 交易性金额资产

经营性流动负债 = 流动负债 − 短期借款 − 一年内到期的长期借款

由于格力电器的资产负债表不存在交易性金融资产和交易性金融负债，因此，经营性流动资产等于流动资产，经营性流动负债等于流动负债与短期借款的差额，结果如表 11 - 20 所示。

表 11 - 20　经营性营运资本增加额　　　　　　　　　　　　单位：亿元

年份	2016	2017	年份	2016	2017
流动资产	1 429	1 586	减：短期借款	107	203
减：超额现金	0	0	减：交易性金融负债	0	0
减：交易性金融资产	0	0	经营性流动负债	1 162	1 301
经营性流动资产	1 429	1 586	经营性营运资本	267	285
流动负债	1 269	1 504	经营性营运资本增加额		18

2. 股权自由现金流量模型

股权自由现金流量（FCFE）是指归属于股东的剩余现金流量，即公司在履行所有的财务责任（如债务的还本付息）、满足其本身再投资需要之后的"剩余现金流量"，如果有发行在外的优先股，还应扣除优先股股利。

在 FCFE 的基础上，加上优先股股利，减去优先股净增加额；加上税后利息费用，减去债务净增加额得出 FCFF。

FCFE = 净利润 + 折旧及摊销 - 资本支出 - 营运资本变化 + 计息债务变化

"资本支出"数据来自现金流量表中的投资活动现金净流量；"有息债务增加额"数据来自资产负债表"长期借款"前后两期的差额，格力空调没有长期借款，结果如表 11-21 所示。

表 11-21　股权自由现金流量现值（FCFE）　　　　　　　　　　　单位：亿元

项目	2017 年	项目	2017 年
净利润	94.5	减：资本支出	74.4
加：折旧与摊销	8.9	加：有息债券增加额	0
减：经营性营运资本增加额	18	股权自由现金流量（FCFE）	11

（五）公司自由现金流量模型分析

公司自由现金流量是指公司支付了经营费用和所得税之后，向公司权利要求者（普通股股东、公司债权人和优先股股东）支付现金之前的全部现金流量。

一般而言，更多的估值人员一般是选择使用 FCFF 估值出公司价值之后，再减去公司的债务价值，得到股权价值。主要原因是使用 FCFF 估值可以合理调整给予公司管理层调整资本结构的空间，可以选择目标资本结构，可以估算最优资本结构，可以选择按照目前的资本结构，结果如表 11-22 所示。

FCFF = EBIT（1 - 税率）+ 折旧及摊销 - 资本支出 - 营运资本变化

EBIT = 净利润 + 税费 + 利息费用

表 11-22　公司自由现金流量现值（FCFF）　　　　　　　　　　　单位：亿元

项目	2017 年	项目	2017 年
净利润	94.5	减：经营性营运资本增加额	18
加：利息 ×（1 - 所得税率）	0.9	减：追加资本支出	74.4
加：折旧与摊销	8.9	公司自由现金流量（FCFF）	11.9

（六）方法的选择

1. 股利折现模型（DDM）

DDM 模型适用于那些处于早期发展阶段，并无明显盈利或现金流量，但具有可观增长前景的公司，通过一定期限的现金流量的折现，可确保日后的增长机会被体现出来。

2. 股利自由现金流量模型（FCFE）

FCFE 模型不仅适用于上市企业，也适用于未上市公司股价的定价。由于使用股权现金流折现时，股权现金流受资本市场供求关系影响较小，管理者与大股东很难操控股权现金流，更加能反映目标公司短期周转能力和发展潜力。不适用于一些像商业银行、保险公司这样的高财务杠杆公司。

3. 公司自由现金流量模型（FCFF）

FCFF 模型不需要考虑债务方面的因素，在以杠杆收购中的目标公司，由于财务杠杆随着时间推移而逐渐降低，此时运用 FCFF 模型能够提供较为准确的市场价值。

（七）结论

格力电器现金流量相对确定，股利现金流受资本市场供求关系影响较小，分红较多，适用 FCFE 模型。鉴于空调行业成熟度较高，未来增长率会逐渐下降，故应采用两阶段增长模型比较合适。

七、评价及总结

（1）通过对格力电器连续五年的财务报表以及标准比率和同行业的平均水平进行分析，可以看出格力电器的偿债能力、营运能力、获利能力与同行业相比都排在前列，说明企业经营状况良好，有一定发展潜力。

（2）格力电器为了能够获取更多的收益必须进行负债经营，通过负债扩大生产并且提高其资产运营管理能力。

（3）近两年来，房地产行业低迷，家电扶持政策也逐渐消退，家电行业可能会进入一个调整期，这从 2016 年经营情况可以看出来，但总体来说需求还是会增加，毕竟家电行业属于消费行业。

（4）格力拥有健康的财务结构和明显的企业核心竞争优势，规模高速扩张，表明公司抓住了中国电器市场的发展，把握住机会，在竞争中取得优势，空调产品稳居市场占有率第一位。

格力的长期偿债能力比较薄弱，应该加强资金风险管理。在未来的发展中格力电器能否在家电行业保持优势或者继续扩大优势，既取决于国家的宏观调控政策、市场变化与走势，又取决于公司的经营策略。现在公司总体趋势较好，未来仍会有较强的进一步发展潜力。

总之，对上市公司进行估值分析不能单一地对某些科目关注，而应将公司财务报表与宏观一起进行综合判断，与公司进行纵向深度比较，与同行业进行横向宽度比较，把其中偶然的、非本质的东西舍弃掉，得出与决策相关的实质性信息，以保证投资决策的正确性与准确性。

八、问题讨论

（1）当前经济形势、空调行业发展状况如何？其对格力电器的未来发展有什么影响？

（2）格力电器多年来始终位于行业发展前端的优势有哪些？为何能保持民众对格力电器的关注和喜爱？

（3）如何评价格力电器2017年营业收入大幅下降？格力电器的海内外销量差距较大？为什么？

（4）如何看待2017年格力电器又推出了史上最高的分红计划？

（5）格力电器的财务现状如何？有无出现重大问题？能否对其未来的业绩进行预测？

（6）对格力电器企业进行估值分析需要关注哪些内容？采取哪种估值模型比较符合格力电器的价值评估？

九、参考资料

［1］2017年中国经济运行情况回顾及2018年经济走势预测．中商情报网．

［2］格力电器2016年年报、2017年上半年年报．东方财富网、新浪财经．

［3］孙巍巍．格力电器投资价值分析［D］．北京：对外经济贸易大学，2016．

［4］李彦甫．行业特征与行业特定估值模型研究［J］．经济与管理研究，2016（10）．

［5］潘敦，易文豪，徐洁，等．投资决策中现金流折现理论对企业估值的偏差——基于行为金融学视角的研究［J］．湖北经济学院学报（人文社会科学版），2018（15）．

［6］纪益成．企业价值评估与公司估值的关系研究［J］．会计之友，2018（9）．

［7］沈子翔．上市公司投资价值分析［J］．中国商贸，2012（2）．

［8］赵惠芳，张明明，裘玲玲．综合行业上市公司投资价值分析研究［J］．商场现代化，2015（3）．

［9］金娟．基于上市公司投资价值分析［J］．现代工业经济和信息化，2016（6）．

［10］姚惜琦．论自由现金流量与企业估值［J］．中国总会计师，2016（5）．

［11］王雅娟．上市公司投资价值财务分析内容研究［J］．现代经济信息，2016（6）．

［12］陈丽影．A市股票投资价值因素分析研究［J］．中国高新区，2016（4）．

［13］陈蕾．基于投资价值类型的评估理论研究述评［J］．经济问题探索，2013（5）．

［14］张宇．试析资产评估"投资价值"概念运用［J］．财会月刊，2009（11）．

［15］李雄平，王亚茹，李永前．托宾Q理论对上市公司投资价值分析的思考［J］．当代经济，2018（17）．

[案例说明书]

一、本案例要解决的关键问题

本案例旨在引导学员通过详尽的数据收集和分析预测,量化地评估企业价值,揭示企业的潜力和可能存在的风险,学员可依据其拥有或占有的全部资产状况和整体获利能力,充分考虑影响格力获利能力的各种因素,结合格力所处的宏观环境及行业背景,对格力整体公允市场价值进行综合性评估,分析格力是沿着什么样的趋势发生价值变化。

通过价值评估过程向学员展示一种分析、判断中国上市公司价值的有实际可操作性的方法和步骤。

二、案例讨论的准备工作

为了有效实现本案例目标,学员应该具备下列相关知识背景。

1. 理论背景

企业估值:是指着眼于上市或非上市公司本身,对其内在价值进行评估。一般来讲,公司的资产及获利能力决定于其内在价值。公司估值有利于我们对公司或其业务的内在价值进行正确评价,从而确立对各种交易进行定价的基础。同时,公司估值是投资银行进行勤勉尽责调查的重要部分,有利于问题出现时投资银行的免责。对投资管理机构而言,在财务模型的基础上进行公司估值不仅是一种重要的研究方法,而且是从业人员的一种基本技能。它可以帮助我们:将对行业和公司的认识转化为具体的投资建议;预测公司的策略及其实施对公司价值的影响;深入了解影响公司价值的各种变量之间的相互关系;判断公司的资本性交易对其价值的影响;强调发展数量化的研究能力。

企业价值的评估在企业经营决策中极其重要。企业财务管理的目标是企业价值最大化,企业的各项经营决策是否可行,必须看这一决策是否有利于增加企业价值。在现实经济生活中,往往出现把企业作为一个整体进行转让、合并等情况,如企业兼并、购买、出售、重组联营、股份经营、合资合作经营、担保等等,都涉及企业整体价值的评估问题。在这种情况下,要对整个企业的价值进行评估,以便确定合资或转卖的价格。然而,企业的价值,或者说购买价格,绝不是简单地由各单项经公允评估后的资产价值和债务的代数和。因为人们买卖企业或兼并是为了通过经营这个企业来获取收益,决定企业价格高低的因素相当多,其中最基本的是企业利用自有的资产去获取利润能力的强弱。所以,企业价值评估并不是对企业各项资产的评估,而是一种对企业资产综合体的整体性、动态的价值评估。

2. 行业背景

从 20 世纪 80 年代空调作为一种奢侈品存在,到今天空调在国内市场普及,这三十多年间,空调产品的演变体现了不同时期我国空调产业技术升级、行业发展、用户需求的不同特点。

根据空调产品在各时期呈现出来的外观、能效、功能等差异,大致可以分为三个发展阶段。第一个阶段是从国内第一台国产民用空调出现到2000年之前，这也是我国空调行业从萌芽到快速发展的阶段；第二个阶段是2000—2013年，伴随着空调行业的成熟，空调产品的升级离不开产业政策实施与提高的推动；第三个阶段是2014年至今，空调产品在智能化、个性化、健康化等方向呈现出百花齐放的状态。

近10年来，我国空调产业发展迅猛，形成了珠三角、长三角、环渤海经济区三大空调生产基地，行业的工业总产值和销售收入都保持了持续增长。目前我国空调的产量已占到世界总产量的80%以上，销售量的50%，已成为全球的空调生产基地。

3. 制度背景

我国已成为制冷空调设备重要的生产基地及消费市场，产品类别覆盖各个领域，无论是生产还是使用都应考虑到能源消耗及环境污染的问题，所以制冷空调行业同样随着国家政策的变化而转变生产方式并调整产品结构。从企业产品结构的调整上可以看出，节能产品已成为企业重点的研发内容及主推产品，国家也在政策上给予支持。从近几年企业产品发展上也可以看出，前几年带热回收的冷水机组产品还属于新生事物，目前几乎所有的产品都具有这一功能。为了使设备达到节能环保的目标，各企业均围绕节能环保的主题开展相关活动，在新产品开发、产品设计、制造工艺、生产线技术改造等方面加大投入力度，促进设备的升级。同时，在生产方面也注重节能，各企业均制订完善的考评体系，在产能增加的前提下努力争取降低能耗，生产中间环节也尽量减少污染物的排放。

我国能效标识制度自2005年3月1日实施以来，经过广大生产企业的密切配合和积极参与，能效标识工作始终以"促进节能、规范市场、引导消费"为宗旨，紧紧围绕能效标识的宣传、培训、推广、监督等内容开展工作，已经取得了一定的成效。涉及整个制冷空调行业的产品共有五大类别：家用电冰箱、房间空调器、单元式空气调节器、冷水机组、多联式空调（热泵）机组。能效标识制度的实施，促进了制冷空调产品的技术进步。

随着农民收入的增加及生活质量的改善，相关配套的公共设施的建设会相应增加，这也必将刺激工商用制冷空调设备需求量的增加。今后行业的发展仍然不可以脱离国家的政策导向，这也是影响未来行业发展最重要的方面。

三、案例分析要点

（一）需要学员识别的关键问题

当前空调前期行业的发展形势以及格力电器企业的行业地位；格力电器的经营现状；对格力电器进行估值分析的模型和方法。

（二）解决问题的可供选择方案及其评价

1. 财务分析

财务分析是以会计核算和报表资料及其他相关资料为依据，采用一系列专门的分析技术和方法，对企业等经济组织过去和现在有关筹资活动、投资活动、经营活动、分配活动的盈利能力、营运能力、偿债能力和增长能力状况等进行分析与评价的经济管理活动。它是为企业的投资者、债权人、经营者及其他关心企业的组织或个人了解企业过去、评价企业现状、预测企业未来做出正确决策提供准确的信息或依据的经济应用学科。

财务分析的方法有三种：

①比较分析法。比较分析法是通过对比两期或连续数期财务报告中的相同指标，确定其增减变动的方向、数额和幅度，来说明企业财务状况或经营成果变动趋势的一种方法。

②比率分析法。比率分析法是通过计算各种比率指标来确定财务活动变动程度的方法。比率指标的类型主要有构成比率、效率比率和相关比率三类。

③因素分析法。因素分析法是依据分析指标与其影响因素的关系，从数量上确定各因素对分析指标影响方向和影响程度的一种方法。

2. 股息贴现模型

股息贴现模型是股票估值的一种模型，是收入资本化法运用于普通股价值分析中的模型。以适当的贴现率将股票未来预计将派发的股息折算为现值，以评估股票的价值。

股利折现模型适用于那些处于早期发展阶段，并无明显盈利或现金流量，但具有可观增长前景的公司，通过一定期限的现金流量的折现，可确保日后的增长机会被体现出来。

3. 股权自由现金流量模型

股权自由现金流量（FCFE）是指归属于股东的剩余现金流量，即公司在履行所有的财务责任（如债务的还本付息）、满足其本身再投资需要之后的"剩余现金流量"，如果有发行在外的优先股，还应扣除优先股股利。

在 FCFE 的基础上，加上优先股股利，减去优先股净增加额，加上税后利息费用，减去债务净增加额，得出 FCFF。

CFE 模型不仅适用于上市企业，也适用于未上市公司股价的定价。由于使用股权现金流折现时，股权现金流受资本市场供求关系影响较小，管理者与大股东很难操控股权现金流，更加能反映目标公司短期周转能力和发展潜力。不适用于一些像商业银行、保险公司这样的高财务杠杆公司。

（三）推荐解决问题的方案

1. 当前空调行业的发展形势以及格力电器企业的行业地位如何？

目前我国空调的产量已占到世界总产量的 80% 以上，销售量的 50%，已成为全球的空调生产基地。

在中国过去的 15 年中，房间空气调节器（空调）的销量以相对稳定的速度上升。2001 年空调销量为 2 262.2 万台，之后这个数据迅速上升，到 2007 年空调的年销售量已达 8 816.7 万台。受 2008 年金融危机和相关政策影响，之后两年空调销量有所下滑，从 2010 年开始空调总销量整体呈上升趋势，波动幅度变大，到 2015 年销量达到 14 856.1 万台。

空调市场的增长和我国宏观经济发展（GDP 增长）趋势大致吻合，对经济周期比较敏感。可以初步推断，总体房间空气调节器市场仍然呈稳步扩大趋势，但是在未来数年增长速度会比较慢。

伴随着近些年不断提出的健康、绿色生活理念，家电产品的能效等级已经成为消费者在选购家电时的一项重要关注点，而空调作为冬夏季使用频率高，并且耗电量较高的产品，消费者对其能效即性价比关注度比较高。

根据《产业在线》数据，2016年格力家用空调国内市场占有率达到42.73%；根据《暖通空调资讯》数据，格力商用空调国内市场占有率达到16.2%，连续5年保持第一。

从品牌集中度来看，随着行业品牌集中度的进一步提升，国内家电系品牌阵营和国内冷水机品牌阵营合并为民族品牌阵营，与欧美系品牌阵营和日韩系品牌阵营分庭抗礼，形成三足鼎立之势。民族品牌阵营包含格力的9大品牌的整体占有率已达到40%左右，远远高于其他两大阵营，其中格力电器以16.2%的市场占有率位居首位。

2. 格力电器的经营现状如何？

格力主要盈利市场是国内市场，对比其国内外毛利率，可以发现格力在国外市场面临的竞争远超国内，为了打开国外市场，不得不降低价格。格力在国外市场的毛利率为17.15%，国内为41.21%。而格力的净利润率为14.33%，考虑到关税等因素，外销的成本是高于内销的，由此可以判断格力在外销市场基本不盈利，甚至处于倒贴钱的情况。这是典型的接近完全竞争市场的表现。

由于进军国外市场不确定性非常高，受汇率、补贴政策等影响巨大。2005年由于政府的退税政策，格力外销额一度超过了销售额的50%，而近两年格力的外销额没有发生明显的改变，2012年约为90亿元，2014、2015年保持在130亿元左右，占总营业额不过10%，在短期的未来也不会有明显的增加。而在国内，格力面临的最主要的竞争对手是美的和海尔。

3. 对格力电器进行估值分析的模型和方法有哪些？

本案例对格力电器进行估值分析主要采用稳定增长模型分析，理由有以下四个方面：

（1）市场因素：格力在家用空调领域已经做到极致，最近几年在大力发展中央空调，目前在中央空调领域也打败了所有对手，市场占有率达到第一。这些业务目前每年贡献净利润120多亿元，且保持稳定增长。

（2）技术分析：格力这些年投入大量资金研发智能装备和工业核心零部件。德国和日本的制造业为什么那么强，就是设备和核心部件的技术特别强。

（3）优势分析：银隆的新能源汽车核心部件和产业智能设备都从格力采购，这才有了这200亿元的采购合约。至此，格力的智能装备得到了大规模的应用和技术完善。

（4）前景分析：董明珠多次强调，收购银隆不是想造车，而是看好银隆的电池技术。格力生产的所有家电都是持续耗电的产品，所以格力一直想做家庭储能系统，真正让新能源走向千家万户，这其中最核心的问题就是电池储能技术，所以千方百计地要收购银隆。

基于以上分析，采取三个适合格力电器发展状况的估值方法进行研究，分别为股利折现模型（DDM）、股利自由现金流量模型（FCFE）和公司自由现金流量模型（FCFF）。总体来说，格力电器现金流量相对确定，股利现金流受资本市场供求关系影响较小，分红较多，适用FCFE模型。鉴于空调行业成熟度较高，未来增长率会逐渐下降，故应采用两阶段增长模型比较合适。

四、教学组织方式

1. 问题清单及提问顺序、资料发放顺序

本案例讨论的题目依次为：

（1）当前经济形势、空调行业发展状况如何？其对格力电器的未来发展有什么影响？

（2）格力电器多年来始终位于行业发展前端的优势有哪些？为何能保持民众对格力电器的关注和喜爱？

（3）如何评价格力电器 2017 年营业收入大幅下降？格力电器的海内外销量差距较大？为什么？

（4）如何看待 2017 年格力电器又推出了史上最高的分红计划？

（5）格力电器的财务现状如何？有无出现重大问题？能否对其未来的业绩进行预测？

（6）对格力电器企业进行估值分析需要关注哪些内容？采取哪种估值模型比较符合格力电器的价值评估？

本案例的参考资料及其索引，在讲授有关知识点之后一次性布置给学员。

2. 课时分配

（1）课后自行阅读资料：约 3 小时；

（2）小组讨论并提交分析报告提纲：约 3 小时；

（3）课堂小组代表发言、进一步讨论：约 3 小时；

（4）课堂讨论总结：约 0.5 小时。

3. 讨论方式

本案例可以采用小组式进行讨论。

4. 课堂讨论总结

课堂讨论总结的关键是：归纳发言者的主要观点；重申其重点及亮点；提醒大家对焦点问题或有争议观点进行进一步思考；建议大家对案例素材进行扩展研究和深入分析。